Inhalt

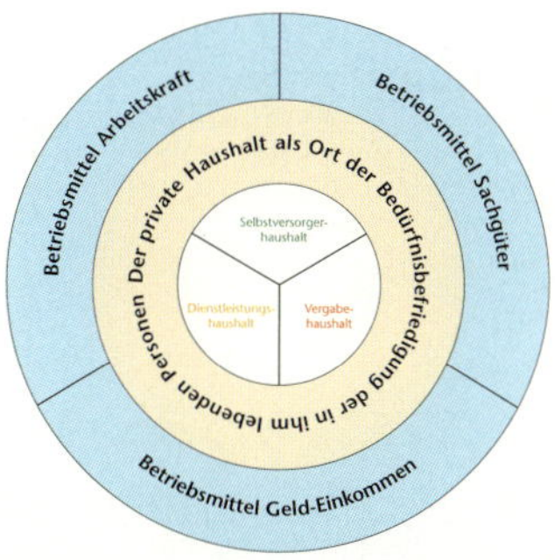

Betriebsmittel Arbeitskraft
Betriebsmittel Sachgüter
Betriebsmittel Geld-Einkommen
Der private Haushalt als Ort der Bedürfnisbefriedigung der in ihm lebenden Personen
Selbstversorger-haushalt
Dienstleistungs-haushalt
Vergabe-haushalt

Lebensmittelqualität beurteilen
Aktuelle Trends in der Lebensmittelherstellung
Folgen von Fehlernährung
Vegetarische Speisekarte
Nahrungszubereitung in der Küche
Hilfsmöglichkeit bei Ess-Störungen
Vollwertig, gesund und bedarfsgerecht essen

Klima
Mode
NATUR
GESELLSCHAFT
Entsorgung
Nachfrage
Kleidung – meine zweite Haut

Mandy

Was essen wir heute?

Kompetent im Alltag

Gesellschaft **Umwelt**

Umwelt **Gesellschaft**

Gesellschaft **Umwelt**

Umwelt **Gesellschaft**

Das Zusammenleben bewusst gestalten
(Bereich Soziales/Gesellschaft)

Die Wirtschaftseinheit Haushalt bewältigen
(Bereich Wirtschaft)

Einflüsse von Gesellschaft und Umwelt – kompetent begegnen, überlegt bewältigen

Ernährungsweisen kennen und beurteilen
(Bereich Ernährung)

Textile Beziehungsgeflechte bewerten
(Bereich Textil)

1 Partnerschaftliches Handeln im Haushalt

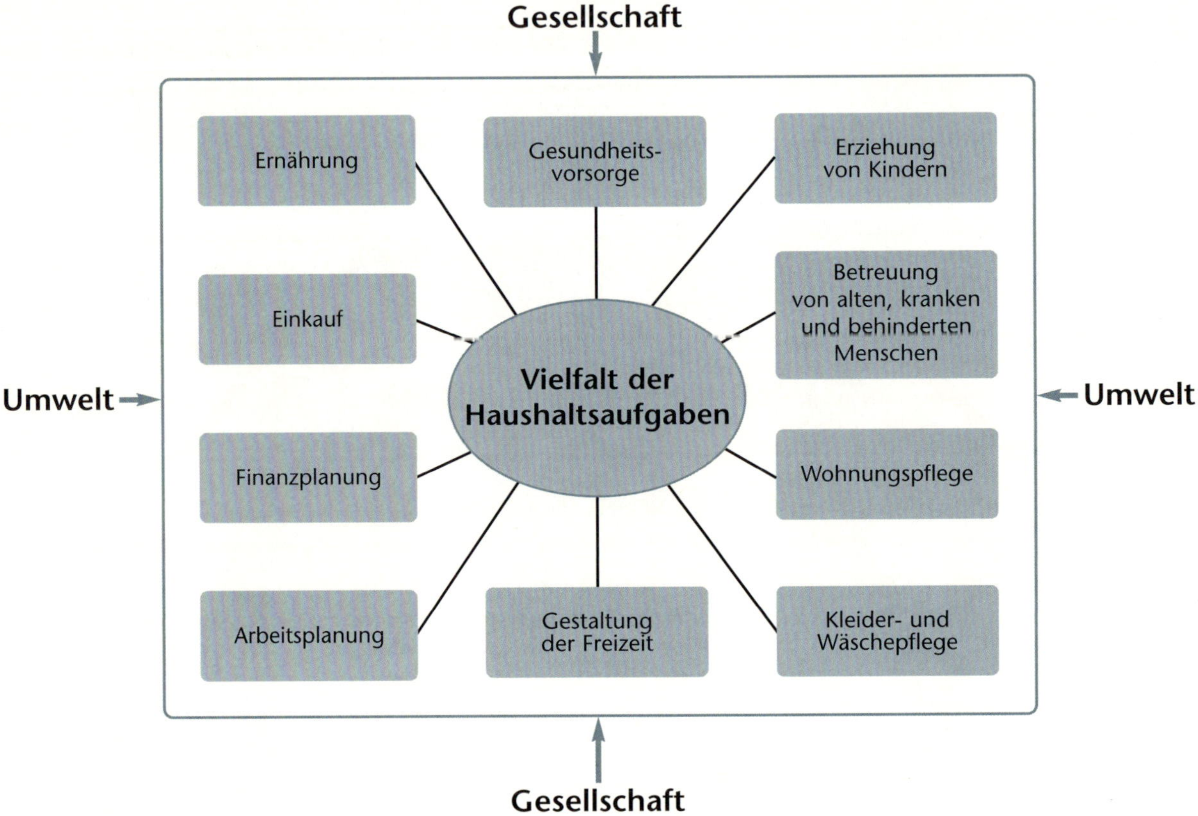

Ein Haushalt hat vielerlei Aufgaben

Jeder lebt in einem Haushalt, die meisten von uns leben in einem Familienhaushalt. Die Familienhaushalte gehören in die Gruppe der privaten Haushalte.

> Private Haushalte sind wirtschaftliche und soziale Einheiten.

In den Haushalten werden unsere Wünsche und Bedürfnisse so weit wie möglich befriedigt: das ist z. B. das Bedürfnis nach Nahrung, die uns gut schmeckt, nach passender und moderner Kleidung, in der wir uns wohl fühlen, sowie nach einer gemütlichen Wohnung, in der wir uns gerne aufhalten.
Im privaten Haushalt werden also wirtschaftliche Bedürfnisse befriedigt. Aber der Haushalt versorgt uns nicht nur mit wirtschaftlichen Gütern. Vielmehr befriedigen Familienhaushalte auch unsere sozialen Bedürfnisse. Dazu gehört, dass der Haushalt ein echtes Zuhause ist, in dem wir uns wohl fühlen, unseren Alltagsstress abbauen, Gesprächspartner finden und uns individuell entfalten können.
Den Wünschen und Bedürfnissen der Haushaltsmitglieder kann man verschiedene Haushaltsaufgaben zuordnen wie Ernährung, Kleidung, Wäschepflege oder Gestaltung der Freizeit.
All diese Haushaltsaufgaben haben einen wirtschaftlichen und einen sozialen Aspekt. Je nach Haushaltsziel wird der wirtschaftliche oder der soziale in den Vordergrund gestellt. Beispiel: Die Freizeitaktivität darf nicht viel kosten und soll gemeinschaftsfördernd und interessant sein.
Im Laufe des Lebens verändern sich die Bedürfnisse der Haushaltsmitglieder und damit auch die Schwerpunkte bei den Haushaltsaufgaben. Neue Situationen ergeben sich z. B. durch die Geburt eines Kindes oder wenn Kinder den Haushalt der Eltern verlassen, um einen eigenen zu gründen.
Es gibt aber nicht nur Veränderungen innerhalb des Haushalts, sondern auch Veränderungen

Arbeitsplanung einer Familie

Fallbeispiele:

Sandra, 13 Jahre
Sandra besucht eine Ganztagesschule. Ihre Eltern gehen beide einer Vollzeitbeschäftigung nach. Die Familie kommt erst abends nach Hause. Die Familie hat die täglich anfallenden Arbeiten gleichmäßig auf alle Familienmitglieder verteilt.

Claudia, 11 Jahre
Sie lebt alleine mit ihrer Mutter. Die Mutter ist ganztags berufstätig. Nach der Schule ist Claudia allein, bis ihre Mutter von der Arbeit kommt. Ihre Mutter hat ihr den Einkauf zur selbstständigen Erledigung übertragen.

Philipp und Jan, 12 und 15 Jahre
Ihre Eltern sind viel unterwegs, beide haben keine geregelten Arbeitszeiten. Die Kinder sind sehr viel allein. Die Eltern erwarten, dass sie die täglich anfallenden Arbeiten erledigen.

Tom und Katrin, jung verheiratet
Sie arbeiten beide ganztags. Tom hat Grundkenntnisse in der Nahrungszubereitung, die er in der Schule erworben hat. Katrin musste zu Hause nur ihren Bereich in Ordnung halten. Vereinbart haben die beiden, dass sie die Haushaltsaufgaben gleichmäßig verteilen.

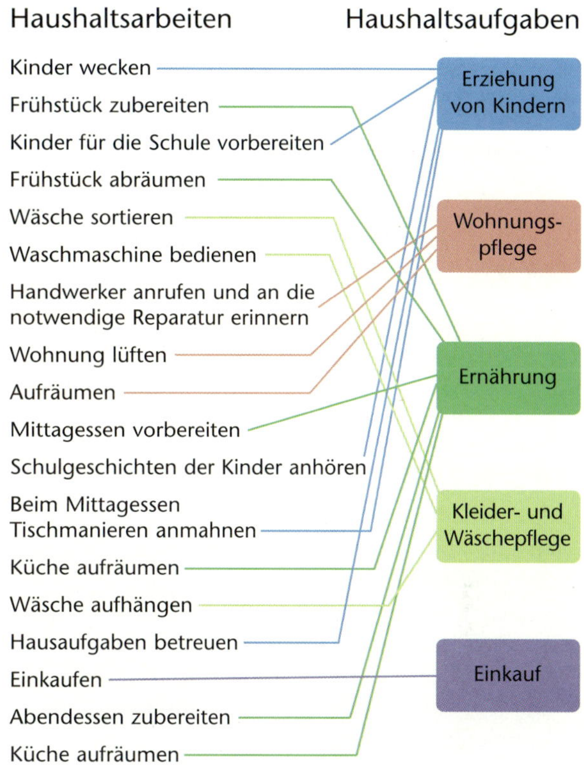

durch Einflüsse von außen, z.B. durch die Wirtschaftslage.

Kein Haushalt gleicht dem andern

Wie die Fallbeispiele oben zeigen, gleicht kein Haushalt dem andern. Teil jedes Haushalts sind die Haushaltsaufgaben wie Ernährung, Einkauf usw. Aus den Haushaltsaufgaben resultieren die Haushaltsarbeiten, die je nach Haushalt verschieden aufgeteilt werden.

Um die Haushaltsarbeiten sachgerecht durchzuführen, brauchen wir Kenntnisse, Fähigkeiten und Fertigkeiten. Am Beispiel der Arbeitsschritte bei der Wäschepflege wird dies deutlich: Kenntnis der Pflegekennzeichen, Füllmenge der Waschmaschine, Wahl des Waschmittels – Vollwaschmittel, Feinwaschmittel, Spezialwaschmittel – Dosierung des Waschmittels, Wahl der Waschtemperatur sowie der Umdrehungszahl beim Schleudern, Aufhängen der Wäsche, Bügeln.

Grundkenntnisse in allen Haushaltsaufgaben sollten alle Haushaltsmitglieder erwerben, damit partnerschaftliches Arbeiten im Haushalt möglich ist.

1 Überlegt in Gruppen, welche Kenntnisse, Fähigkeiten und Fertigkeiten man braucht, um die verschiedenen Haushaltsaufgaben auszuführen. Überprüft dabei euer eigenes Wissen. Erstellt zu jeder Haushaltsaufgabe ein Plakat mit Forderungen an das Können der Haushaltsmitglieder.

2 Entwickelt ein Rollenspiel zu folgender Situation: Vater ist voll berufstätig, Mutter stockt ihre Halbtagstätigkeit auf ganztags auf, die Kinder, 12 und 14 Jahre, sind schulpflichtig.
Die Wäsche ist seit drei Wochen ungewaschen. Der Vater hat kein sauberes Hemd mehr.

Reform des Ehe- und Familienrechts 1977: Änderungen im Bürgerlichen Gesetzbuch (BGB)	
Alt	**Neu**
§ 1356 alt „Die Frau führt den Haushalt in eigener Verantwortung. Sie ist berechtigt, erwerbstätig zu sein, soweit dies mit ihren Pflichten in Ehe und Familie vereinbar ist.“	**§ 1356 neu** „Die Ehegatten regeln die Haushaltsführung in gegenseitigem Einvernehmen. Ist die Haushaltsführung einem der Ehegatten überlassen, so leitet dieser den Haushalt in eigener Verantwortung. Beide Ehegatten sind berechtigt, erwerbstätig zu sein. Bei der Wahl ihrer Erwerbstätigkeit haben sie auf die Belange des anderen Ehegatten die gebotene Rücksicht zu nehmen.“
§ 1360 alt „Die Ehegatten sind einander verpflichtet, durch ihre Arbeit und mit ihrem Vermögen die Familie angemessen zu unterhalten. Die Frau erfüllt ihre Verpflichtung, durch Arbeit zum Unterhalt der Familie beizutragen, in der Regel durch die Führung des Haushalts. Zu einer Erwerbstätigkeit ist sie nur verpflichtet, soweit die Arbeitskraft des Mannes und die Einkünfte der Ehegatten zum Unterhalt der Familie nicht ausreichen.“	**§ 1360 neu** „Die Ehegatten sind einander verpflichtet, durch ihre Arbeit und mit ihrem Vermögen die Familie angemessen zu unterhalten. Ist einem Ehegatten die Haushaltsführung überlassen, so erfüllt er seine Verpflichtung in der Regel durch die Führung des Haushalts.“

Reform des Ehe- und Familienrechts 1977: Änderung im Bürgerlichen Gesetzbuch (BGB)

Veränderung der Rollen von Mann und Frau

Früher hat sich die Frau allein um die Hausarbeit gekümmert und auch die Kinder erzogen. Der Mann sorgte für das nötige Geld durch Erwerbsarbeit. Diese strenge Trennung der Zuständigkeiten – die Frau erledigt die Hausarbeit und der Mann geht der Erwerbsarbeit nach –, wie sie sich im 19. Jahrhundert durchsetzte, ist heute überwunden.

Die Trennung ging einher mit der Ausbildung von Verhaltensmustern und Wertvorstellungen, die von Generation zu Generation weitergegeben wurden und unser tägliches Handeln, zum Teil auch heute noch, bestimmen. Daneben prägen persönliche Vorbilder, moderne Medien und Literatur unsere Vorstellung von Frauen- und Männerrollen und natürlich auch von der eigenen Rolle.

Heute fordert die Gesellschaft von Frauen eine qualifizierte Berufsausbildung, den erfolgreichen Einstieg ins Berufsleben und möglichst lebenslange Berufstätigkeit. Reichte früher das Geld des Mannes nicht, so erwartete man von ihr, dass sie Kinder, Haushalt und Erwerbsarbeit bewältigt. Auch heute ist es noch so, dass die erwerbsfähige Frau nach wie vor die meisten häuslichen Pflichten übernimmt. Hausarbeit ist, wie die Statistik zeigt, überwiegend Frauensache. Die Technisierung brachte zwar eine erhebliche Arbeitserleichterung, doch ist der Zeitaufwand für die Betreuung der Kinder heute höher und die Betreuung selbst ist anspruchsvoller als früher, man denke z. B. an die Hausaufgabenbetreuung.

Familienangelegenheiten werden heute meist gemeinsam gelöst. Wichtige Entscheidungen werden immer öfter im Familienkreis getroffen.

Vorstellungen von Familie sind einem ständigen Wandel unterworfen.

Vater kocht

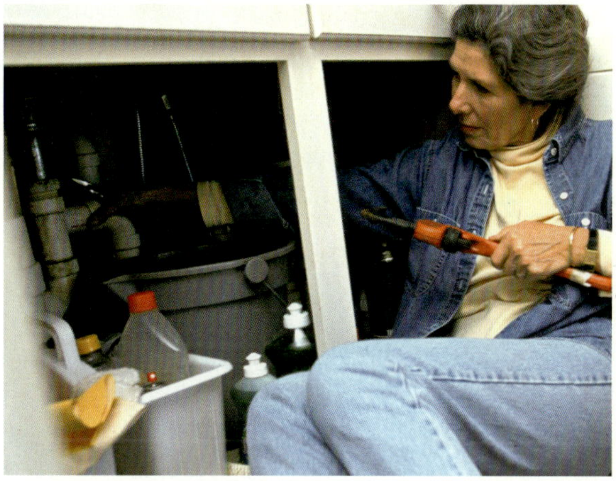

Mutter repariert den Wasserhahn

Frauenarbeit – Männerarbeit: gibt es das heute noch?

Arbeit und Beruf sind vom Leben in der Familie nicht zu trennen, da das Familienleben den Beruf und der Beruf das Familienleben beeinflusst. Während sich berufliche Erfolge im Allgemeinen positiv auf Beschäftigte, deren Familien und deren Umgebung auswirken, machen sich berufliche Sorgen oder Misserfolge negativ bemerkbar. Wer glücklich und zufrieden ist, arbeitet auch erfolgreicher.

Von solchen Wechselwirkungen sind alle Menschen betroffen, da jeder in irgendeiner Form mit Erwerbstätigen zu tun hat und in einem Haushalt lebt. Wer möchte sich nicht nach einem anstrengenden Tag in der Schule oder im Betrieb lieber ausruhen, statt noch weitere Aufgaben im Haushalt zu übernehmen?

> Hausarbeit heißt, Leistungen zu erbringen, die der Lebenserhaltung dienen und die zum Wohlergehen aller Familienmitglieder beitragen. Für Hausarbeit gibt es keine Bezahlung.

Im Gegensatz dazu bedeutet Erwerbsarbeit, z. B. in einem Betrieb, Produkte zu schaffen oder Dienstleistungen zu erbringen, für die wir ein Entgelt in Form von Lohn oder Gehalt bekommen.

Genau wie im Betrieb muss die Hausarbeit mit der entsprechenden Qualität und Sorgfalt bewältigt werden. Dazu sind solide Grundkenntnisse und Grundfertigkeiten im Alltagsmanagement notwendig, wie z. B.

- Kenntnisse in gesunder Ernährung,
- Beschaffung, Gebrauch und Entsorgung von Ver- und Gebrauchsgütern,
- gemeinsame Planung und Durchführung der Hausarbeit innerhalb der Familie.

Seit immer mehr Frauen berufstätig sind und oft auch Karriere machen, sind die Arbeitsteilung sowie die Rollenverteilung in Haushalt und Betrieb zunehmend in Bewegung.

1 Überlege, wie sich die Neuordnung des Ehe- und Familienrechts auf die Lebensplanung ausgewirkt hat.

2 Welche Aufgaben könntest du zu Hause eigenverantwortlich übernehmen?

3 Schneidet aus Zeitschriften Abbildungen aus, die Männer in verschiedenen „Rollen" zeigen, und gestaltet damit ein Poster.

4 Frauen oder Mädchen sind im Haushalt meist mehr belastet. Gib Gründe dafür an.

5 Zeige an Beispielen, über welche Grundkenntnisse und Grundfertigkeiten Mann und Frau verfügen sollten.

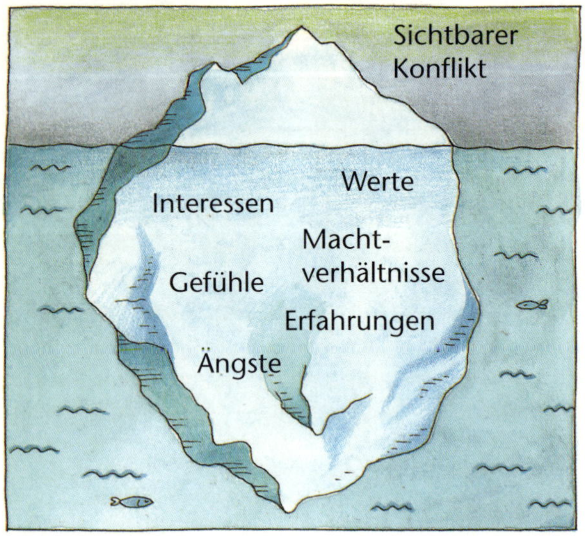

Was sich hinter dem Verhalten eines Menschen verbergen kann

Konflikte lösen durch Gespräche – aber so nicht!

Konflikte gehören dazu!

Konflikte gehören zum täglichen Leben. Sie begegnen dir überall: in der Familie, in der Schule, am Arbeitsplatz. Sie betreffen jeden – Eltern, Freunde, Partner, Klassenkameraden, Lehrer oder dich selbst.
Wie entstehen Konflikte? Diese Frage ist schwer zu beantworten, vor allem deshalb, weil bei Konflikten oft nur die Spitze des Eisbergs sichtbar ist. Das bedeutet, dass das Verhalten und die Worte eines Menschen sichtbar sind, aber was dahinter steckt, nämlich die Gefühle, Ängste, Erfahrungen, also das eigentliche Problem, die Ursache, oft verborgen bleiben.

Konfliktlösung – ein schwieriges Feld

Die Lösung von Konflikten ist daher oft schwierig und nicht zuletzt deshalb werden Konflikte gerne verdrängt. Verdrängen bedeutet zu versuchen, das Belastende zu vergessen, es in der hintersten Schublade des Gehirns abzulegen. Langfristig bewirkt diese Form des Umgangs mit Konflikten leider nur, dass der ungelöste Konflikt dich unbewusst immer weiter belastet und dich unter Umständen sogar körperlich oder psychisch krank machen oder aber in stärkerer Form wieder hervorbrechen kann.

Die Lösung von Konflikten durch Gewalt, sei es mit Fäusten oder mit Worten (Beleidigungen usw.), ist langfristig auch keine geeignete Strategie. In den meisten Fällen wird das Gegenüber zu den gleichen Mitteln greifen und seinerseits gewalttätig werden: der Konflikt eskaliert im schlimmsten Fall in einer Spirale der Gewalt, bei der es keine Gewinner, sondern nur Verletzte gibt.
Eine echte Lösung, die auch langfristig Bestand hat, bietet nur das klärende Gespräch. Das Problem dabei ist allerdings oft, dass die am Konflikt beteiligten Personen meist davon überzeugt sind, dass sie Recht haben. In gewisser Weise stimmt das auch, denn jeder Mensch sieht die Welt durch seine ganz persönliche Brille und kann sich nur sehr schwer in die Sicht eines anderen Menschen hineinversetzen. Trotzdem: die Fähigkeit zur Empathie, d.h. sich in jemanden hineinfühlen zu können, ebenso wie Toleranz und Kompromissfähigkeit sind erlernbar. Diese Fähigkeiten, die man für die Lösung von Konflikten braucht, kann man auch trainieren.

Lerne, Konflikte mit dem Kopf zu lösen, durch ein klärendes Gespräch, nicht mit der Faust!

DU-Botschaft	ICH-Botschaft
Du Idiot, dir kann man auch nichts in die Hand geben. Alles machst du kaputt.	Ich bin absolut sauer → *Mein Gefühl* darüber, dass du mir meinen → *Warum fühle ich das?* Stift einfach kaputt auf den Platz gelegt hast. Ich erwarte, → *Was erwarte ich?* dass du ihn mir ersetzt.
Der Angesprochene fühlt sich angegriffen, er wird sich verschließen oder wehren und nicht kompromissbereit sein.	Wenn eigene Gefühle und der Grund dafür geäußert werden, klingt das weniger als Angriff, sondern der Angesprochene fühlt sich eher betroffen. Wenn ich Grund habe, verärgert zu sein, darf ich auch eine Erwartung äußern.

Ich-Botschaften können dir helfen, ein Gespräch zur Lösung eines Konfliktes zu führen

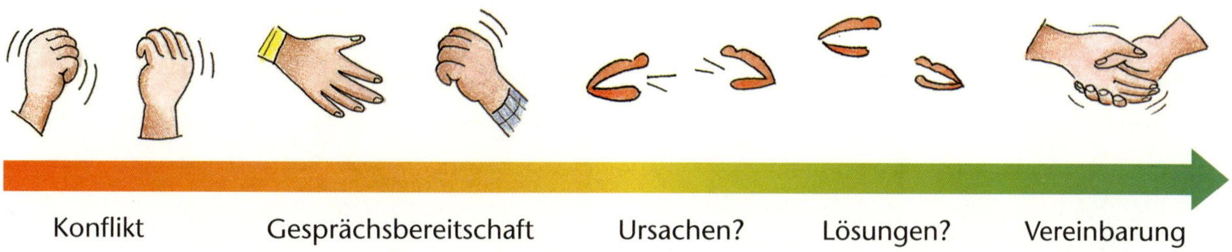

Tipps für erfolgreiche Konfliktgespräche

Der richtige Zeitpunkt
Für ein Konfliktgespräch müssen sich alle Beteiligten erst einmal beruhigt haben. Bei Familien oder Schulklassen haben sich fest vereinbarte Konferenztermine bewährt. Probleme, die sich angestaut haben, werden regelmäßig im Gespräch gelöst.

Missverständnisse klären
Frage im Gespräch öfter nach, ob du die Botschaft richtig verstanden hast: „Habe ich dich richtig verstanden, dass …?"
Missverständnisse sind eine häufige Ursache für Konflikte.

Die richtige Wortwahl
Versuche, Ich-Botschaften anstatt Du-Botschaften zu verwenden. Du-Botschaften führen oft dazu, dass das Gegenüber sich angegriffen fühlt, sich verschließt und nicht mehr offen für eine Konfliktlösung ist.

Regeln festlegen
In der Familie, in der Schulklasse, in der Partnerschaft und am Arbeitsplatz ist es hilfreich, Regeln des gemeinsamen Umgangs, insbesondere in Konfliktsituationen, festzulegen. Diese Regeln müssen eingehalten werden, damit das Zusammenleben und -arbeiten funktionieren kann.

Ein Konfliktlösungsgespräch funktioniert nur mit Gelassenheit und mit den richtigen Worten zum richtigen Zeitpunkt.

1 Entwickelt in Gruppen zwei kurze Rollenspiele, in denen die Regeln für ein Konfliktgespräch eingehalten und gebrochen werden. Spielt beide der Gruppe vor.

2 Erarbeitet die fünf wichtigsten Regeln, die eine MUM-Gruppe bei der Arbeit in der Küche beachten soll.

3 Fülle ein Eisbergbild aus für einen Konflikt aus dem Bereich Familie, Hausarbeit oder Schule. Stelle ihn der Klasse vor.

4 Formuliere die folgende Du-Botschaft in eine Ich-Botschaft um.
„Ihr seid unkonzentriert und nicht fleißig genug. So werdet ihr die Prüfung nicht bestehen."

Kinderwunsch

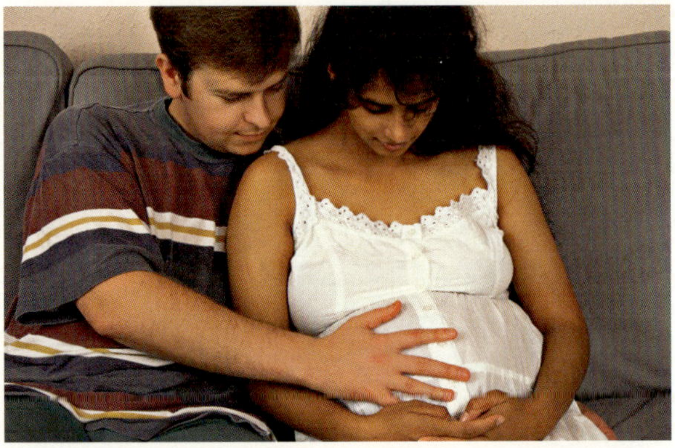

Mein Papa und meine Mama freuen sich auf mich

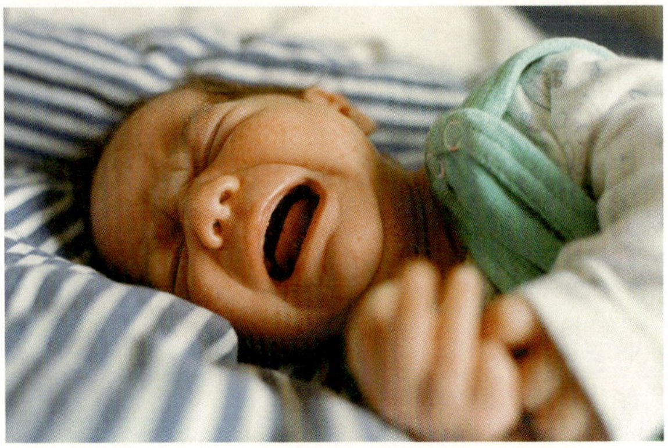

Ich habe häufiger am Tag Hunger als Erwachsene

Ich kann schon beinah alles!

Kinder verändern das Leben der Eltern

Gravierende Veränderungen treten im Leben eines Paares ein, wenn sie ein Kind erwarten. Von dem Zeitpunkt an, an dem Eltern Gewissheit haben, dass sie ein Kind bekommen, übernehmen sie Verantwortung für ihr Kind. Ihr Leben verändert sich grundlegend, denn Eltern bleiben Eltern, ihr ganzes Leben lang.

Schon vor der Geburt des Kindes sollte vieles überlegt und bedacht werden. Wenn man sich frühzeitig damit auseinander setzt und beschäftigt, findet sich für so manches Problem eine geschickte Lösung.

Die Mutter sollte vor allem Folgendes bedenken:

- Wann teile ich meinem Arbeitgeber die Schwangerschaft mit?
- Wie oft muss ich vor der Geburt zur Vorsorgeuntersuchung?
- Darf ich mich jetzt nicht mehr sportlich betätigen?
- Darf ich noch rauchen?
- Muss ich jetzt für zwei essen?

Für werdende Eltern sind folgende Überlegungen wichtig:

- Wie wird sich unser Tagesablauf ändern?
- Wie ernähren wir unser Kind richtig?
- Wie sollte sich unser Kind entwickeln?
- Welches Spielzeug ist für unser Kind geeignet?
- Wie erziehen wir unser Kind richtig?
- Wo soll unser Kind seinen Bereich in der Wohnung haben?
- Wie viel Kinderausstattung ist notwendig?
- Warum sind so viele Impfungen bei Kindern notwendig?

Eltern tragen Verantwortung für ihre Kinder.

Fast unmerklich wird das Kind zum neuen Lebensinhalt. Ist das Kind geboren, so orientiert sich der Tagesablauf an den Bedürfnissen des Säuglings. Das heißt fünf- bis sechsmal täglich

Ich freue mich auf den Kindergarten

Endlich in die Schule

Wie wird es wohl in der neuen Schule sein?

Welchen Beruf soll ich ergreifen?

wird das Baby gewickelt und gefüttert. Dies allein bedeutet eine tief greifende Veränderung in den Lebensgewohnheiten der Eltern.

Die Alltagsordnung wird nicht nur durch die Eltern, sondern auch durch die Kinder immer wieder von neuem verändert. Kommen Kinder in den Kindergarten, so sollte das Einleben der Kinder in die neue Situation von den Eltern positiv begleitet werden. Kinder wachsen so heran und erweitern ihre Welt. Die Einflüsse gehen jetzt nicht mehr nur von der Familie aus. Während der Schulzeit werden dann die Einflüsse von außen immer stärker. Eltern sollten sich dieser Einflüsse bewusst sein und – wenn notwendig – rechtzeitig gegensteuern.

Kinder sollten auf dem Weg zum Erwachsenwerden von Eltern begleitet werden.

Ein gutes Vertrauensverhältnis zwischen Eltern und Kindern ist wichtig, damit Eltern langsam vom Erzieher ihrer Kinder zum Berater werden.

Die Bereicherung des Lebens durch Kinder hängt sehr stark ab vom Verhältnis der Eltern zu ihren Kindern.

Kinder hinterfragen je nach Alter den Lebensstil der Eltern. Dies führt häufig zu interessanten Diskussionen.

1 Beschreibt in Partnerarbeit die Situationen in den Abbildungen oben aus der Sicht der Kinder und aus der Sicht der Eltern und erarbeitet die Bedeutung der Veränderung im gemeinsamen Leben von Kindern und Eltern.

2 Diskutiert in der Klasse die Aussage: Eltern bleiben Eltern ein Leben lang.

3 Kinder verändern das Leben der Eltern. Führt ein Brainstorming zum Thema durch und entwickelt daraus eine Mindmap.

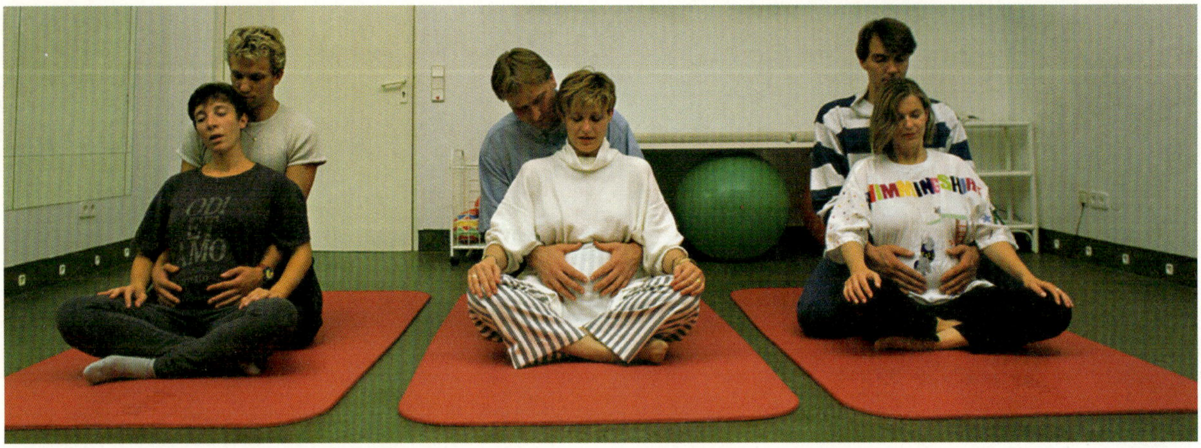

Maßnahmen für die Gesundheit der Mutter

Vorsorgeuntersuchungen sind nötig

Schwangerschaft und Geburt sind natürliche Vorgänge und haben mit Krankheit nichts zu tun. Trotzdem sollte eine werdende Mutter alles daran setzen, um sich und ihr Baby gesund zu erhalten. Dazu gehört am Anfang der Schwangerschaft eine gründliche ärztliche Untersuchung.
Der Arzt stellt einen Mutterpass aus, in den wichtige Daten eingetragen werden, z. B. die Blutgruppe und frühere Erkrankungen der Mutter, die Ergebnisse aller Kontrolluntersuchungen während der Schwangerschaft wie Gewichtszunahme, Blutdruck, Urinuntersuchung, aber auch die Lage des Kindes und seine Herztöne. Durch die regelmäßigen Untersuchungen kann ein Arzt eventuelle Komplikationen frühzeitig erkennen und eine geeignete Behandlung einleiten. Diese Kosten zahlt die Krankenkasse.

Das Verhalten der Mutter während der Schwangerschaft hat Auswirkungen auf die Gesundheit des Kindes.

Gymnastik vor und nach der Geburt

Etwa im fünften Monat sollte jede schwangere Frau mit der Schwangerschaftsgymnastik beginnen. Die Übungen, vor allem Atem- und Entspannungsübungen, werden während der Geburt gezielt eingesetzt, um ein Verkrampfen der Muskeln zu verhindern und dadurch die Geburt zu erleichtern. Die Kurse werden von Krankengymnastinnen und von Hebammen geleitet. Übungen, die im Kurs gelernt werden, soll die werdende Mutter zu Hause täglich wiederholen.
Ebenso wichtig wie die Geburtsvorbereitung ist die Gymnastik nach der Geburt. Die überdehnte Muskulatur muss mithilfe der Wochenbettgymnastik wieder gekräftigt werden. Deshalb sollten regelmäßig morgens und abends geeignete Übungen mehrere Wochen durchgeführt werden, um die Rückbildung zu fördern.

Gesundheitsschutz für arbeitende Mütter

Für alle Frauen, die in einem Arbeitsverhältnis stehen, gilt das Mutterschutzgesetz. Es umfasst:
- Mitteilungspflicht
- Kündigungsschutz
- Beschäftigungsverbote/Schutzfristen
- finanzielle Unterstützung
- Elternzeit

Ernährung der stillenden Mutter

Mütter sind heute verstärkt bemüht, ihre Kinder zu stillen. Eine Voraussetzung für erfolgreiches Stillen ist die richtige Anleitung der Mütter in den Entbindungskliniken.

Eiweißbedarf
Die tägliche Eiweißzufuhr ist ab dem vierten Monat erhöht. Eine tägliche Zulage von 10 g ist erforderlich. Die vermehrte Eiweißaufnahme ist zum Aufbau von Gewebe im Organismus des Kindes notwendig. Der Eiweißbedarf sollte durch biologisch hochwertiges Eiweiß gedeckt werden. Dazu gehören vor allem Milch und Milchprodukte, mageres Fleisch, magerer Fisch, Ei und Hülsenfrüchte.

Fettbedarf
Die Fettzufuhr sollte während der Schwangerschaft kaum gesteigert werden. Täglich 70 g Fett sind völlig ausreichend. Davon können 30 g als Koch- und Streichfett verwendet, die restlichen 40 g als versteckte Fette aufgenommen werden.
Pflanzliche Öle/Fette bevorzugen.

Vitamin- und Mineralstoffbedarf
Während der gesamten Schwangerschaft ist der Vitamin- und Mineralstoffbedarf erhöht. Besonders muss darauf geachtet werden, dass die Vitamine A, B, vor allem Folsäure und D und die Mineralstoffe Kalzium, Phosphor und Eisen verstärkt aufgenommen werden. Als besonders vitamin- und mineralstoffreiche Lebensmittel eignen sich deshalb Obst, Gemüse, Vollkornprodukte, Milch und Milchprodukte. Mit Kochsalz sollte man sparsam umgehen, um nicht unnötig Wasser im Körper zu binden.

Kohlenhydratbedarf
Der Kohlenhydratbedarf muss an den Gesamtenergiebedarf angepasst werden, damit das aufgenommene Eiweiß nicht zur Energiegewinnung herangezogen wird, sondern zum Aufbau von Körpersubstanz. Als kohlenhydratreiche Lebensmittel eignen sich vor allem Kartoffeln und Vollkornprodukte, die außerdem auch noch vitamin- und mineralstoffreich sind. Der Hunger nach Süßem sollte während der Schwangerschaft möglichst durch Obst und Vollkorngebäck gestillt werden.

Eine Mutter, die stillt, hat einen erhöhten Energie- und Nährstoffbedarf. Dieser ist abhängig von der Milchmenge, die der Säugling täglich bekommt, denn pro 100 ml Milch braucht die Mutter zusätzlich 500 kJ Energie und 2,4 g Eiweiß mehr. Der Bedarf an Vitaminen und Mineralstoffen ist ebenfalls erhöht. Es sollten daher während der Stillzeit viel Obst und Gemüse, Vollkornprodukte, Milch und Milchprodukte aufgenommen werden. Der Flüssigkeitsbedarf muss der Milchmenge angepasst werden. Alkohol, Koffein und Nikotin sind während der Stillzeit zu meiden, da sie über die Muttermilch in den kindlichen Organismus gelangen.

Unterschiedliche Lebenssituationen wie Schwangerschaft und Stillzeit verlangen eine spezifische Ernährung.

Gefahren während der Schwangerschaft und Stillzeit

Bislang ist nicht eindeutig geklärt, welche Medikamente zu Missbildungen und Wachstumsstörungen beim Kind führen können. Deshalb sollten Medikamente nur nach Verordnung des Arztes eingenommen werden.
Wie schädlich Alkohol für das Kind im Mutterleib ist, wurde erst in den letzten Jahren in vollem Umfang erkannt. Man nimmt an, dass 20 % aller Missbildungen bei Neugeborenen auf Alkoholmissbrauch zurückzuführen sind. Diese Kinder kommen häufig als Frühgeburten zur Welt, sie sind und bleiben körperlich unterentwickelt; auch ihre geistige Reifung ist gestört. Man schätzt die Zahl der so geschädigten Kinder in der Bundesrepublik auf ca. 6000 jährlich. Auch Infektionskrankheiten wie Röteln können den Fötus schädigen.
Problematisch ist auch das Rauchen während der Schwangerschaft, denn über den Kreislauf raucht das Kind jede Zigarette mit. Der Herzschlag des Kindes wird beschleunigt. Das Nikotin verengt die Gefäße, dadurch bekommt das Kind im Mutterleib weniger Nährstoffe.

1 Eignet sich folgende Mahlzeit für die Ernährung in der Schwangerschaft? Gefüllte Paprika, Reis, Tomatensoße, grüner Salat, Apfelquark. Begründe deine Aussage.

2 Informiere dich über die einzelnen Rechte und Pflichten des Mutterschutzgesetzes bei entsprechenden Organisationen an deinem Heimatort und im Internet.

Empfehlungen für die Ernährung im Kindesalter

- Mahlzeiten gemeinsam mit dem Kind einnehmen.
- In ruhiger Atmosphäre essen.
- Kindern nur kleine Mengen auf den Teller geben.
- Hauptmahlzeiten immer zur gleichen Zeit einnehmen.
- Nur kleine Zwischenmahlzeiten anbieten.
- Das Bedürfnis nach Süßem bei der Hauptmahlzeit befriedigen.
- Kinder mit möglichst vielen verschiedenen Speisen bekannt machen.

1. Monat 5–6 Mahlzeiten	Milchnahrung*
2. Monat 5 Mahlzeiten	Milchnahrung 1–2 Teelöffel Saft
3. Monat 5 Mahlzeiten	Milchnahrung 2–4 Teelöffel Saft
4. Monat 5 Mahlzeiten	4 x Milchnahrung 1 x Gemüsebrei
5. Monat 4 Mahlzeiten	2 x Milchnahrung 1 x Milchbrei mit Obst 1 x Gemüsebrei
6.–7. Monat 4 Mahlzeiten	1 x Milchnahrung 1 x Milchbrei mit Obst 1 x Obstbrei 1 x Gemüsebrei mit Eigelb oder Fleisch
8.–9. Monat 4 Mahlzeiten	1 x Milchnahrung 1 x Milchbrei mit Obst 1 x Obstbrei mit Zwieback 1 x Gemüse, Kartoffeln, Fleisch
10.–12. Monat 4 Mahlzeiten	1 x Milch mit Brot 1 x Kleinkindermahlzeit 1 x Milch, Brot, Obst 1 x Milchbrei mit Obst oder Brot, Quark, Wurst, Tee

* Milchnahrung sollte bis zum 6. Monat möglichst Muttermilch sein.

Kostplan für das erste Lebensjahr

Maßnahmen zur Gesunderhaltung des Kindes

Muttermilch ist die beste Nahrung, da sie in ihrer Zusammensetzung genau den Bedürfnissen des Säuglings angepasst ist. Da der Verdauungsapparat und die Funktion von Leber und Nieren erst im ersten Lebensjahr voll ausgebildet werden, muss der Säugling langsam von einer flüssigen Kost an eine Breikost gewöhnt werden.

Nach dem ersten Lebensjahr wird das Kind langsam an festere Nahrung gewöhnt. Da der Flüssigkeitsbedarf sehr hoch ist, sollte viel zu trinken angeboten werden, keine gesüßten Getränke.

Kinder brauchen Nährstoffe zum Wachsen. Deshalb muss man darauf achten, dass sie genügend Eiweiß, Vitamine und Mineralstoffe bekommen. Aufgrund ihres großen Bewegungsdranges verbrauchen Kinder viel Energie.

Gesundheitsvorsorge durch genügend Bewegung

Zur Gesundheitsvorsorge von Kindern gehört nicht nur vollwertige Ernährung, regelmäßige Früherkennungsuntersuchungen und Impfen, sondern auch die tägliche Bewegung. Kinder haben ein natürliches Bewegungsbedürfnis. Das sollte unbedingt unterstützt werden durch tägliche längere Aufenthalte an der frischen Luft. Heute gibt es auch schon Angebote von Vereinen wie Kinderturnen, Schwimmkurse für Kleinstkinder usw. Hier werden sie schon frühzeitig an verschiedene sportliche Betätigungen gewöhnt.

Gesunde Ernährung und Bewegung an frischer Luft sind unabdingbar für eine gesunde Entwicklung von Kindern.

Impfkalender

Empfohlenes Impfalter / Impfung gegen	GEBURT	Alter in vollendeten Monaten: 2	3	4	11–14
Diphtherie		1.	2.	3.	4.
Wundstarrkrampf (Tetanus)		1.	2.	3.	4.
Keuchhusten (Pertussis)		1.	2.	3.	4.
Haemophilus influenzae Typ b (Hib)		1.	2.	3.	4.
Kinderlähmung (Poliomyelitis)		1.	2.	3.	4.
Hepatitis B		1.	2.	3.	4.
Masern, Mumps, Röteln					1.
Windpocken (Varizellen)					1.

(Quelle: Deutsches Grünes Kreuz)

Krankheitsschutz durch Impfen

Infektionskrankheiten bedeuten eine besonders große Gefahr für Kinder. So sind z. B. Kinder, die an einer Kinderlähmung litten, meist ein ganzes Leben lang geschädigt. Weil die Gefahr von nachhaltigen Schäden absehbar ist, werden die meisten Kinder geimpft.
Bei einigen Impfungen sind Wiederholungen in bestimmten Zeitabständen notwendig. Deshalb ist es wichtig, dass die Termine, die im Impfkalender angegeben sind, genau eingehalten werden. Impfungen werden vom Kinderarzt, Hausarzt oder einer Ärztin des Gesundheitsamtes durchgeführt.

Ein Kind kann allerdings nur geimpft werden, wenn es vollkommen gesund ist.

Der oben abgebildete Impfkalender wird heute empfohlen. Er ändert sich, sobald neue Erkenntnisse vorliegen.

Positive Einstellung zu Kindern

Zuneigung, Vertrauen und Geborgenheit braucht jedes Kind für eine gesunde Entwicklung. Es kommt dabei auf die liebevolle Zuwendung von mehreren Bezugspersonen an. Die Bezugspersonen sind nicht nur in den ersten Wochen und Monaten notwendig, sondern noch Jahre darüber hinaus. Wie wichtig feste Bezugspersonen sind, zeigen Berichte des Jugendamtes. Hier ist man bemüht, Kinder, die außerhalb der eigenen Familie groß werden müssen, möglichst in Pflegefamilien zu geben, damit sie feste Bezugspersonen haben, denen sie vertrauen können.

1 Informiere dich beim zuständigen Gesundheitsamt über das Impfverhalten von Eltern heute.

2 Überlege, welche Bedeutung deine Bezugspersonen für dich heute noch haben.

3 Begründe, warum Kinder genügend eiweiß-, vitamin- und mineralstoffreiche Lebensmittel aufnehmen sollen.

4 Erkundige dich an deinem Heimatort nach Angeboten wie Kinderturnen, Schwimmkurse für Kleinstkinder, Waldkindergarten.

Entwicklung von Kindern

Alter	Was kann ein Kind? Wie verhält es sich?

1. und 2. Monat

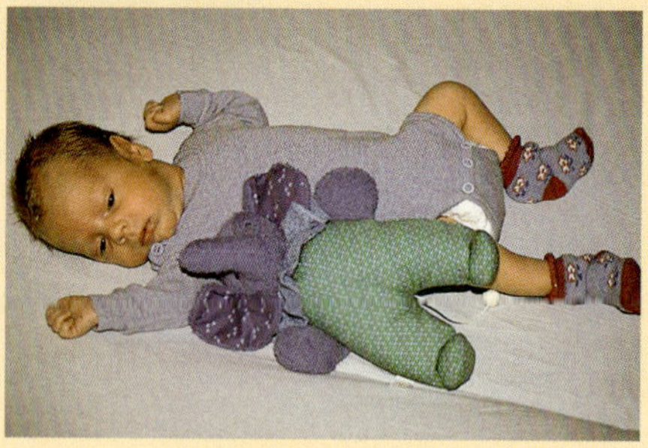

- Heben und Wenden des Kopfes, schreien, saugen
- Laute der Lust und Unlust

Beispiele zur Förderung

- Vermittlung des Gefühls der Geborgenheit (Hautkontakt, Streicheln, Ruhe ausstrahlen, Kinderlieder singen u. v. m.)
- Mit dem Kind sprechen

3. bis 12. Monat

- Zunehmende Beherrschung des Bewegungsapparates: greifen, sitzen, krabbeln, stehen, gehen
- Zunehmender Gebrauch der Sinne: tasten, schmecken, hören, sehen, lächeln, Erkennen von Personen
- Selbst gebildete Laute als Ausdruck von Wünschen und als Benennung von Personen und Gegenständen

Beispiele zur Förderung

- Gelegenheit zum Schauen, Lauschen und Greifen geben
- Säugling zunehmend am Leben im Haushalt teilnehmen lassen
- Zeigen und Benennen von Gegenständen

2. Lebensjahr

- Gehen, selbstständig essen und trinken
- Eigenkontrolle über die Ausscheidung
- Gegenstände ordnen und ausprobieren
- Nachahmen von Bewegungen
- Ein- und Zweiwortsätze

Beispiele zur Förderung

- Raum zur Erkundung geben, Gefahren einschränken (Steckdosen)
- Sauberkeitserziehung durch Lob, nicht durch Zwang
- Weiterhin für sprachliche Anregung sorgen: Kinderreime, Lieder, Bilderbücher

Alter	Was kann ein Kind? Wie verhält es sich?
3. und 4. Lebensjahr 	• Zunehmender Bewegungsdrang, zunehmende Geschicklichkeit, Beginn des gemeinsamen Spiels • Streben nach Selbstständigkeit, Geltendmachen des Willens (Trotz- oder Autonomiealter), Mehrwortsätze, Auswendiglernen **Beispiele zur Förderung** • Raum, Spielzeug und genügend Zeit zum Spielen geben • Kind möglichst oft entscheiden lassen, selbstständiges Tun fördern • Zum Erzählen anregen, Fragen geduldig beantworten
5. und 6. Lebensjahr 	• Zunehmende Ausdauer bei körperlicher Betätigung • Zunehmende Geschicklichkeit • Zielgerichtete Fragen, Erkennen von Sachzusammenhängen • Realitätsbewusstsein entwickelt sich, Ausdauer beim Malen, Basteln und Singen • Ordnet sich in größere Gruppen ein (Schulreife) • Wortschatz nimmt zu **Beispiele zur Förderung** • Wandern, Sport und Spiel im Freien fördern • Erster Musikunterricht in der Musikschule • Sprachentwicklung unterstützen durch Bücher und Geschichten, besonders Märchen
Ab 6. Lebensjahr 	• Großes Bewegungsbedürfnis • Verbringt freie Zeit gern mit anderen Kindern • Will eigene Kräfte ausprobieren • Ist neugierig • Lernt lesen, schreiben und rechnen **Beispiele zur Förderung** • Lesefertigkeit unterstützen durch Kinderbücher • Schreibfähigkeit üben durch Verfassen einfacher Texte • Beim Einkaufen Grundrechenarten üben • Anregen zum Malen und Basteln • Körperliche Geschicklichkeit durch sportliche Betätigung • Spiele im Freien fördern

Bewegungsspiel oder Funktionsspiel
- Fördert Freude an der Bewegung
- Sinne wie Hören, Sehen, Tasten werden geübt
- Muskeln werden trainiert, die Geschicklichkeit wird gefördert

Konstruktionsspiel
- Nachahmen von Vorlagen
- Gestaltungsspiel, Verwirklichen eines eigenen Plans
- Fördert das Kennenlernen von verschiedenen Materialien
- Regt an zu schöpferischem Verhalten

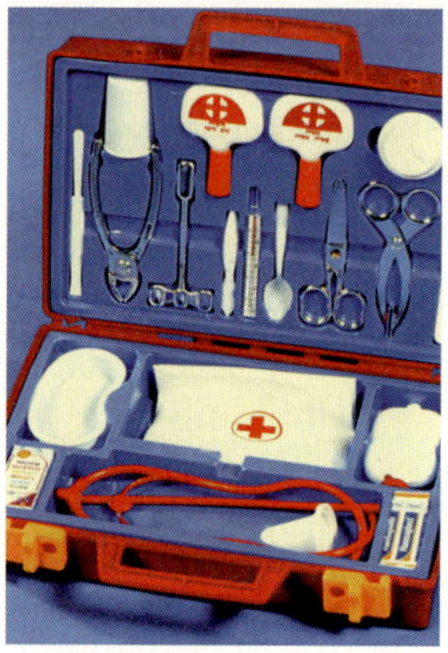

Rollenspiel oder Situationsspiel
- Regt die Phantasie an, Konflikte werden aufgearbeitet
- Einüben bestimmter Verhaltensweisen
- Förderung der Sprache

Regelspiel
- Wettbewerb mit einem oder mehreren Spielern
- Fördert das soziale Verhalten
- Psychische Bewältigung von Verlieren und Gewinnen

Spiele – die optimale Förderung

Jedes gesunde Kind hat eine natürliche Neugierde. Es wendet sich gern unbekannten Menschen, Dingen und Ereignissen zu. Durch die Erfahrungen, die ein Kind dadurch sammelt, werden kognitive Fähigkeiten entwickelt und das soziale Verhalten beeinflusst. Die Persönlichkeitsentwicklung wird so gestärkt und gefördert. Kinder lernen auf diese Weise spielerisch viele Lebensbereiche kennen. Wie erfolgreich dieses spielerische Lernen ist, zeigt uns, dass ein Kind in wenigen Jahren ohne systematischen Sprachunterricht seine Muttersprache zu gebrauchen lernt.

Die Sprache ist für den Menschen von lebenswichtiger Bedeutung. Mithilfe der Sprache können wir Gefühle, Wünsche, Anteilnahme ausdrücken, Ereignisse und Sachverhalte mitteilen und erfahren. Sie ermöglicht es, den Kontakt mit anderen Menschen aufzunehmen. Zur Sprache rechnet man auch Mimik und Gestik.

Durch Untersuchungen an Säuglingen und Kleinkindern hat man festgestellt, dass zwischen Denken und Sprechen ein enger Zusammenhang besteht.

Ein Kind, das sprachlich gefördert wird, lernt nicht nur besser sprechen, sondern auch besser denken.

Spielbedingungen

Damit Kinder intensiv spielen können, ist es notwendig, dass wir ihnen
- genügend Zeit lassen zur Beschäftigung,
- Raum geben, in dem sie spielen können,
- Geeignete Spielmittel zur Verfügung stellen.

Nur unter diesen Bedingungen können Kinder ihre Fähigkeiten und Fertigkeiten richtig entwickeln.

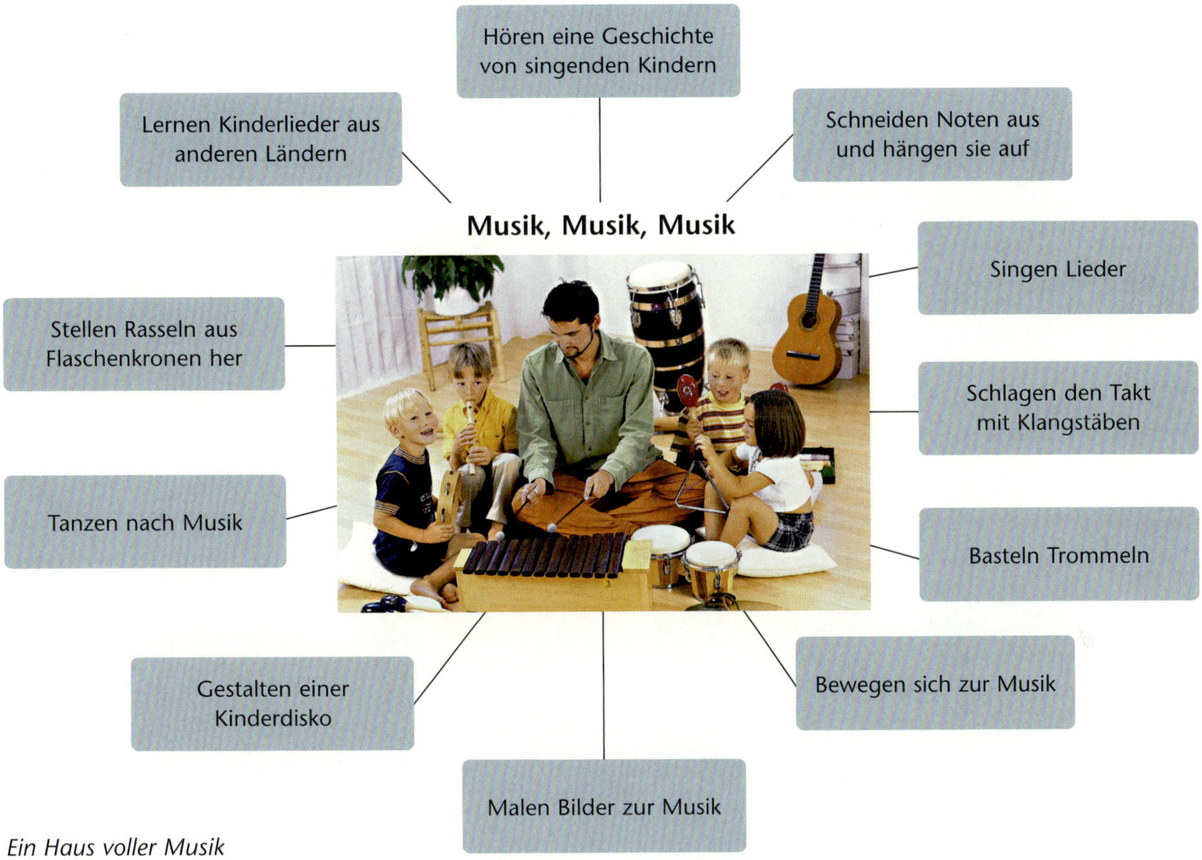

Ein Haus voller Musik

Spielarten

Kinder spielen mit dem eigenen Körper, mit Material, mit Gedanken, mit Dingen, mit anderen Kindern oder mit Erwachsenen. Nicht zu jedem Spiel braucht man Spielzeug. Es werden auch Gegenstände zum Spielen verwendet, die nicht dafür hergestellt wurden, wie z. B. Sand, alte Kleider, Kochtöpfe, Rührlöffel usw.
Spiele kann man in verschiedene Arten unterteilen: Bewegungsspiel, Konstruktionsspiel, Rollenspiel, Regelspiel. Diese verschiedenen Spielarten lernen Kinder nicht gleichzeitig. Die Kleinsten spielen mit ihren Händchen (Funktionsspiel). Ab etwa einem Jahr beginnt das Kind, mit Bauklötzchen zu spielen (Konstruktionsspiel). Ab dem zweiten Lebensjahr kommt das Rollenspiel dazu, z. B. das Zubettbringen der Puppe, und erst ab dem dritten Lebensjahr beginnt das Kind sich mit anderen zu messen wie beim Wettlauf (Regelspiel). Am Anfang brauchen Kinder beim Spielen miteinander noch Anregungen von Älteren.

Die verschiedenen Spielarten unterstützen die kognitive und soziale Entwicklung der Kinder.

1 Berichte über dein früheres Lieblingsspielzeug und die Spiele, die du damit spielen konntest.

2 Suche für jede Spielart ein Spiel aus, das ein vierjähriges Kind spielen kann.

3 Erarbeitet ein Plakat, das aufzeigt, wie Kinder durch die oben abgebildeten Aspekte gefördert werden können.

4 Führt einen Wettbewerb durch. Thema: originelle Gute-Nacht-Geschichte für Grundschüler.

5 Stellt ein Spielzeug zum Verschenken her und überlegt, welche Förderung Kinder dadurch erfahren.

Art. 6 des Grundgesetzes der Bundesrepublik Deutschland:

Ehe und Familie, nichteheliche Kinder

(1) Ehe und Familie stehen unter dem besonderen Schutze der staatlichen Ordnung.

(2) Pflege und Erziehung der Kinder sind das natürliche Recht der Eltern und die zuvörderst ihnen obliegende Pflicht. Über ihre Betätigung wacht die staatliche Gemeinschaft.

(3) Gegen den Willen der Erziehungsberechtigten dürfen Kinder nur auf Grund eines Gesetzes von der Familie getrennt werden, wenn die Erziehungsberechtigten versagen oder wenn die Kinder aus anderen Gründen zu verwahrlosen drohen.

(4) Jede Mutter hat Anspruch auf den Schutz und die Fürsorge der Gemeinschaft.

(5) Den unehelichen Kindern sind durch die Gesetzgebung die gleichen Bedingungen für ihre leibliche und seelische Entwicklung und ihre Stellung in der Gesellschaft zu schaffen wie den ehelichen Kindern.

Grundfragen der Erziehung

Die Erziehung der Kinder ist vor allem die Aufgabe der Eltern. Diese Aufgabe ist im Grundgesetz festgelegt. Der Gesetzgeber überlässt die Erziehung den Erziehungsberechtigten. Sie dürfen und sollen ihr Kind nach ihren Vorstellungen und Werten formen. Über Inhalte und Methoden dürfen Eltern selbst entscheiden.
Bei der Erziehung wirken viele Faktoren zusammen. Zum einen werden Kinder von Eltern und Lehrern bewusst erzogen, zum andern sind es Einflüsse der Umwelt, die auf das Kind erziehend wirken. Unbestritten ist die Bedeutung der Familie in der frühkindlichen Phase bis zu vier Jahren. Diese Phase nennt man auch primäre Sozialisation. Die primäre Sozialisation wird danach überlagert durch weitere Sozialisationsinstanzen wie Kindergarten, Schule, Gruppe der Gleichaltrigen und Massenmedien. Ob Einflüsse von außen einen jungen Menschen fördern oder in seiner Entwicklung hemmen, hängt nicht allein von der Art der Einflüsse ab. Es kommt dabei auch auf die Veranlagung und die Reaktion des Einzelnen an.

Für die Persönlichkeitsentwicklung ist es wichtig, dass Kinder eine bestimmte Ordnung, klare Grenzen, Regeln und berechenbares Verhalten erfahren. Dies gibt ihnen Sicherheit und Geborgenheit.

Ziel der Erziehung ist es, die Entwicklung der Persönlichkeit des Einzelnen zu fördern ebenso wie die Eingliederung des jungen Menschen in die Gesellschaft.

Verschiedene Erziehungsmittel, die dem Alter und der Auffassungsfähigkeit des Kindes entsprechen, können dabei hilfreich sein.

Einsatz von Erziehungsmitteln

Lob und Belohnung geben dem Kind das Gefühl eines Erfolgs. Diese Verhaltensweise wird auch künftig angestrebt, da sie Anerkennung bewirkt. Die Wirkung beruht auf der Förderung der gewünschten Verhaltensweise. Man spricht in der Verhaltenspsychologie von positiver Verstärkung. Das Erlernen von Verhaltensweisen durch

Das Kind hilft mit

Dieses Kind hält die Verkehrsregel nicht ein

positive Verstärkung wird auch Bekräftigungslernen genannt.

Soll das Lob wirksam werden, so muss für das Kind klar erkennbar sein, welche Verhaltensweise gelobt wurde.

Belohnungen sollten den Charakter des Außerordentlichen behalten, deshalb nur besondere Bemühungen und Leistungen belohnen.
Es besteht sonst die Gefahr, dass jede Leistung nur noch gegen Lohn erbracht wird.
Tadel und Strafe sind Erziehungsmaßnahmen, die beim Kind Unlustgefühle hervorrufen. Die Unlustgefühle werden vom Kind dem Fehlverhalten zugeordnet und gemieden. Eine solche negative Verstärkung hat ihre Berechtigung, wenn es darum geht, Schaden zu verhüten. Die Unterdrückung des falschen Verhaltens bewirkt meist nicht automatisch die Wahl der gewünschten Verhaltensweise. Sie müsste danach durch Einsicht, Lob und Anerkennung erworben werden. Häufiges Tadeln und Bestrafen kann auch entmutigend auf ein Kind wirken.

Das Kind schaut zu und wäscht sich auch die Hände

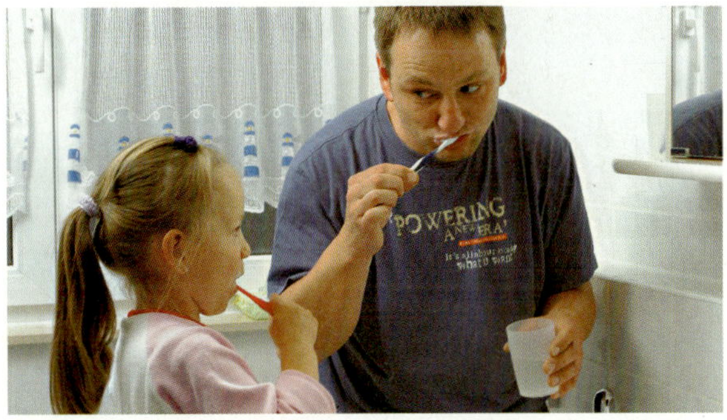

Das Kind gewöhnt sich ans Zähneputzen

Gewöhnung wird durch ständige Wiederholung zur Selbstverständlichkeit. Auf diese Weise entsteht in den ersten Lebensjahren eine Reihe von Verhaltensmustern. Die Einsicht in die Notwendigkeit einer bestimmten Verhaltensweise kommt meist erst später.
Das Vorbild der Erwachsenen ist ein unaufdringliches Erziehungsmittel, das aber durch Nachahmung oder Ablehnung auf lange Sicht Verhaltensweise und Lebensstil nachhaltig beeinflusst.

1. Sucht Beispiele für einen sinnvollen Einsatz dieser Erziehungsmaßnahmen und stellt sie der Klasse vor.
2. Diskutiert den Ausspruch: Viel Nähe macht Kinder später unabhängiger.
3. Überlege, welche Person für dich ein Vorbild ist, und begründe warum.

Erziehungsstile

Die Suche nach dem richtigen Erziehungsstil ist ein altes Problem. Viele Eltern wollen „es“ recht machen und stehen daher unter einem besonderen Leistungsdruck. Denn Kinder sind das Vorzeigeprodukt der Eltern.

> Durch die bewussten und gezielten Erziehungsmaßnahmen der Eltern wird die Persönlichkeitsentwicklung eines Kindes beeinflusst.

Frühere Generationen hatten andere Erziehungsziele als heute. In den fünfziger Jahren waren die Erziehungsziele Gehorsam, Pünktlichkeit, Fleiß, Pflichtbewusstsein.

Die heutigen Erziehungsschwerpunkte sind Selbstvertrauen, Selbstständigkeit, Verantwortungsbewusstsein, Einfühlungsvermögen. Danach erst folgen Pflichtbewusstsein, Fleiß und Gehorsam. Die Schwerpunkte haben sich deutlich verschoben.

Antiautoritäre Erziehung

Ende der 1960er Jahre lehnten sich Schüler und Studenten gegen Autoritäten wie Lehrer, Professoren, Rektoren oder Politiker auf. Gründe dafür gab es viele.

Der bekannte englische Pädagoge A. S. Neill verglich die damalige Erziehung von Kindern mit Hundedressur. Er verachtete die Erziehungsprinzipien, die sich seiner Meinung nach dazu eignen, aus Kindern Marionetten zu machen, die auf Reinlichkeit, Ordnung und Gehorsam dressiert sind. Neill forderte, Erziehung von jeder Form des Zwangs zu befreien (antiautoritär = ohne Zwang). Er stellt die Bedürfnisse von Kindern und deren Entfaltung in den Vordergrund. Erziehung muss ohne psychische und physische Gewalt auskommen. Die Grenzen der Freiheit sollten dort beginnen, wo die Freiheit anderer in Gefahr ist. Diese Erziehung erfordert mehr Zeit und Aufmerksamkeit von den Erziehungsberechtigten, denn die Eltern müssen Kompromisse finden zwischen den eigenen Bedürfnissen und denen des Kindes.

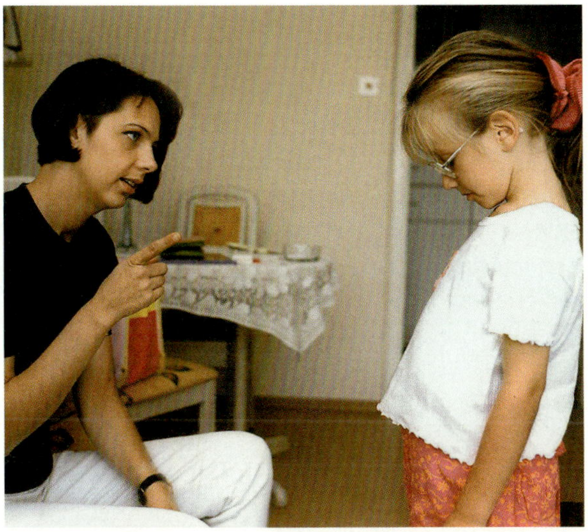

Wenn du jetzt nicht gleich dein Zimmer aufräumst, dann …

Das hast du aber schön gemacht!

Einige Jahre später wurde die antiautoritäre Erziehung fälschlicherweise zum Sinnbild für Eltern, die ihre Kinder einfach gewähren ließen (laissez faire), ohne ihnen Spielregeln aufzuzeigen und Grenzen zu setzen.

Autoritäre Erziehung

Erwachsene, die ihre Kinder autoritär erziehen, haben vor allem den Wunsch, dass die Kinder nahtlos in die Gesellschaft mit ihren Normen und Anforderungen hineinwachsen. Entsprechend wird bei dieser Erziehung erwünschtes Verhalten belohnt und nicht erwünschtes Verhalten bestraft. Die Bestrafung kann auch körperlicher Art sein. Die Erziehungsziele sind Ordnung, Fleiß, Anständigkeit, Rechtschaffenheit, Gehorsam, Ehrlichkeit.
Viele Erziehungsbrechtigte erziehen ihre Kinder so wie sie selbst erzogen wurden. Sie sind davon überzeugt, dass diese Erziehung im Ganzen richtig war, denn aus ihnen ist ja auch was Rechtes geworden. Über Methoden wird nicht weiter nachgedacht.

Demokratischer Erziehungsstil

Der demokratische Erziehungsstil verfolgt Ziele wie Selbstständigkeit, Kritikfähigkeit, demokratische Werte. Um diese Ziele zu erreichen, müssen neue Wege und Methoden entwickelt werden, z. B. verzichten Eltern auf das Ausnutzen ihrer natürlichen Autorität. Die Eigeninitiative des Kindes wird gefördert, Verbote und Leitlinien werden erklärt. Konflikte werden verbal gelöst. Kritik an einzelnen Einstellungen ist erlaubt. Kinder werden bei wichtigen Entscheidungen mit einbezogen.
Die Erfahrung hat gezeigt, dass keine Methode allein Kinder zu selbstständigen, leistungsfähigen und gesellschaftlich verantwortungsbereiten Persönlichkeiten erzieht. Eltern sollten versuchen, der Entwicklung des Kindes entsprechend angemessen zu reagieren, vereinbarte Regeln einzufordern und Kinder durch Anregung, Anleitung und Anerkennung zu fördern.

1. Stellt die einzelnen Erziehungsstile an Problemsituationen dar. Diskutiert und bewertet sie.
2. Erläutert, warum Konsequenz in der Erziehung so große Bedeutung hat.
3. Wertet die Statistik auf der Seite gegenüber aus.
4. Nimm zu folgender Aussage Stellung: Der Erfolg der Erziehung hängt auch ab von der positiven Einstellung der Erziehenden gegenüber Kindern.

Älter wird jeder

Die Ursachen des Alterns der Menschen sind bis heute noch nicht völlig geklärt. Wir wissen jedoch, dass sich unser Körper ganz allmählich verändert, so dass es von den Betroffenen selbst kaum wahrgenommen wird. Deutlich wird das Älterwerden erst, wenn wir Probleme mit einzelnen Körperfunktionen haben. Wir bemerken z. B., dass wir körperlich nicht mehr so belastbar sind und die Sehkraft nachlässt.

Der Alterungsprozess erfasst jeden, den einen früher, den anderen später.

Wichtig ist, dass wir gesund bleiben. Nicht alle Krankheiten und Gebrechen lassen sich im Alter vermeiden. Doch auf viele Gesundheitsprobleme, die im Alter häufig auftreten, hat die frühere Lebensweise einen entscheidenden Einfluss.
Deshalb sollten folgende allgemeine Gesundheitsregeln ein Leben lang beachtet werden:

- Sich gesund und vollwertig ernähren,
- Übergewicht vermeiden,
- auf Rauchen möglichst ganz verzichten,
- Maßhalten bei Alkohol und anderen Genussmitteln,
- auf ausreichende Bewegung achten.

Leben im Alter

Viele jüngere Menschen haben die Vorstellung, dass ältere Menschen körperlich hinfällig, vergesslich, nicht ernst zu nehmen und nicht kompetent sind.
Die heutige Erfahrung zeigt jedoch, dass die meisten alten Menschen (95 %) nicht in Heimen, sondern in Privathaushalten leben. Sie sind also im Allgemeinen aktiv und leistungsfähig und können sich weitgehend selbst versorgen.
Ältere Menschen sind keine homogene Gruppe. Sie unterscheiden sich aufgrund ihrer Biographien, ihrer geistigen, sozialen, gesundheitlichen und materiellen Gegebenheiten. Viele gestalten diesen Lebensabschnitt selbstständig. Treten jedoch gewisse Einschränkungen auf, so wird versucht, sie auszugleichen. Erst wenn mehrere Defizite zusammenkommen, ist Hilfe von außen notwendig.
Eine wichtige Voraussetzung im Alter ist eine günstige Lebenssituation. Dazu gehören auch

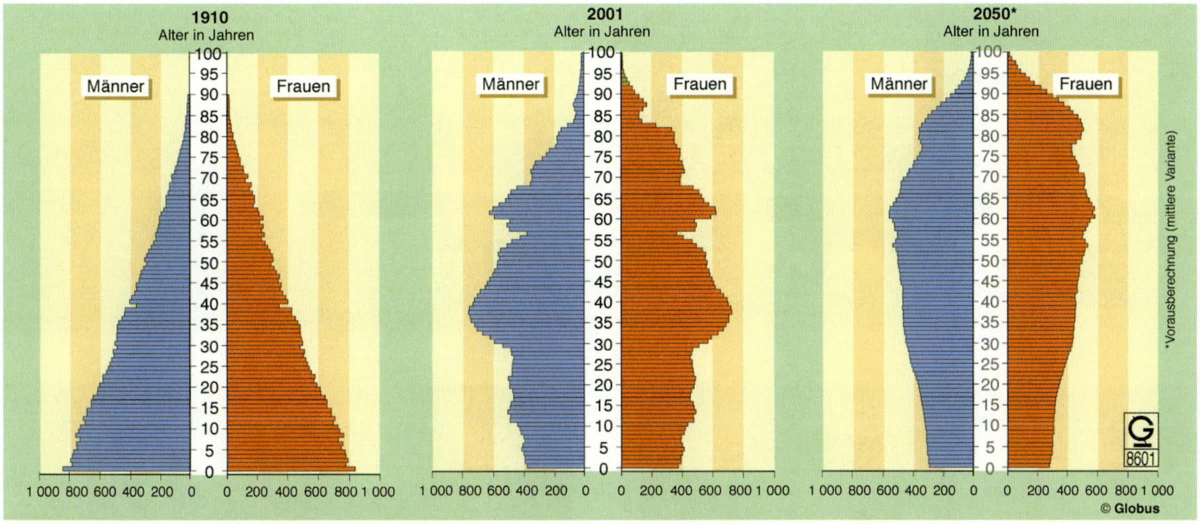

Deutsche Lebensbäume 1910, 2001, 2050

gesicherte soziale und familiäre Beziehungen. Somit wird Senioren die Erfahrung vermittelt, dass Belastungen gemeinsam getragen werden. Das bedeutet aber nicht, dass Jüngere und Ältere „unter einem Dach leben“ müssen. Sowohl die jüngere als auch die ältere Generation zieht es vor, zwar bei innerer Nähe, jedoch bei äußerer Distanz zu leben.

Die Lebenszufriedenheit im Alter wird nicht durch die Quantität, sondern durch die Qualität der sozialen Kontakte beeinflusst.

Altersstruktur in Deutschland

Der Anteil von Kindern und alten Menschen an der Gesamtbevölkerung hat sich in den letzten hundert Jahren deutlich verändert. Während es vor hundert Jahren viele Kinder gab und nur wenige alte Menschen, so ist es heute umgekehrt. Es kommen weniger Kinder auf die Welt, und es gibt viele alte Menschen.

Die Verschiebung im Altersaufbau der Bevölkerung lässt sich beinahe in allen Industrieländern mehr oder weniger deutlich nachweisen. Sie beruht nicht nur auf der höheren Lebenserwartung, sondern auch auf einem längerfristig anhaltenden Geburtenrückgang.

Gründe für den Geburtenrückgang sind:

- Betonung der Individualrechte des Einzelnen,
- zu wenig geeignete Kinderbetreuungseinrichtungen,
- die geringe öffentliche Wertschätzung der Rolle der Hausfrau/des Hausmannes,
- die Erfahrung, dass Doppelverdiener im Vergleich zu Ein-Verdiener-Familien über ein höheres Einkommen verfügen,
- späterer Berufseinstieg durch längere Ausbildungszeiten.

Die Überalterung der Bevölkerung ist eine der herausragenden gesellschaftlichen Herausforderungen der kommenden Jahre.

1 Erläutert die Lebensbäume.

2 Frage deine älteren Verwandten, ob sie ihre Großeltern noch kannten.

3 Suche Gründe, warum ältere Menschen unabhängig bleiben wollen.

4 Welchen Beschäftigungen gehen ältere Menschen nach, die du kennst?

5 Erkundige dich in sozialen Einrichtungen nach Angeboten für Ältere. Erstellt dazu eine Broschüre.

Erfahrungen mit älteren Menschen

Beinahe jeder hat heute Erfahrung mit der Betreuung und Versorgung älterer Menschen. Für beide Generationen kann diese Lebensphase eine Bereicherung sein, gemeinsame Aktivitäten wie Weiterbildung und Betreuung der Enkel können die Gemeinsamkeit stärken. Trotzdem gibt es immer wieder Probleme. Ältere fühlen sich häufig angegriffen, weil sie nicht mehr so schnell reagieren können. Sie merken selbst, dass ihre körperliche und geistige Leistungsfähigkeit in den letzten Jahren abgenommen hat. Sie können aber sich selbst und anderen gegenüber dies nicht eingestehen. So kommen sie sich schwach vor und wollen wie früher doch immer noch stark sein.

Das ist auch mit der Grund, warum Ältere immer gerne von ihren erfolgreichen Jahren erzählen, obwohl jeder diese Geschichten kennt.

> Jeder Erwachsene sollte sich langfristig mit der Lebensphase „Älterwerden" beschäftigen und sein „Alter" planen.

Hilfsbedürftig und dennoch daheim

Um die Betreuung und Versorgung älterer Menschen zu erleichtern, gibt es eine Vielzahl von ambulanten Diensten. Ohne den Einsatz dieser Dienste könnten viele Ältere nicht Demente nicht mehr zu Hause bleiben. Trotzdem haben manche Ältere mit den ambulanten Diensten Probleme, weil sie nicht zugeben können, dass sie wesentliche Tätigkeiten des täglichen Lebens nicht mehr selbst ausführen können. Man muss aufpassen, dass diese Menschen nicht verwahrlosen. Die Mobilen Sozialen Dienste bieten Folgendes an:

- Essen auf Rädern. Fünfmal in der Woche wird um die Mittagszeit ein warmes Essen gebracht, das aus mehreren Angeboten ausgesucht werden kann.
- Fahr- und Begleitdienst: für Arztbesuche oder zu kulturellen Veranstaltungen wird der Fahr- und Begleitdienst angefordert.
- Hilfe bei der hauswirtschaftlichen Versorgung: zum Einkaufen, zur Nahrungszubereitung, zum Waschen und Bügeln und zum Putzen kann dieser Dienst gleichfalls in Anspruch genommen werden.

Umgang mit Älteren

Für Betreuende und Angehörige ist der Umgang mit älteren Menschen manchmal schwierig, da sich diese vielfach nicht mehr in die Situation der Erwerbstätigen hineindenken können, weil sie schon viele Jahre im Ruhestand sind. Den Alltag mit Erwerbsarbeit und eigenem Haushalt auf die Reihe zu bringen und dazu noch Angehörige zu betreuen, ist für viele ein ungeheuerer physischer und psychischer Druck. Gibt es dann noch Probleme mit den älteren Angehörigen, weil sie nicht warten können oder alles besser wissen, so steigt die Belastung noch mehr.

Um diesen Stress zu mildern, sollen folgende Verhaltensregeln beachtet werden:

- Wertschätzung entgegenbringen,
- freundlich gegenübertreten,
- bei Gesprächen unproblematische Themen bevorzugen,
- Achtung und Rücksicht zeigen („Kann ich helfen?“),
- Äußerungen nicht ständig verbessern,
- Lebensweise und Lebensgewohnheiten nicht außer Acht lassen,
- Besuchstermin festlegen und einhalten,
- die verschiedenen Interessen durch neue Informationen wach halten,
- kleine Aufgaben selbst erledigen lassen,
- Formen des Umgangs miteinander einhalten, wie „Bitte und Danke“,
- Tätigkeiten, die noch ohne Hilfe ausgeführt werden können, selbstständig erledigen lassen.

Für die Betreuenden selbst gilt:

- sich nicht aus der Ruhe bringen lassen,
- nicht ständig auf den persönlichen Stress hinweisen,
- eine positive Grundeinstellung zur Betreuung mitbringen.

Jeder muss sich im Klaren sein, dass er selber auch alt wird und im Voraus nicht weiß, wie er sich im Alter verändert.

1 Denkt euch in ältere Menschen hinein und sucht Beispiele für die genannten Verhaltensregeln. Unternehmt z. B. einen Spaziergang mit einem Blinden oder Gehbehinderten.

2 Erkundet verschiedene ambulante Pflegedienste.

Methode Rollenspiel

Phase 1: Planung

Wir legen das Thema und das Ziel des Spiels fest. Außerdem überlegen wir uns Kriterien für das Auswertungsgespräch nach dem Rollenspiel.

Wir entscheiden, welche Personen im Spiel vorkommen und verteilen diese Rollen auf Schüler/-innen. Alle übrigen Schüler/-innen sind Beobachter, für die wir einen Beobachtungsauftrag formulieren.

Jeder Spieler/jede Spielerin wird von einer Gruppe unterstützt. Wir überlegen uns, wie die Person argumentieren und sich verhalten könnte. Außerdem suchen wir einen für die Person typischen Gegenstand als „Verkleidung".

Phase 2: Durchführung

Wir schaffen eine Bühne im Klassenraum und kennzeichnen unsere Spieler/-innen (Namenschilder etc.). Bevor das Spiel beginnt, beschreibt der Spielleiter/die Spielleiterin noch einmal die Situation, die gespielt wird. Es kann ein Zeitlimit festgelegt werden. Dann spielen und beobachten wir.

Phase 3: Auswertung

Wir werten das Spiel aus.
1. Die Beobachter/-innen kommen zu Wort. Sie schildern ihre Beobachtungen zu den einzelnen Spielern anhand ihres Beobachtungsauftrages.

2. Die Spieler/-innen kommen zu Wort: Sie berichten, wie sie sich in der Rolle gefühlt haben, und äußern ihre Meinung zu den Beobachtungen der Beobachter.

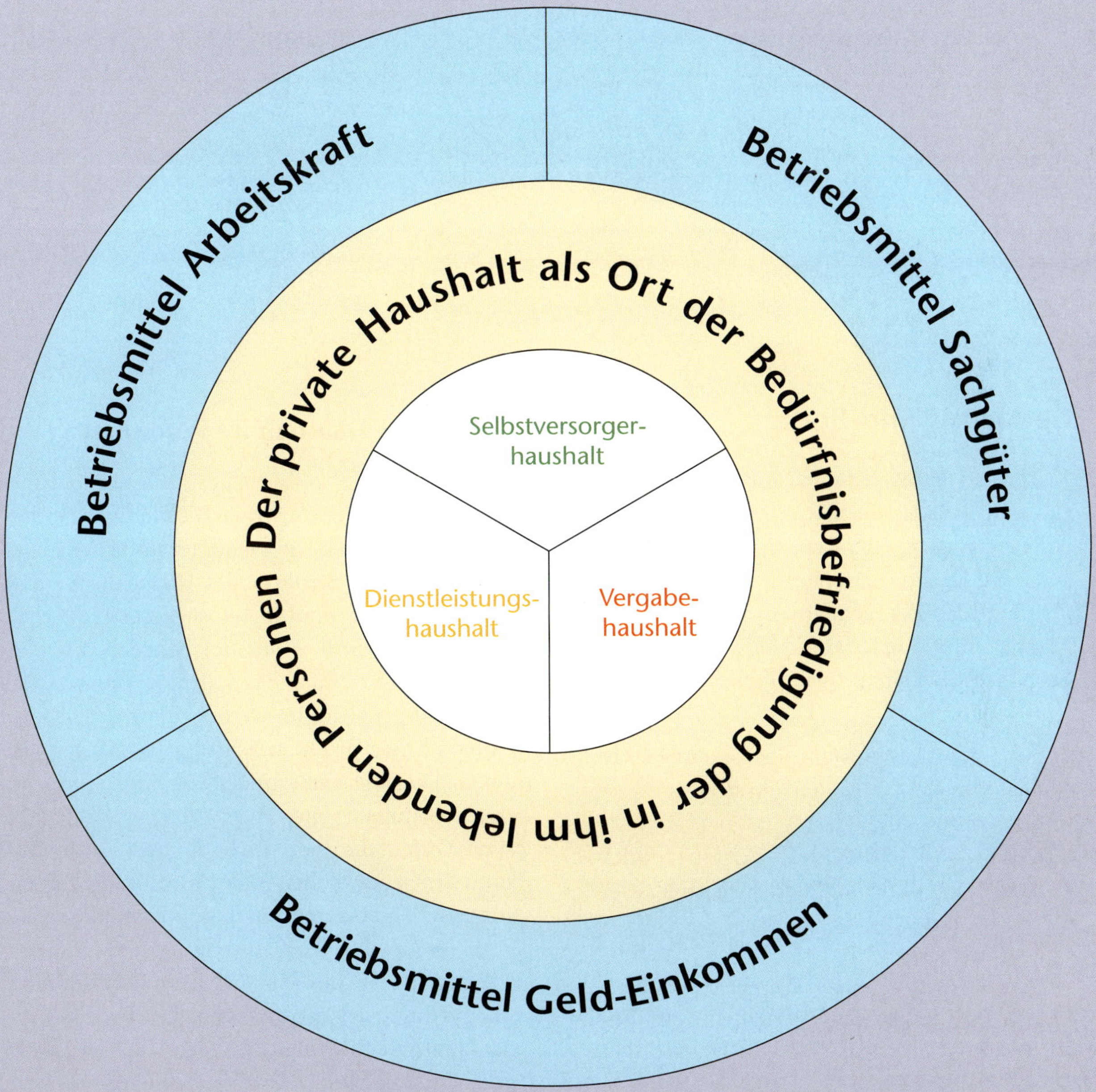
Betriebsmittel Arbeitskraft
Betriebsmittel Sachgüter
Betriebsmittel Geld-Einkommen
Der private Haushalt als Ort der Bedürfnisbefriedigung der in ihm lebenden Personen
Selbstversorger-haushalt
Dienstleistungs-haushalt
Vergabe-haushalt

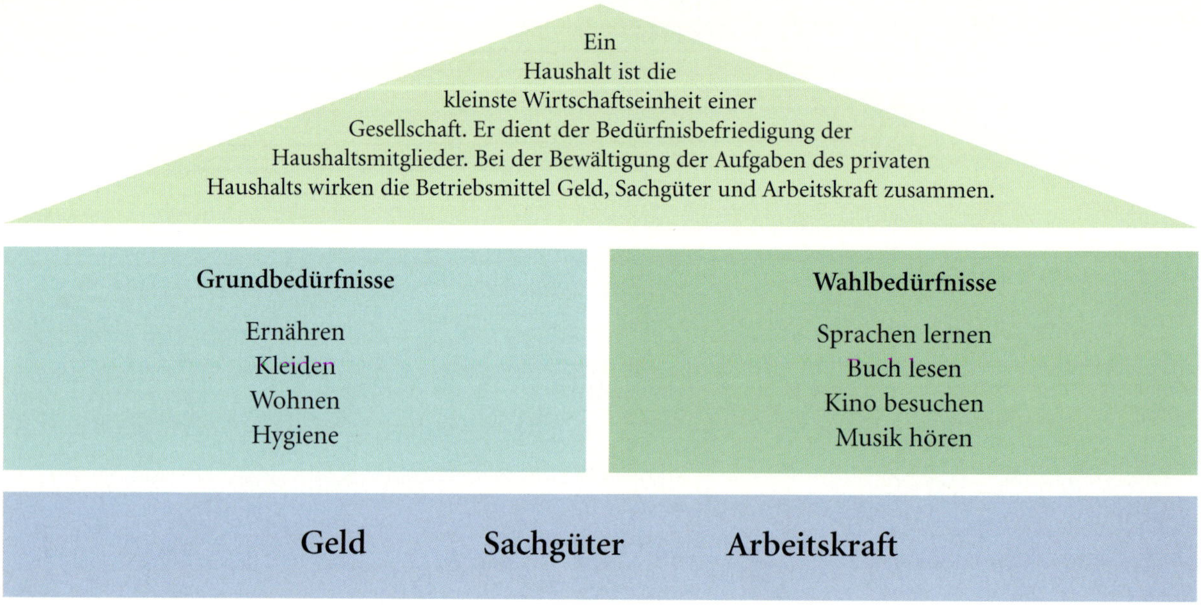

Grundlagen des privaten Haushalts

Bedürfnis und Bedarf

Sascha hat Hunger, Franzi möchte zum Frisör, Caroline wünscht sich ein Mountainbike und Anja ein Handy, Felix freut sich auf den Kinobesuch und Katrin sucht nach einem Geschenk für ihre Mutter. Allen gemeinsam ist, dass sie einen Mangel empfinden, den sie beseitigen möchten. Sie haben Bedürfnisse, wie alle Lebewesen.

Ein Bedürfnis entsteht aus einem Gefühl des Mangels. Wir sind bestrebt, diesen Mangel zu beseitigen.
Die Grundbedürfnisse (Existenzbedürfnisse) des Menschen sind Ernähren, Kleiden, Wohnen.

In Krisenzeiten wie zum Beispiel bei Naturkatastrophen oder in Kriegszeiten ist der Mensch zunächst bestrebt, seine Grundbedürfnisse zu befriedigen. Ist die Existenz gesichert, kann man sich andere Dinge wünschen. Dies kann eine teure Urlaubsreise, ein Konzertbesuch oder ein neuer DVD-Spieler sein. Alles, was nicht lebensnotwendig ist, nennen wir Wahlbedürfnisse. Diese Bedürfnisse sind von Mensch zu Mensch verschieden.

Der private Haushalt als Wirtschafts- und Lebenseinheit

Damit unsere Bedürfnisse befriedigt werden können, benötigen wir Sachgüter und Dienstleistungen. Je nach Struktur des Haushalts werden zum Beispiel Produkte selbst hergestellt (z. B. Marmelade) und Dienstleistungen von der Familie selbst erbracht (z. B. Fenster putzen). Bei einer anderen Familie werden diese Dinge von Unternehmen produziert und gekauft oder von einem Dienstleister erbracht. Wie du schon im ersten Kapitel (Seite 8) erfahren hast, gibt es auch Güter, die man nicht kaufen kann. Das kann die Geborgenheit in der Familie, die Zuneigung und Hilfsbereitschaft von Freunden oder auch eine intakte Umwelt sein.
Die Bedürfnisse der Haushaltsmitglieder ändern sich im Laufe des Lebenszyklus. Das bedeutet für die Haushaltsführung, dass sich die Gestaltung und Organisation des Familienlebens immer wieder der veränderten Bedürfnislage anpassen muss.
Aufgrund der unterschiedlichen Bedürfnislage sind die Familienhaushalte auch unterschiedlich strukturiert. Man unterscheidet drei Haushaltstypen: Vergabehaushalt, Dienstleistungshaushalt und Selbstversorgerhaushalt.

Unter ökologischen Gesichtspunkten ist der Selbstversorgerhausahlt der umweltfreundlichste Haushaltstyp. Der Vergabehaushalt verbraucht die meisten Ressourcen. Der Dienstleistungshaushalt ist in modernen Gesellschaften der meist verbreitete Haushaltstyp.

Vergabehaushalt	Dienstleistungshaushalt	Selbstversorgerhaushalt
Fast alle Hausarbeiten werden an fremde Personen vergeben. Das kann die Pizza vom Pizzadienst, die Nachhilfe für die Kinder oder die Vergabe der Wäsche sein. Der Vergabehaushalt ist der jüngste Haushaltstyp.	Viele Güter und Lebensmittel werden durch Kauf erworben. Hausarbeit wird in hohem Maße selbst ausgeführt. Der Anteil an Eigenarbeit beträgt ca. 50%.	Benötigte Güter werden zu einem großen Teil selbst erzeugt. Der Anteil an Eigenleistung ist sehr hoch, der Geldfluss gering. Diesen Haushaltstyp findet man heute noch vorwiegend in Entwicklungsländern.

Haushaltstypen

Fallbeispiele

Anja, 16 J. In ihrer Familie wird die anfallende Hausarbeit auf die Familienmitglieder verteilt. Seit ihre Mutter wieder arbeitet, nimmt die Familie kleinere Dienstleistungen wie Reinigung, Gefrierkost usw. in Anspruch.

Felix und Katrin, 14 und 15 J. Beide Eltern sind ganztags berufstätig. Am Vormittag kommt für vier Stunden Frau Huber. Sie kocht und erledigt den größten Teil der Hausarbeit. Die Wäsche wird außer Haus gegeben. Herr Huber erledigt die Gartenarbeit.

Simon, 15 J. Seine Eltern bewirtschaften einen großen Hof. Viele Nahrungsmittel werden selbst produziert. Seine Mutter führt den Hofladen. Sie wird dabei von Simons Schwester Susanne, 20 J., unterstützt.

Die meisten Haushalte lassen sich nicht eindeutig einem bestimmten Haushaltstyp zuordnen. In der Realität findet man eher Mischtypen, welche sich immer wieder verändern.

Dies resultiert daraus, dass sich die Situation in Familie, Gesellschaft und Wirtschaft laufend verändert.

1 Stelle für dich fest, welche Wahlbedürfnisse in deinem Leben eine Rolle spielen.

2 Diskutiert darüber, welche Bedürfnisse für Menschen in Entwicklungsländern wichtig sind.

3 Die emotionalen Bedürfnisse von Menschen sind eigentlich Grundbedürfnisse! Begründe dies.

4 Beschreibe jeweils einen Tagesablauf einer Familie in einem
- Vergabehaushalt,
- Selbstversorgerhaushalt,
- Dienstleistungshalt.

5 Beschreibe die Veränderungen in der Bedürfnisstruktur eines Menschen vom Säugling bis zum Jugendlichen.

6 Ordne dem jeweiligen Fallbeispiel links einen Haushaltstyp zu.

7 Begründe die Aussagen zu den Haushaltstypen oben.

Betriebsmittelkreis

Die Betriebsmittel des privaten Haushalts

Wir führen einen kleinen Betrieb

Ein gut geführter Haushalt ist dadurch gekennzeichnet, dass sich an der Gestaltung und Bewältigung der haushälterischen Aufgaben alle Familienmitglieder gemäß ihrem Können beteiligen.

Einen modernen Haushalt effizient und wirtschaftlich zu führen erfordert ein hohes Maß an Können und Wissen.
Nur durch den überlegten Einsatz der Betriebsmittel wird eine optimale Haushaltsführung möglich.

Die Betriebsmittel des privaten Haushalts umfassen alle Mittel, die notwendig sind, um die Bedürfnisse der Haushaltsmitglieder zu befriedigen.

Bei dem Betrieb „Familienhaushalt" handelt es sich nicht um ein geschlossenes System. Deshalb hat sein Handeln Auswirkungen auf unsere Umwelt. Zu den ökologischen Aufgaben des Haushalts gehören

- Luft, Wasser und Boden reinzuhalten,
- Hausmüll zu vermeiden und zu sortieren,
- sparsam mit Wasser und Engergie umzugehen.

Kombination der Betriebsmittel

Die Betriebsmittel Geld, Arbeitskraft und Sachgüter stehen in kaum einem Haushalt unbegrenzt zur Verfügung. Deshalb müssen wir überlegt damit umgehen. In welchem Umfang ein Betriebsmittel eingesetzt wird, hängt vom jeweiligen Haushalt und seiner Zielsetzung ab.

Es gilt, gemeinsam sinnvoll und umweltorientiert zu wirtschaften.

Die Beispiele auf der gegenüberliegenden Seite zeigen, wie der Anteil der verschiedenen Betriebsmittel ausgeglichen werden kann. Bei Verdienstausfall ist vom Betriebsmittel Geld wahrscheinlich wenig vorhanden. Dies kann durch das Betriebsmittel Arbeitskraft ausgeglichen werden. Auch bei der Mahlzeitenzubereitung spielt die Kombination der Betriebsmittel eine Rolle. Fer-

Eine alleinstehende Berufstätige setzt wenig Arbeitskraft im Haushalt ein, hat verhältnismäßig viel Geld, kann sich genügend Sachgüter leisten.

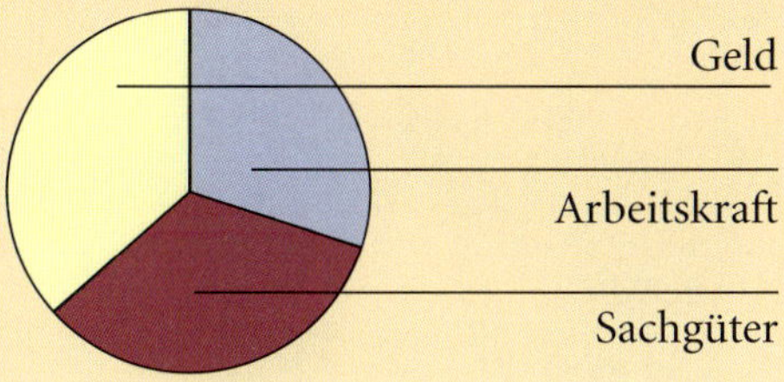

Ein Ehepaar mit drei kleinen Kindern muss viel Arbeitskraft im Haushalt einsetzen, lebt von einem Gehalt, besitzt wenig Sachgüter.

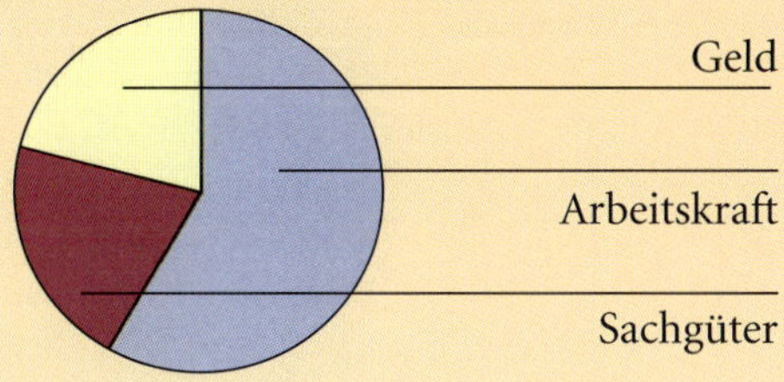

Möglichkeiten zur Kombination der Betriebsmittel

tigprodukte haben zwar den Vorteil, dass wenig Arbeitskraft und Zeit eingesetzt werden muss. Sie sind aber im Vergleich zu selbst hergestellten Produkten im Allgemeinen teurer, es muss dafür mehr Geld ausgegeben werden.

Betriebsmittel Arbeitskraft

Arbeit und Beruf sind vom Familienleben nicht zu trennen, da sie sich gegenseitig beeinflussen. Die berufliche Erwerbsarbeit ist eine Voraussetzung für Lohn und Gehalt, also das Betriebsmittel „Geld".

Im Gegensatz zur beruflichen Erwerbsarbeit hat die Tätigkeit im Haushalt keinen hohen Stellenwert. Sie gilt oft als Arbeit zweiter Klasse.

Das ist sicherlich auch einer der Gründe, weshalb in vielen Familien beide Eltern erwerbstätig sind. Meist bedeutet das, dass erwerbstätige Mütter doppelt belastet sind. Nach einem anstrengenden Arbeitstag muss noch die Hausarbeit bewältigt werden.

Hausarbeit sollte, genau wie die berufliche Tätigkeit, mit Fachkenntnis, Sorgfalt und guter Planung durchgeführt werden.

Hausarbeit heißt, Leistungen zu erbringen, die der Lebenserhaltung dienen und die zum Wohlergehen **aller** Familienmitglieder beitragen. Für die Hausarbeit gibt es keine Bezahlung.

1 Versuche, den Haushalt deiner Familie einem Haushaltstyp zu zuordnen und zeichne einen Betriebsmittelkreis.

2 Erstelle Betriebsmittelkreise für die Fallbeispiele auf Seite 35.

3 Zeichne einen Betriebsmittelkreis
- für einen allein stehenden Junggesellen (Single),
- für eine Familie mit zwei Kleinkindern und einem Einkommen.

4 Zeige die Kombination der Betriebsmittel am Beispiel eines Marmorkuchens:
- selbst zubereitet,
- zubereitet unter Verwendung eines Halbfertigprodukts,
- gekaufter Kuchen (Fertigprodukt).

5 Welche Zubereitungsform würdest du unter ökologischen Gesichtspunkten bevorzugen? Bewerte.

6 Erstelle eine Liste der Aufgaben und Tätigkeiten, die in euerem Haushalt anfallen. Wie können die Arbeiten verteilt werden?

7 Kochen im Team, zu Hause, in der Schule oder mit Freunden macht Spaß! Woran liegt das?

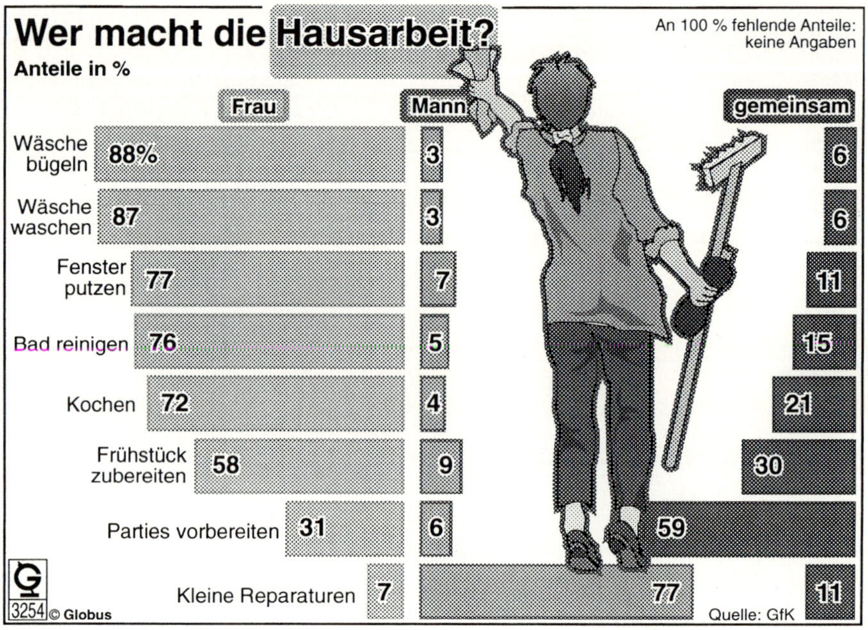

Arbeitsbelastung von Frauen im Haushalt

Wer macht die Hausarbeit?

Seit immer mehr Frauen erwerbstätig sind, muss die typische Rollenverteilung und die Arbeitsteilung im Haushalt neu überdacht und geregelt werden.
Wie viele Arbeiten jedes Mitglied der Familie übernimmt, hängt ab von

- der Anzahl der Haushaltsmitglieder,
- ihrem Alter,
- ihrem Können und Wissen,
- ihrer Berufstätigkeit,
- dem Freizeitbedarf: jeder benötigt für die persönliche Regeneration angemessene Freizeit.

Ob Mann oder Frau, Junge oder Mädchen, Alt oder Jung – jeder muss einen Beitrag zur Hausarbeit leisten.

Um rationell zu arbeiten sollten für alle Haushaltsarbeiten Arbeitspläne erstellt werden. Du kennst Arbeitspläne schon aus der Nahrungszubereitung. Man kann sie für einen bestimmten Tag, für eine Woche oder auch nur für einen etwas komplizierteren Arbeitsprozess erstellen.

Ein Arbeitsplan umfasst folgende Teilschritte:

- das Ziel: Was will ich erreichen?,
- das Zusammenstellen der Arbeitschritte,
- die Festlegung der Reihenfolge und
- eventuell die Verteilung auf die entsprechenden Personen.

Ein Fallbeispiel

Frau Weber ist seit vier Monaten wieder berufstätig. Bisher wurden Webers von einer Tante unterstützt, die in Notfällen einsprang. Diese muss jedoch jetzt ihren erkrankten Bruder pflegen und steht als Nothelferin nicht mehr zur Verfügung. Der Vorschlag von Tochter Anja, die Hausarbeit zu verteilen, löst nicht gerade Begeisterung aus. Man einigt sich darauf, es für zwei Wochen mit einer planvollen Arbeitsverteilung zu versuchen. Einige Arbeiten, wie zum Beispiel saugen, die Treppen putzen oder bügeln, müssen nicht täglich durchgeführt werden.

1 Moderne Backrezepte arbeiten oft aus Zeitgründen mit der so genannten „All-in-Methode“. Erkundige dich danach und bereite einen Rührteig nach diesem Prinzip zu.

Haushalt Bauer

Heinz Bauer, 43 Jahre, Kraftfahrzeugmechaniker in Kundendienstbetrieb
Anni Bauer, 38 Jahre, Verkäuferin, Montag–Freitag 14–18 Uhr, Samstag 9–13 Uhr
Sabine Bauer, 14 Jahre, Schülerin
Markus Bauer, 12 Jahre, Schüler

Eigenes Reihenhaus mit kleinem Garten
Mittagsmahlzeit: daheim

- Heinz Bauer kommt pünktlich um 12 Uhr zum Mittagessen. Er hat bis 1 Uhr Mittagspause.
- Markus spielt in einer Jugendfußballmannschaft. Seine Sportkleidung muss oft gewaschen werden.

Haushalt Familie Bauer

Kochen

Müll entsorgen

einkaufen

bügeln

.....

.....

.....

Rangliste der Hausarbeit

	dringend notwendig	wünschenswert
täglich		
wöchentlich		
monatlich		
seltener/ bei Bedarf		

Rangliste der Hausarbeit

Beispiel: Tagesablauf am Montag ▭ = verfügbare Zeit

Uhrzeit	Mutter	Vater	Sabine	Markus
6 Uhr				
7				
8				
9				
10		Berufsarbeit	Unterricht	
11				Unterricht
12				
13				
14			Unterricht	
15		Berufsarbeit		
16	Berufsarbeit			
17				
18 Uhr				Sportverein

Beispiel für einen Tagesablauf am Montag

	Mutter	Vater	Sabine	Markus
Montag	Bad putzen	waschen	Mülleimer bereitstellen	eigenes Zimmer staubsaugen
Dienstag	…	…	…	…

Wer macht was am Tag?

1 Schreibt die im Haushalt *Bauer* vermutlich anfallenden Arbeiten auf Kärtchen und ordnet sie in einer Rangliste.

2 Füge die Arbeiten, die wöchentlich anfallen, in den Tagesplan ein.

3 Planung bringt Freizeit. Begründe diese Behauptung.

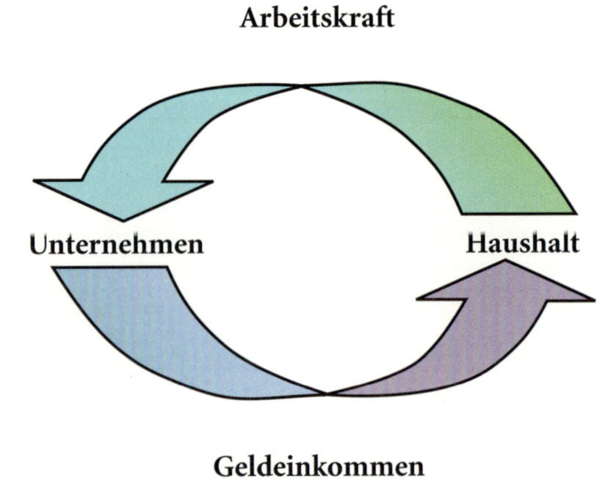

Erwerbseinkommen

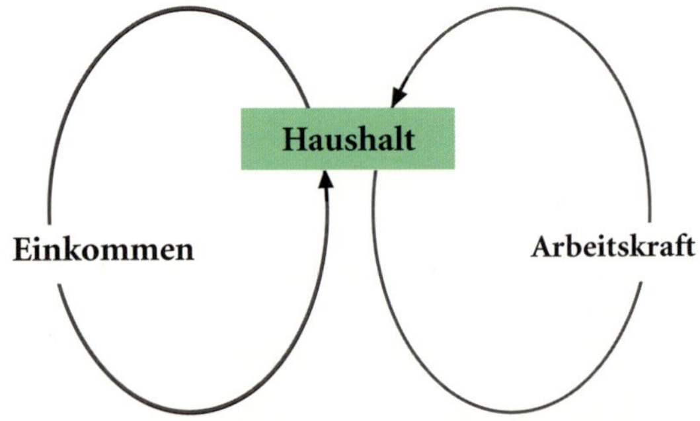

Haushaltseinkommen

Betriebsmittel Geld

Leistungen im Haushalt

Mit dem Einkommen werden Bedürfnisse und Wünsche von Familienmitgliedern so weit wie möglich befriedigt.
Einer Familie stehen verschiedene Einkommensarten zur Verfügung. Einkommen erhält man durch die Abgabe von Arbeitskraft aus dem Haushalt an ein Unternehmen oder den Staat. Als Gegenwert für die geleistete Arbeit erhält man Geldeinkommen in Form von Lohn oder Gehalt. Diese Form des Geldeinkommens nennt man auch Erwerbseinkommen.
Dem Haushalt steht durch die Abgabe der Arbeitskraft an den Haushalt ein weiteres Einkommen zur Verfügung, das durch die geleistete Arbeit im Haushalt entsteht, z. B. gewaschene Wäsche, betreute Hausaufgaben, zubereitete Mahlzeiten. Dieses Einkommen wird nicht mit Geld bewertet.
Für die sachgerechte Ausführung der Arbeiten im Haushalt brauchen alle Familienmitglieder gute Kenntnisse, Fähigkeiten und Fertigkeiten.

Einkommen ist nicht gleichzusetzen mit Geld.

Manche Haushalte bekommen auch Leistungen des Staates, wie z. B. Kindergeld und Sozialhilfe. Sie werden nicht als Gegenleistung für die Abgabe der Arbeit bezahlt, deshalb nennt man sie Transfereinkommen.
Darüber hinaus gibt es noch Kapitaleinkommen. Dazu gehören Zinsen für das Sparbuch, Gewinne bei Aktien, Mieteinnahmen.

Dem Haushalt stehen Arbeits-, Transfer- oder Kapitaleinkommen für notwendige Ausgaben zur Verfügung.

Lohn und Gehalt

Das Arbeitseinkommen ist in den meisten Haushalten das Haupteinkommen, um die Existenz zu sichern. Beim Abschluss eines Arbeitsvertrages spielt deshalb die Höhe des Lohnes bzw. Gehalts eine besondere Rolle.

September 2005 Bruttogehalt		2500,00 Euro
– Lohnsteuer		448,75
– Solidaritätszuschlag	(5,50 % von der Lohnsteuer)	24,68
– Kirchensteuer	(9,00 % von der Lohnsteuer)	40,38
– Krankenversicherung	(6,50 % vom Bruttolohn)	162,50
– Rentenversicherung	(9,75 % vom Bruttolohn)	243,75
– Arbeitslosenversicherung	(3,25 % vom Bruttolohn)	81,25
– Pflegeversicherung	(0,85 % vom Bruttolohn)	21,25
Abzüge		1022,56 Euro
Nettogehalt		**1477,44 Euro**

Auszug aus einer Gehaltsabrechnung. Die prozentualen Angaben können schwanken

Bei der Höhe des Lohnes liegen die Interessen der Arbeitnehmer und Arbeitgeber oft weit auseinander. Die Arbeitnehmer streben einen hohen Lohn an, um ihre Existenz sichern und ihre Bedürfnisse befriedigen zu können. Es werden aber auch andere Abschlüsse getroffen, um den Arbeitsplatz zu erhalten. Der Arbeitgeber versucht, die Löhne seiner Mitarbeiter auf einem möglichst geringen Niveau zu halten, um den Gewinn des Betriebes zu steigern.

Löhne und Gehälter sind für den Haushalt Einnahmen, die die Existenz sichern, und für den Unternehmer Ausgaben. Daraus ergeben sich unterschiedliche Interessenlagen.

Brutto und Netto

Der Vater von Anja sagt: „Brutto ist das, was man bekommt, und netto ist das, was man hat." Bruttolohn oder -gehalt bedeutet, dass noch keine Steuern und Beiträge abgezogen wurden.
Steuern sind Abgaben, die der Staat sowohl vom Arbeitnehmer als auch vom Arbeitgeber einfordert. Er finanziert damit unter anderem Schulen, das Kindergeld und andere Sozialleistungen. Die Höhe der Steuern richtet sich nach der Höhe des Lohnes und nach Familienstand und Anzahl der Kinder. Alleinstehende zahlen mehr Steuern als Familien mit Kindern.

Beiträge sind Abgaben, die mit einer konkreten Gegenleistung verbunden sind. Dazu gehören Renten-, Kranken-, Arbeitslosen- und Pflegeversicherung, die zu den Transfereinkommen zählen.

Der Bruttolohn ist der Lohn ohne Abzüge. Davon werden Steuern und Beiträge abgezogen. Übrig bleibt der Nettolohn, über den der Haushalt verfügen kann.

1 Schreibe auf, welche Einkommensarten es in deiner Familie gibt. Erkläre sie kurz.

2 Erkundige dich bei Freunden, Bekannten oder bei einer Betriebserkundung, ob Auszubildende auch Steuern und Beiträge bezahlen müssen. Schreibe die Art und Höhe der Abgaben auf.

3 Überlege, inwiefern Kinder Einkommen im Haushalt erwerben können.

4 Welche Kenntnisse brauchst du beim Zusammenstellen einer Mahlzeit?

5 Welche Kenntnisse und Fertigkeiten sind notwendig bei der Zubereitung folgender Mahlzeit: Nudelauflauf, Tomatensoße, Blattsalat, Früchtequark?

Datum	Einnahmen	Ausgaben
01.03.	1900,00 Lohn	
02.03.		630,00 Miete
03.03.		83,20 Nahrungsmittel
04.03.	130,00 (Überweisung Versicherungsschaden)	25,00 Getränke
07.03.		8,99 Blumen
		54,00 Benzin
09.03.		24,60 Zeitungsabonnement (1. Quartal)
14.03.		41,00 Benzin
15.03.	500,00 Lohn	10,00 Taschengeld Bruno
18.03.		35,00 Friseur (mit Trinkgeld)
19.03.		12,70 Reinigungsmittel
21.03.		24,80 Getränke
24.03.		78,00 Überweisung Wassergeld
26.03.		67,50 Telefongebühren
		103,20 Einkauf Supermarkt
27.03.		680,00 neuer Esstisch
Zwischensumme	2530,00 Euro	1877,99 Euro
28.03.		350,00 Euro Einzahlung Sparbuch
Endsumme	2530,00 Euro	2227,99 Euro 302,01 Euro Rest

Auszug aus einem Haushaltsbuch

Wirtschaften im Haushalt

Das Haushaltsbuch hilft

Gut wirtschaften heißt, ständig die Übersicht über Einnahmen und Ausgaben zu behalten, um den Grundbedarf der Familie sichern zu können. Dazu zählt: sich ernähren, wohnen und sich kleiden. Bedürfnisse, die darüber hinausgehen, wie beispielsweise Urlaub, gehören zum Wahlbedarf und sind nicht immer lebensnotwendig.

Der Bedarf wird in Grundbedarf und Wahlbedarf unterteilt. Der Grundbedarf muss immer zuerst gesichert werden.

In der Familie von Anja bilden die beiden Nettolöhne der Eltern das Haupteinkommen. Um die notwendige Übersicht zu behalten, werden alle Einnahmen und Ausgaben für den laufenden Monat im Haushaltsbuch notiert.

Feste und veränderliche Ausgaben

Als sie die Eintragungen der letzten Monate betrachtet, stellt Anja fest, dass die festen Ausgaben den möglichen Spielraum für die veränderlichen Ausgaben festlegen. Zu den festen Ausgaben gehören unter anderem die Miete, Versicherungen, elektrische Energie, Wasser, Heizung und der Vereinsbeitrag.

Zu den festen Ausgaben werden auch die Ausgaben gerechnet, die nicht monatlich, sondern vierteljährlich oder jährlich bezahlt werden müssen, wie Versicherungen, Kfz-Steuern, Zeitungen. Bei diesen Kosten werden die Beträge durch die entsprechende Anzahl der Monate geteilt. Das Ergebnis wird als feste Ausgabe in das Haushaltsbuch aufgenommen.

Wo das Haushaltsgeld bleibt

Zu den veränderlichen Ausgaben zählen unter anderem Lebensmittel, Bekleidung, Kosmetik, Kino und Theater.

Es gibt auch Ausgaben, die entweder den festen oder den veränderlichen Ausgaben zugeordnet werden können. Es kann zum Beispiel festgelegt werden, einen bestimmten Betrag im Monat zu sparen, dann ist dies eine feste Ausgabe. Wird das Monatsende abgewartet und hängt die Höhe des Sparbetrages von der Differenz zwischen Einnahmen und Ausgaben ab, handelt es sich um eine veränderliche Ausgabe.

Wirtschaftliches Handeln im Haushalt heißt, mit vorhandenen Mitteln planen, abwägen und entscheiden, um bei den Ausgaben die Übersicht zu behalten.

In den meisten Haushalten werden die durchschnittlichen Benzinkosten zu den festen Ausgaben gerechnet. Nicht berücksichtigt werden häufig die Ausgaben für das Auto, die nicht monatlich anfallen. Dazu gehören Reparaturkosten oder ein Sparbetrag für ein neues Fahrzeug.

1 Ordne die Beispiele aus dem Haushaltsbuch Seite 42 nach festen und veränderlichen Einnahmen und Ausgaben.

2 Fertige am Computer eine Tabelle mit zwei Spalten an und ordne deine festen und veränderlichen Ausgaben zu. Welche Ausgaben kannst du nicht eindeutig zuordnen?

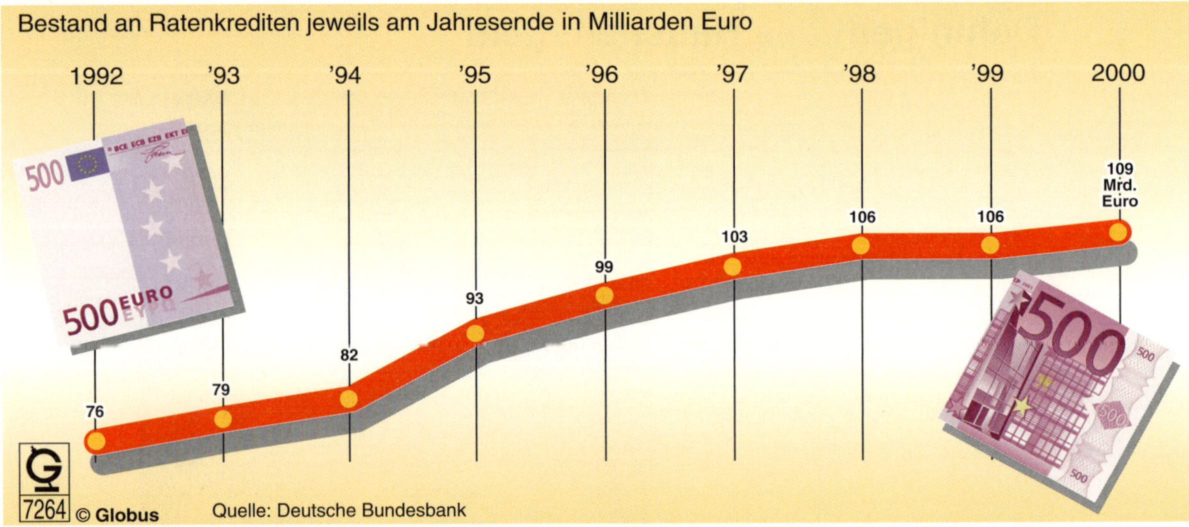

Konsum auf Pump

Schulden vermeiden

Schulden – (k)ein Problem?

Wer gelernt hat zu sparen, kann seine Konsumbedürfnisse befriedigen, ohne sich zu verschulden. Das reichhaltige Warenangebot und die Werbung versuchen, Bedürfnisse bei den Verbrauchern zu wecken. Das geschieht häufig mit Erfolg, sodass bei einigen die Wünsche wieder größer sind als es das Geldeinkommen erlaubt.
Diesen Konflikt kennen auch die Anbieter und ermöglichen den Verbrauchern die schnelle Erfüllung ihrer Wünsche mit den unterschiedlichsten Angeboten.
Versandhäuser locken mit dem Slogan „Heute kaufen, morgen bezahlen" und erwecken so den Eindruck grenzenloser Möglichkeiten. Bezahlt wird später und in Raten. Am Ende wird die Ware auf Grund von Zinsforderungen und Gebühren viel teurer als der ursprüngliche Preis war.

Ursachen für Schulden

Eine der häufigsten Ursachen für die Verschuldung ist der Verlust des Arbeitsplatzes. Auch wenn der erste eigene Haushalt gegründet wird, reicht das Geld auf dem Sparbuch oft nicht aus. Ein Kredit muss aufgenommen werden. Der Grund für selbst verursachte Schulden liegt darin, dass die Ausgaben höher als die Einnahmen sind.

Es gibt
- selbst verursachte Schulden, zum Beispiel durch überhöhten Konsum;
- von außen verursachte Schulden, die durch den Verlust des Arbeitsplatzes oder durch Krankheit entstehen können.

Die meisten Familien, die sich eine Eigentumswohnung oder ein Haus kaufen, müssen sich verschulden. Viele nehmen dafür einen Kredit bei ihrer Bank oder Sparkasse auf. Mit dieser Kreditschuld kann der Wunsch nach einem Eigenheim schneller erfüllt werden. Das geliehene Geld muss selbstverständlich in Raten über einen längeren Zeitraum zurückbezahlt werden.

Wenn Schulden zum Problem werden

Jeder zweite Haushalt in Deutschland hat Schulden. Wenn die Schulden in einem im Voraus berechneten Zeitraum mit dem vorhandenen Geldeinkommen abgezahlt werden können, sind sie ein überschaubares Problem.

Als überschuldet gilt, wer seine Schulden nicht mehr regelmäßig oder nicht mehr in vereinbarter Höhe zurückzahlen kann.

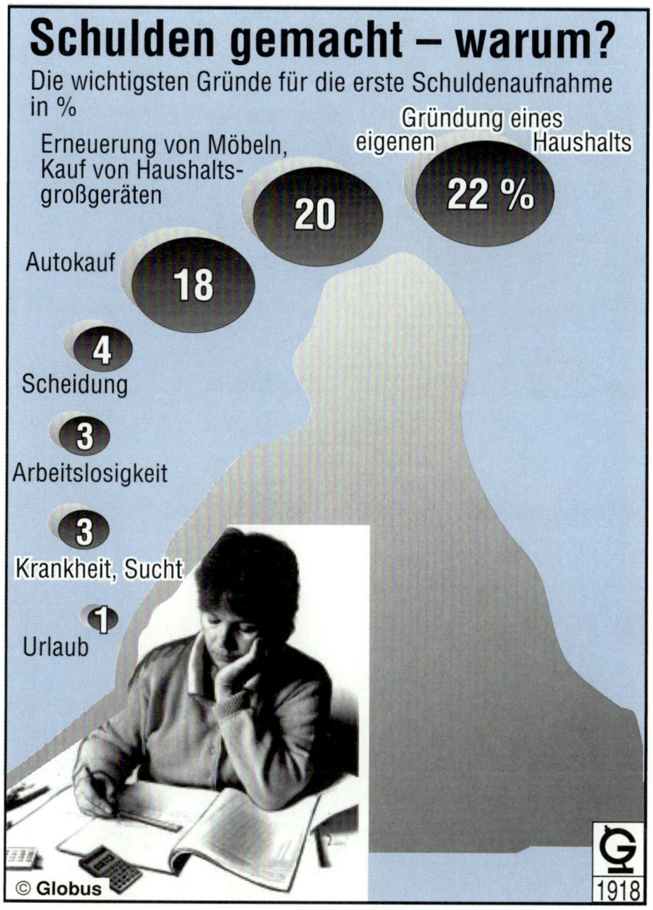

Gründe für Schulden

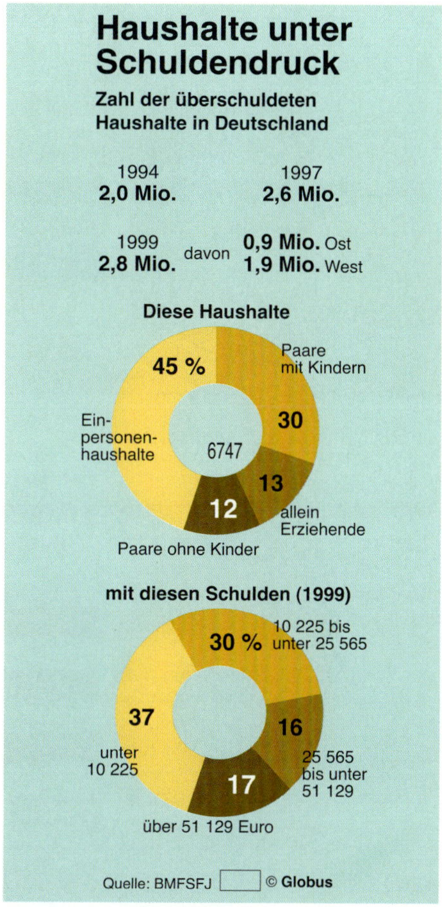

Überschuldete Haushalte

Schulden kann man nicht nur bei Banken und Sparkassen haben. Eine bekannte Art von Schulden sind die Mietschulden. Sie können dazu führen, dass z. B. die Wohnung gekündigt wird. Werden solche Folgen Wirklichkeit, leidet meist auch das Selbstwertgefühl der Betroffenen. Die psychische Belastung, die in diesen Fällen oft auftritt, kann sogar zu Krankheiten führen.

Wo es kein Geld, aber Hilfe gibt

Sich zu verschulden geht sehr schnell und ist oft sehr einfach. Mit der Last der Schulden zu leben kann zum Problem werden und das weitere Leben beeinflussen. Wer Probleme damit hat oder sogar überschuldet ist, sollte sich helfen lassen. Helfen können Eltern, andere Vertrauenspersonen oder eine Schuldnerberatungsstelle, deren Angestellte der Schweigepflicht unterliegen. Sie können wertvolle Tipps geben.

Eine erfolgreiche Schuldnerberatung setzt aktive, zuverlässige und ggf. auch langfristige Mitarbeit voraus.

Schuldnerberatungsstellen findet man bei Verbraucherzentralen, Landratsämtern und sozialen Einrichtungen.

1. Erkläre die Begriffe Verschuldung und Überschuldung an Beispielen.
2. Bereitet ein Rollenspiel zum Thema „Sparen“ vor und führt es durch.
3. Erkundigt euch bei Banken und Sparkassen, welche Möglichkeiten es für Minderjährige gibt, sich Geld zu leihen. Stellt die Vor- und Nachteile dar.

Trends: Jeder wird beeinflusst

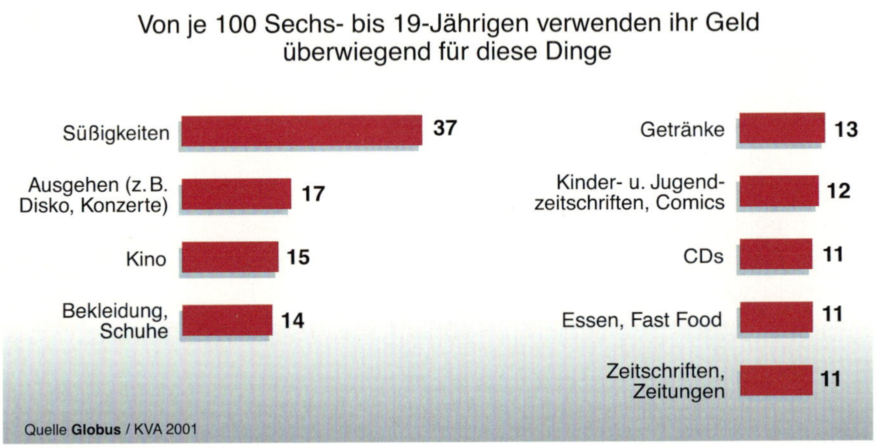

Das kaufen Jugendliche

Jugendliche als Konsumenten

Werbung – Lockmittel oder Kunst?

Obwohl Anja und ihre Mutter mit einem Haushaltsbuch ihre Einnahmen und Ausgaben immer gut planen, fallen sie doch manchmal auf Werbung herein. Die nicht eingeplanten Ausgaben müssen dann an anderer Stelle wieder eingespart werden. Das fällt Anja mit ihrem Taschengeld besonders schwer. In Zukunft will sie der Werbung mehr widerstehen, denn schon oft war sie von den gekauften Produkten enttäuscht.
Die Werbung ist mit Bildern und Sprache auf eine bestimmte Zielgruppe ausgerichtet, zum Beispiel auf die Jugendlichen. Bei denjenigen, bei denen bestimmte Bedürfnisse noch nicht vorhanden sind, sollen sie durch Werbung geweckt werden.

Idole von Jugendlichen aus Sport und Musik werden in ihrem Outfit nachgeahmt. Fanclubs, Fanbasare und Magazine haben zusätzliche Werbewirkung.

> Werbung soll eigentlich über das Produkt informieren.
> Aber Vorsicht: Werbung spricht auch Gefühle an und will zum Kauf anregen.

Werbung hat bei vielen Jugendlichen so großen Erfolg, dass die Wünsche mit dem zur Verfügung stehenden Taschengeld nicht immer erfüllt werden können. Deshalb versuchen immer mehr Jugendliche ihr Taschengeld aufzubessern, indem sie jobben. Einen entsprechenden Job zu finden ist heute allerdings schwierig.

Kleider machen Leute

Finanzkräftige Jugend

Die knapp zehn Millionen Kinder und Jugendlichen im Alter von 6 bis 18 Jahren haben 2005 rund 9,75 Milliarden Euro zur Verfügung. Eine Summe, über die sie selbst entscheiden konnten. Darüber hinaus beeinflussen Kinder und Jugendliche auch die Kaufentscheidungen der Eltern. Als sich die Eltern von Anja einen DVD-Player kaufen wollten, überzeugte sie sie, sich eine Computerspielekonsole zu kaufen, die gleichzeitig als DVD-Gerät genutzt werden kann.
Kinder und Jugendliche sind für die Werbung von besonderer Bedeutung: Sie sind schon jetzt eine wichtige Käufergruppe, aber auch später, wenn sie erwachsen sind, als zahlungskräftige Kunden interessant. Markennamen aus der Zeit der Jugend bleiben bis in das Erwachsenenalter in Erinnerung. Der Kampf der Produzenten um die Gunst der Jugendlichen nimmt zu.

Ein durchdachtes Kauf und Konsumverhalten muss von der Höhe des Betriebsmittels Geld bestimmt sein. Das bedeutet: Vor jedem Einkauf sollten der Zweck und die Dringlichkeit des Kaufs überlegt werden.

1 Nimm Stellung zu folgenden Aussagen:
- Kaufe jetzt, zahle später.
- Born to shop.
- „Ich will alles, und ich will es jetzt."

2 Überlege für dich, was du in den letzten vier Wochen gekauft hast. Was war nötig? Vergleiche die Preise mit den oben genannten.

3 Markenkleidung können nicht alle tragen. Schulkleidung kann finanzielle Unterschiede bei der Kleidung ausgleichen. Führt eine Pro-und-Kontra-Diskussion zum Thema Schuluniform durch.

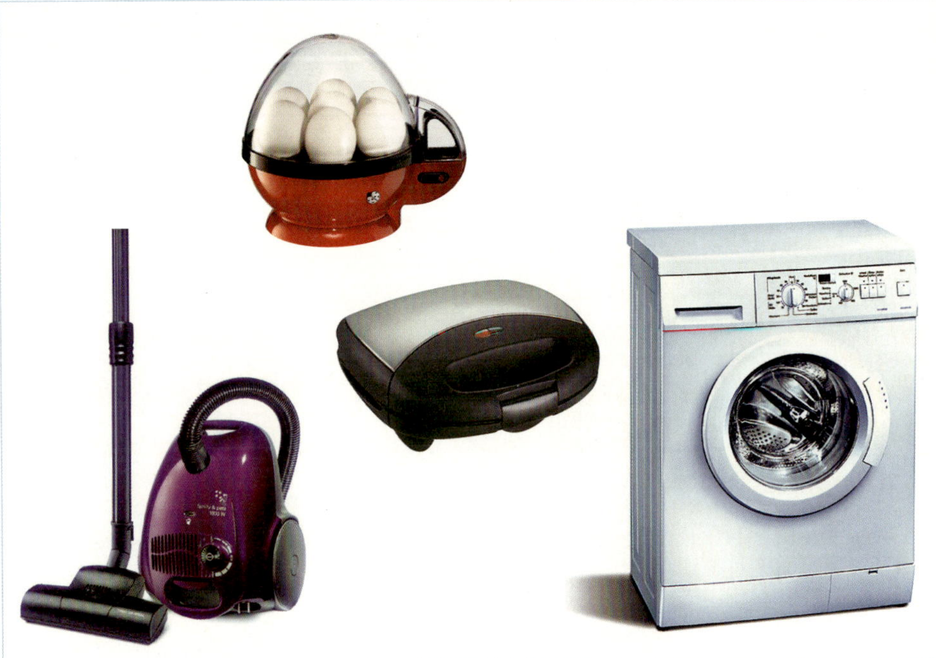

- Kühlschrank
- Mikrowelle
- Computer
- Eierkocher
- Saftpresse
- Waschmaschine
- Geschirrspüler
- Brotback-automat
- Waffeleisen
- Sandwichtoaster

Geräteausstattung in deutschen Haushalten

Sachgüter: Welche Ausstattung braucht ein moderner Haushalt?

Der Sachgüteranteil ist im privaten Haushalt des 21. Jahrhunderts erheblich gestiegen. Einen großen Bereich nehmen hierbei die elektronischen und kommunikationstechnischen Geräte ein. Ihre arbeitserleichternden Funktionen sind längst zur Selbstverständlichkeit geworden. Wie selbstverständlich, merken wir erst bei einem technischen Defekt oder bei Stromausfall.

> Zu den Sachgütern zählen alle Verbrauchs- und Gebrauchsgüter.

Wenn wir alle elektrischen Geräte aus unserem Haushalt auf einem Blatt Papier notieren, stellen wir fest, dass es eine ganze Menge sind. Aber brauchen wir sie wirklich alle? Erleichtern uns alle die Arbeit und erhöhen unsere Lebensqualität? Sind nicht auch Geräte dabei, die mehr Arbeit verursachen als sie einsparen? Ist es nicht vielmehr so, dass ein erhöhter Wartungs- und Pflegeaufwand entsteht oder die Wünsche der Haushaltsmitglieder, beispielsweise nach täglich frischer Wäsche, nach selbst gebackenem Brot aus dem Automaten oder frisch gepresstem Orangensaft steigen?

Ist es sinnvoll, eine elektrische Getreidemühle zu besitzen, wenn kein Familienmitglied die Zeit hat, das Getreide frisch zu mahlen? Brauchen wir unbedingt den elektrischen Dosenöffner, die elektrische Brotschneidemaschine, die Stereoanlage mit Stand-by-Betrieb, elektronisch gesteuerte Bügeleisen und Küchenwaagen?

Der Kauf eines neuen Haushaltsgerätes muss gut durchdacht sein. Keiner sollte sich daran orientieren, welche Geräte Freunde und Bekannte besitzen.

Die Werbung versucht, uns einzureden, dass wir jede technische Neuheit unbedingt benötigen. Wir sollten uns fragen, ob uns diese Geräte wirklich die Arbeit erleichtern bzw. unsere Lebensqualität erhöhen und ob es sich lohnt, solche Geräte anzuschaffen.

> Jeder Haushalt muss aufgrund seiner Bedingungen entscheiden, welche Technik wirklich gebraucht wird.

Vorüberlegungen für den Kaufentscheid

Einkauf eines Gebrauchsgutes

Frau Weber kehrt in den Beruf zurück. Die Familienmitglieder unterstützen sie bei der täglichen Hausarbeit. Nun stellt die Familie fest, dass die gemeinsame Freizeit dadurch stark abnimmt. Sie beschließt daher, eine Geschirrspülmaschine und einen Trockner zu kaufen.

> Gebrauchsgüter werden im Gegensatz zu Verbrauchsgütern nicht täglich gekauft und sind in der Regel eine teure Anschaffung. Aus diesem Grund muss dem Kauf eine sorgfältige Planung vorausgehen.

Der Weg vom Kaufwunsch bis hin zum Kauf lässt sich in drei Phasen beschreiben: Kaufwunsch, Information, Entscheidung.

1. Phase: Kaufwunsch/Planung
Wesentliche Fragen sind:
- Wozu kann das Gerät benutzt werden?
- Benötigen wir es wirklich?
- Steht Geld zur Verfügung?
- Ist die Stellfläche für das Gerät vorhanden?

Sind die Anforderungen, die an das Gerät gestellt werden, und die Finanzierung geklärt, müssen Informationen für die Beurteilung und Entscheidung eingeholt werden.

2. Phase: Information
Informationen sollten gezielt eingeholt werden:
- im Fachhandel,
- bei der Verbraucherberatung,
- bei der Stiftung Warentest,
- in Katalogen und Prospekten,
- bei Freunden und Bekannten,
- im Internet.

Um Erkundungsergebnisse übersichtlich darzustellen, legt man am besten eine Tabelle an.

3. Phase: Entscheidung/Beurteilung
- Kosten-Nutzen-Analyse und Vergleich zwischen Angebot und Kaufwunsch
- Entscheidung

Für die Beurteilung können folgende Kriterien herangezogen werden:
- Technische Kriterien (Material, Pflege, Platz, Installation, Leistung, Bedienkomfort)
- Ökonomische Kriterien (Anschaffungs- und Folgekosten, Lieferbedingungen, Lebensdauer, Nutzungshäufigkeit, Kundendienst)
- Ökologische Kriterien (Herstellungsprozess, Verbrauchswerte, Recycelfähigkeit, Entsorgung, Rücknahme)

1 Nenne Vor- und Nachteile der Technisierung und Vernetzung der privaten Haushalte.

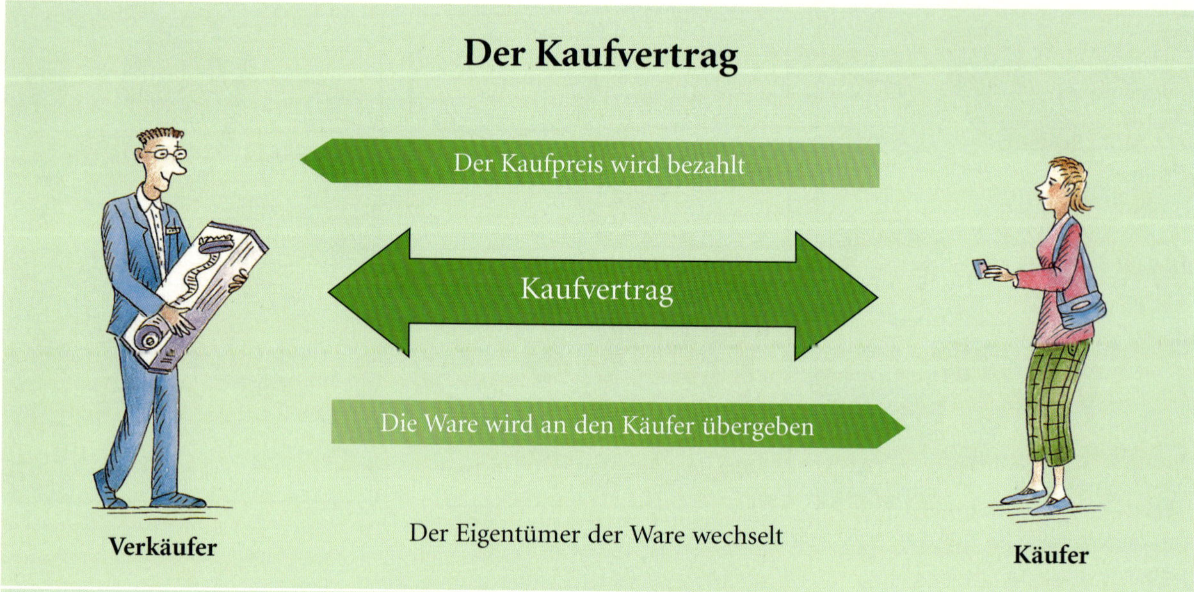

Was steht im Kaufvertrag ?

	Beispiel:
– Wie wird die Ware bezeichnet?	Fahrrad
– Wie groß ist die Menge (Stück oder Gewicht)?	1
– Wie hoch ist der Preis?	530 Euro
– Wie wird bezahlt (Zahlungsbedingungen)?	Anzahlen in bar, weiter auf Raten
– Wo wurde der Kaufvertrag geschlossen?	Karlsruhe
– Welche Preisnachlässe werden gewährt?	keine

Der Kaufvertrag

Der Kaufvertrag

Rechtliche Grundlagen

Damit es nicht zu Problemen zwischen Käufer und Verkäufer kommt, gibt es gesetzliche Bestimmungen, die den Vorgang des Kaufens genau regeln. Immer, wenn wir etwas kaufen, wird auch ein Kaufvertrag abgeschlossen. Grundlegend beruht ein Kaufvertrag auf

- dem Willen des Verkäufers, etwas zu verkaufen und
- dem Willen des Käufers, etwas zu kaufen.

> Ein Kaufvertrag kommt dann zustande, wenn der Wille des Verkäufers, etwas zu verkaufen, mit dem Willen des Käufers, etwas zu kaufen, übereinstimmt.

Stellst du zum Beispiel im Supermarkt eine Getränkeflasche auf das Band an der Kasse, bekundest du den Willen, diese Flasche zu kaufen. Nimmt die Kassiererin dafür das Geld von dir, hat sie mit dir stillschweigend einen gültigen Kaufvertrag abgeschlossen.

> Kaufverträge können in mündlicher und schriftlicher Form oder durch stillschweigende Zustimmung abgeschlossen werden. Sie haben alle die gleiche Gültigkeit.

Mit dem Kaufvertrag verpflichtet sich der Käufer, die von ihm geprüfte Ware abzunehmen und zu bezahlen. Der Verkäufer muss die Ware ohne Mängel und termingerecht übergeben.

§ 110 „Taschengeldparagraph"

Ein von dem Minderjährigen ohne Zustimmung des gesetzlichen Vertreters geschlossener Vertrag gilt als von Anfang an wirksam, wenn der Minderjährige die vertragsgemäße Leistung mit Mitteln bewirkt, die ihm zu diesem Zwecke oder zu freier Verfügung von dem Vertreter oder mit dessen Zustimmung von einem Dritten überlassen worden sind.

Der Taschengeldparagraph (BGB)

Kathrin (8 Jahre) kauft beim Bäcker Brötchen.

Jan (15 Jahre) kauft sich ein teures Mountainbike.

Carina (13 Jahre) möchte sich die schicken Markenjeans kaufen.

Max (17 Jahre) kauft sich eine Digitalkamera.

Wer darf kaufen?

Wer darf Kaufverträge abschließen?

Anjas kleine Schwester ist sechs Jahre alt und in diesem Jahr in die Schule gekommen. Von den Geldgeschenken zur Einschulungsfeier hat sie sich ein Videospiel gekauft. Abends überrascht sie damit ihre Eltern. Anja entdeckt Verarbeitungsfehler und der Vater meint, es in einem anderen Geschäft preiswerter gesehen zu haben. Anja soll es am anderen Tag wieder zurückbringen. Die Verkäuferin hätte das Videospiel der jüngeren Schwester gar nicht verkaufen dürfen, da sie noch nicht geschäftsfähig sei.
Da Anja schon 14 Jahre alt ist, darf sie ein Videospiel kaufen. Denn sie ist beschränkt geschäftsfähig.
Es gibt im Bürgerlichen Gesetzbuch (BGB) drei Stufen der Geschäftsfähigkeit.
Als beschränkt Geschäftsfähige könnt ihr zum Beispiel in einer Bank ohne die Zustimmung eurer Eltern kein Konto eröffnen, sondern nur Geschäfte im Rahmen des Taschengeldparagraphen abschließen.

Geschäftsunfähig sind Kinder bis zum siebten Lebensjahr.
Minderjährige bis zur Vollendung des 18. Lebensjahres sind beschränkt geschäftsfähig.
Voll geschäftsfähig sind alle ab 18 Jahren.

1 Schreibe je ein Beispiel für einen mündlichen, einen schriftlichen und einen stillschweigenden Kaufvertrag auf.

2 Erkläre den Taschengeldparagraphen mit deinen Worten. Was darfst du kaufen? Nenne Beispiele.

3 Lies die Fallbeispiele „Wer darf kaufen?". Begründe.

Internetauktionen werden immer beliebter

Das Internet bietet viele Einkaufsmöglichkeiten

Einkaufen im Internet

Jugendliche können nur eingeschränkt Geschäfte tätigen. Dies regelt der so genannte „Taschengeldparagraph" (siehe Seite 51).
Das gilt für den Einkauf in der Stadt ebenso wie im Versandkatalog oder bei Bestellungen im Internet. Für Internetauktionen dürfen sich nicht unbeschränkt geschäftsfähige Personen (Minderjährige) erst gar nicht anmelden.
Wenn du also im Internet etwas ersteigern möchtest, musst du das einem gesetzlichen Vertreter überlassen. Sonst ist das Geschäft unwirksam.

Wie kommt der Kaufvertrag bei Internetbestellungen zustande?

Allgemein formuliert kommt der Kaufvertrag zustande, wenn sich Verkäufer und Käufer über die Ware, die Menge und den Preis einig sind und dies mündlich, schriftlich oder auch stillschweigend signalisieren.

> Bei Internetbestellungen wird der Kaufvertrag per Mausklick abgeschlossen.

Rechte und Pflichten des Käufers

Der Käufer verpflichtet sich mit dem Kaufvertrag, die Ware abzunehmen und zu bezahlen.
Sobald du sämtliche Felder für die Bestellung ausgefüllt hast und „bestellen" oder „senden" angeklickt hast, hast du die Bestellung abgeschickt und signalisiert, dass du die Ware zu den angegebenen Bedingungen bestellen möchtest.
Auch bei Internetbestellungen ist die sicherste Möglichkeit der Bezahlung mit Rechnung nach Erhalt der Ware.
Eine Einzugsermächtigung ist ebenfalls ziemlich sicher. Dafür nennst du dem Verkäufer deine Bankverbindung und unterschreibst, dass er den Preis von deinem Konto einziehen darf. Wenn er dies unrechtmäßig tut, kannst du dein Geld innerhalb von sechs Wochen bei deiner Bank zurückfordern.
Vor Bezahlung mit Kreditkarten im Internet wird gewarnt. Auf gar keinen Fall dürfen die PIN-Nummern von Karten mitgeteilt werden. Dabei handelt es sich immer um Betrug.
Bei Kartenzahlung wird vor Erhalt der Ware gezahlt, es kann daher schwierig werden, bei Nichtgefallen das Geld zurückzufordern.

Ein im Internet bestelltes Produkt …

… sieht in Wirklichkeit oft anders aus.

Beachte bei Internetbestellungen

- Prüfe, ob der Händler Name und Adresse angibt, damit du dich bei Beschwerden an ihn wenden kannst.
- Wenn das Paket beschädigt oder die Ware fehlerhaft ist – gib es gleich wieder dem Postboten mit. Du hast das Recht, die Annahme zu verweigern.
- Packe das Paket in Anwesenheit eines Zeugen aus – falls etwas kaputt ist, kannst du das dem Händler beweisen.
- Ist der Paketinhalt beschädigt oder falsch geliefert: möglichst gleich den Händler anrufen und die Lieferung reklamieren.
- Drucke die Bestellungen aus, damit du beweisen kannst, was du genau bestellt hast.
- Auch wenn die Ware in Ordnung ist, kannst du sie innerhalb von 14 Tagen nach Erhalt zurückschicken und vom Kaufvertrag zurücktreten ohne Angabe von Gründen. Dies sollte per Einschreiben geschehen.

Ein Widerruf des Kaufvertrags gilt allerdings nicht für

- verderbliche Ware,
- versiegelte Ware, die geöffnet wurde, z. B. CDs,
- speziell angefertigte Ware,
- Medikamente.

Diese Regeln gelten allgemein für den Versandhandel.

> Verkäufer können die Geschäfte mit notorischen Zurückschickern verweigern.

Rechte und Pflichten des Verkäufers

Ein privater Verkäufer kann im Gegensatz zu einem gewerblichen Anbieter die Gewährleistung einschränken oder ausschließen; er muss die Ware nur bei einem Mangel wieder zurücknehmen.

Der Verkäufer hat das Recht auf eine termingerechte Bezahlung.

1 Sven (14 J.) hat sich bei ebay mit einem falschen Geburtsdatum angemeldet. Er hat Computerspiele im Wert von 150 € ersteigert. Lese in den Allgemeinen Geschäftsbedingungen (AGBs) von ebay nach, ob der Kaufvertrag von Sven gültig ist.

2 Susi (19 J.) hat neue, versiegelte CDs im Wert von 50 € bestellt. Nachdem sie alle gehört hat, schickt sie sie zurück.

3 Frau Mayer (40 Jahre) hat per Internet Kleidung bestellt. Kurz danach hat sie es sich anders überlegt und würde die Bestellung gerne rückgängig machen.

Verbraucher können sich vielfältig informieren

Rechtsberatung:	Reklamationsrecht bei Fehlkäufen oder bei schlechtem Kundendienst.
Produktberatung:	Welche Zusatzstoffe sind in Lebensmitteln enthalten? Welche Wärmedämmstoffe sind für eine Hausrenovierung zu empfehlen?
Produktinformation:	Woran erkennen wir ökologische Produkte? Wie können wir beim Kochen Energie sparen?
Produktkontrolle:	Sind die Kühltruhen in den Supermärkten richtig gefüllt und ohne Eisschicht? Werden keine Lebensmittel mit abgelaufenem Verbrauchsdatum angeboten?

Angebote der Verbraucherberatung

Möglichkeiten der Verbraucherinformation

Das Angebot an Produkten ist heute größer denn je. Das ist einerseits natürlich schön, andererseits verliert man aber auch leicht den Überblick und die Entscheidung fällt schwer. Deshalb suchen immer mehr Verbraucher nach konkreten und verlässlichen Informationen, bevor sie bestimmte Produkte kaufen. Diese finden sie z. B. in der Zeitschrift test der Stiftung Warentest. Es gibt aber noch viele andere Informationsquellen zu Produkten und Dienstleistungen.

Tipps von Freunden und Bekannten können bei der Auswahl helfen. Jedoch kommt es darauf an, dass den Bekannten dieselben Kriterien wie dir, z. B. Lebensdauer oder Preis, wichtig sind.

Beratungen im Fachhandel sind nie wirklich neutral, denn das Hauptinteresse der Verkäufer ist der Verkauf ihrer eigenen Produkte.
Ratgebersendungen in Rundfunk und Fernsehen wie Wiso oder der ARD-Ratgeber berichten neutral über aktuelle Ereignisse, sie testen Produkte und Dienstleitungen und warnen vor Betrug.
Zeitungsberichte in der Tagespresse konzentrieren sich auf aktuelle Ereignisse mit Nachrichtenwert.
In *Stadtbüchereien und Bibliotheken* gibt es oft einen Bereich, in dem Zeitschriften und Broschüren zur Verbraucherberatung bereitgestellt werden. Diese können vor Ort gelesen, ausgeliehen oder kopiert werden.
Verbraucherzeitschriften sind die Spezialisten auf diesem Gebiet und veröffentlichen monatlich Tests verschiedener Produkte und Dienstleistungen.

Hersteller werben gerne mit Test-Urteilen, doch diese können auch veraltet sein.

Die bekanntesten Zeitschriften sind

- *test* der Stiftung Warentest und
- *Öko-Test.*

Die Testkriterien beider Zeitschriften sind allerdings unterschiedlich.

Verbraucherzentralen

Die Verbraucherzentralen der Länder haben in vielen Großstädten Beratungsbüros. Außerdem geben Sie Informationsbroschüren heraus und organisieren Ausstellungen zu aktuellen Themen, beispielsweise dem Thema Alkohol in Lebensmitteln.
Die Arbeitsbereiche der Verbraucherzentralen sind:

- rechtliche und finanzielle Fragen,
- Ernährung und Gesundheit,
- Bauen, Wohnen und Energiesparen,
- Versicherungsberatung.

Verbraucherzentralen werden vom Land gefördert. Sie haben kein Verkaufsinteresse und beraten neutral.

Vor allem bei der Anschaffung teurer und langlebiger Produkte ist eine gründliche Information bei neutralen Stellen ratsam.

1 Suche im *test*-Heft und in der Zeitschrift *Öko-Test* einen Shampoo-Test und untersuche:
a) Nach welchen Kriterien bewerten die beiden Zeitschriften?
b) Sind Öko-Produkte immer die besten?
c) Sind die teuersten Produkte immer besser?

2 Erkunde eine Verbraucherzentrale und informiere dich über das Beratungsangebot und die Beratungskosten.

3 Füllt in Gruppenarbeit eine Mindmap zu einem Produkt eurer Wahl aus: Sucht für dieses Produkt Tests in Zeitschriften und vergleicht diese. Entscheidet euch für ein Produkt, stellt das Ergebnis und eure Mindmap der Klasse vor und begründet eure Entscheidung.

Mängelhaftung des Verkäufers ⟷ **Gewährleistungsansprüche des Käufers**

Verkäufer

Wenn die Ware fehlerhaft ist, kann der Käufer zuerst nur *Nacherfüllung* verlangen.

Beispiel 1: Eine Waschmaschine heizt nicht auf. Der Käufer setzt schriftlich eine Frist zur Nacherfüllung. Der Verkäufer sorgt für die *Reparatur* der Heizung.

Beispiel 2: Ein billiger Haarfön bläst nur kalte Luft. Der Fön wird wahrscheinlich nicht repariert, sondern vom Verkäufer gleich umgetauscht (*Ersatzlieferung*).

Je höherwertiger der gekaufte Gegenstand ist, desto eher wird zuerst repariert. Schlägt die Nacherfüllung mit Fristsetzung nach dem zweiten Reparaturversuch fehl, so kann der Käufer *vom Kaufvertrag zurücktreten.*

Der Kaufpreis kann gemindert werden (*Minderung*), wenn der Fehler an der Ware vom Käufer selbst mit einfachen Mitteln behoben werden kann.

Mangel

Käufer

Gewährleistungsansprüche

Kaufverhalten und Verbraucherschutz

Beim Aufbauen des neuen Schranks stellen Anjas Eltern Mängel an den Türen fest. In diesem Fall können sie verlangen, dass der Schaden unentgeltlich behoben wird, denn mit dem Kaufvertrag gehen Verkäufer und Käufer bestimmte Verpflichtungen ein. Deshalb muss der Verkäufer die Ware dem Käufer so schnell wie möglich, ohne Mängel und zu dem ausgehandelten Preis überlassen.

Käufer werden durch diese Rechte geschützt:

- Das Recht auf Sicherheit schützt den Käufer vor Waren und Dienstleistungen, die die Gesundheit gefährden können. Lebensmittel werden regelmäßig auf gesundheitsgefährdende Stoffe untersucht. Es wird auch kontrolliert, ob von elektrischen Geräten oder Kinderspielzeug keine Gefahr ausgeht.
- Das Recht auf Zugang zu lebensnotwendigen Gütern und Dienstleistungen und auf Konsumfreiheit bedeutet, dass der Verbraucher Güter wie Brot und Butter nach freier Wahl kaufen kann und sie ihm niemand vorenthalten darf.
- Das Recht auf Reklamation und angemessenen Ersatz entstandener Schäden bedeutet, dass Fehler oder Schäden bei Gütern und Dienstleistungen kostenfrei beseitigt werden müssen.

Wenn eine Ware fehlerhaft ist, hat der Käufer das Recht zur Reklamation. Dabei gibt es verschiedene Möglichkeiten:

- Ist die fehlerhafte Ware nicht zu verwenden, macht der Käufer den Kaufvertrag rückgängig, indem er die Ware zurückgibt und dafür sein Geld wiederbekommt.
- Bei kleinen Fehlern, die keine negativen Auswirkungen beim Gebrauch der Ware oder Dienstleistung haben, kann ein niedrigerer Preis vereinbart werden.
- Möchte der Käufer unbedingt fehlerfreie Ware, kann er sie umtauschen lassen, wenn die gleiche Ware vorrätig ist.

Reklamieren kann man nur mit Kassenbon.

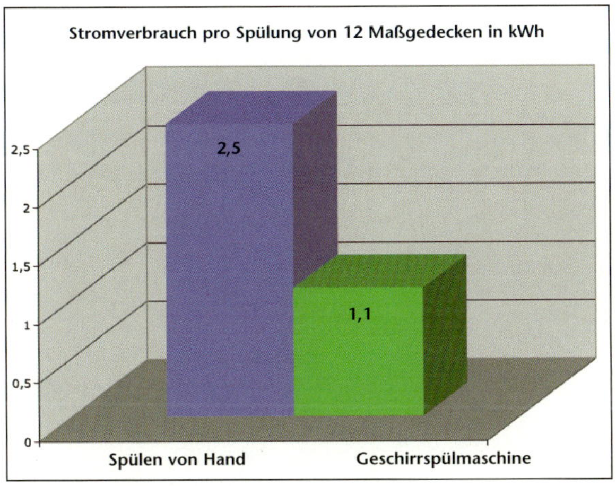

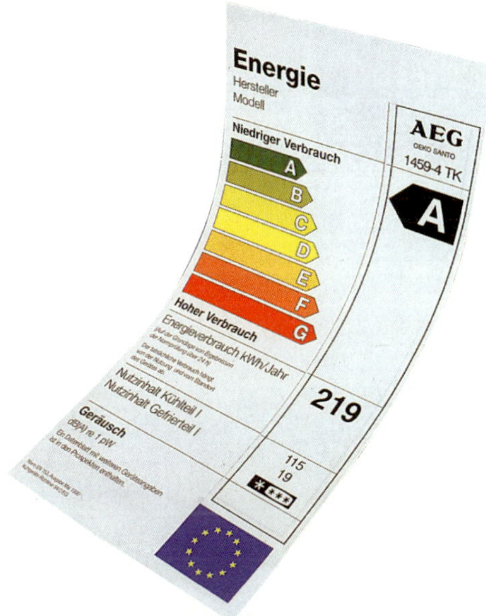

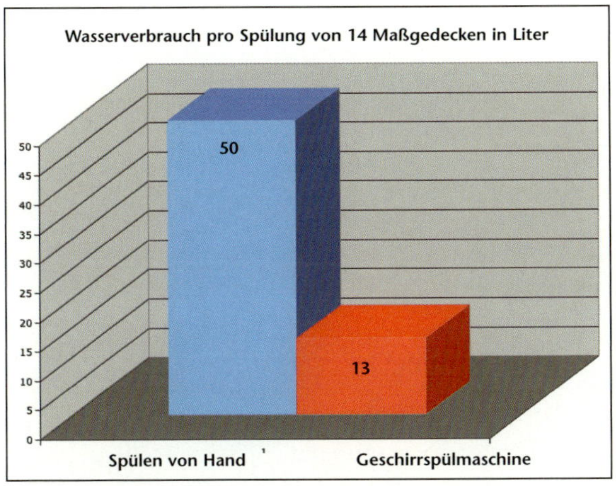

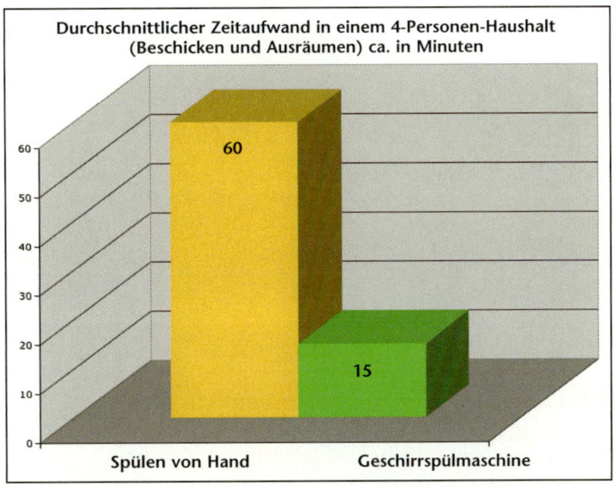

Projektskizze: Familie Weber kauft eine Spülmaschine

Anja hat im MUM-Unterricht beim Thema „Einkauf von Gebrauchsgütern“ schon gelernt, worauf zu achten ist. Deshalb weiß sie, dass der Energieverbrauch beim Spülen mit der Geschirrspülmaschine niedriger ist als beim Spülen von Hand. Damit ist die Entscheidung klar: Familie Weber kauft eine Geschirrspülmaschine, da sie in ihrem Fall nicht nur Zeit, sondern auch Energie spart.

Anja unterstützt ihre Mutter bei der Beschaffung und Auswertung der Informationen über die verschiedenen Geräte. Mutter und Tochter beschließen, zunächst auf die einfache Handhabung, den Preis und insbesondere die Energieeffizienz zu achten.

Der Verkäufer weist sie auf weitere wichtige Gesichtspunkte hin:

- Lautstärke der Maschine während des Spülvorgangs
- Aquastopp verhindert Wasserschäden
- Verstellbare Geschirrkörbe

1 Stelle fest, welche Gewährleistungsansprüche bestehen:
- Der Maler hat Anjas Zimmer falsch gestrichen.
- Anjas Mutter reklamiert zum zweiten Mal denselben Mangel des DVD-Spielers.

2 Vergleiche Prospekte von Geschirrspülmaschinen nach Ausstattung, Preis und Energieeffzienz.

3 Informiere dich über das Prinzip der Beweislastumkehr im Internet.

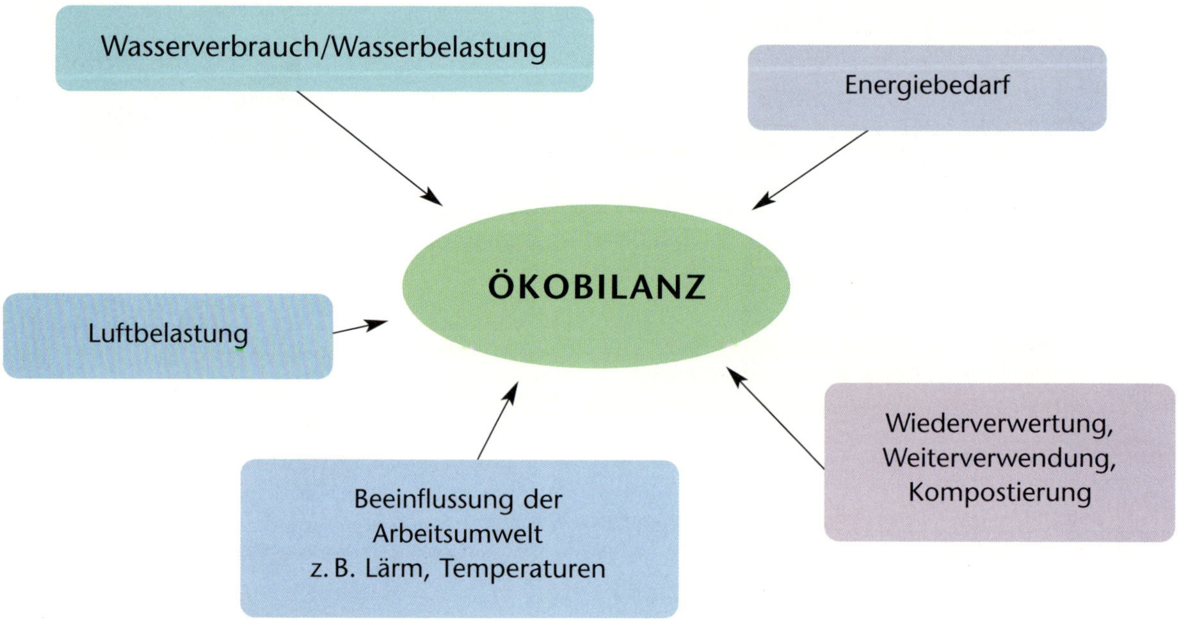

Kriterien für Ökobilanzen

Fragen an ein Produkt

- Besteht es aus Rohstoffen, die ohne größere Umweltzerstörung gewonnen wurden?
- Ist es umweltschonend hergestellt worden?
- Ist es vielfach verwendbar?
- In welchem Zustand wirft man es fort? Was wird dann daraus?
- Ist es langlebig?
- Lässt es den Benutzer von Service oder zentralen Versorgungen abhängig werden?
- Ist es frei wählbar oder zwingt es zu weiteren Käufen?

Gebrauchswerterhaltung und Entsorgung von Gebrauchsgütern

Die Lebensdauer von hochwertigen Gebrauchsgütern wie elektrischen und elektronischen Geräten oder Möbeln sollte man durch regelmäßige Wartung und sorgfältige Pflege verlängern. Bei den Gebrauchsgütern des täglichen Bedarfs (Textilien, Geschirr usw.) ist eine sorgfältige Pflege zur Gebrauchswerterhaltung selbstverständlich. Bei Großgeräten ist es für den Laien oft schwierig, entsprechende Pflege- und Wartungsmaßnahmen selbst durchzuführen.

Die meisten Firmen bieten einen Kundendienst oder regelmäßige Wartungsverträge an.
In vielen Fällen sind es jedoch nur kleine Mängel, die bei regelmäßiger Pflege vermieden werden können:

- Kühlgeräte regelmäßig abtauen
- Staubsaugerbeutel rechtzeitig entleeren
- Flusensiebe an Waschmaschine und Trockner sauber halten

Wenn Herstellungskosten und laufende Kosten, Lebensdauer und Entsorgung eines Produktes unter ökologischen Gesichtspunkten betrachtet werden, spricht man von einer Ökobilanz.

SPERRMÜLL 2004
gültig bis 31.03.2005

Zusatzangebot: GOA Eilservice (Sprinter) für 50 €

Wenn es einmal schnell und bequem sein soll und etwas kosten darf. Wir kommen innerhalb von 2 Arbeitstagen! **Achtung:** Geben Sie bitte unbedingt Ihre Rufnummer an, denn ohne unsere tel. Bestätigung kann kein Fahrzeug kommen. Nach der Abholung erhalten Sie einen Gebührenbescheid.

Ja, ich bestelle den Sprinter! Telefon: ____________________ Unterschrift: ____________________

Bitte eintragen was abgeholt werden soll: (pro Karte max. 2 m³, pro Teil max. 80 kg, max. 2 x 1 x 1 m)

Anzahl **Sperrmüll**	Anzahl **Elektroaltgeräte**
_____ **Möbel und Teile von Möbeln** (auch: Bilder, Spiegel, Gartenmöbel)	_____ Elektroherd, Geschirrspüler, Waschmaschine, Wäschetrockner
_____ **Matratzen, Bettroste** (Federbetten, Kissen)	_____ Kühlschrank, Gefrierschrank
_____ **Sanitärgegenstände (kein Metall)** (WC, Waschbecken, Badewanne)	_____ Fernseher, Monitor
_____ **große Kinderspielsachen** (Sandkasten, Puppenhaus, Bobbycar)	_____ Lampen (ohne Leuchtmittel)
_____ **Teppiche, Bodenbeläge**	_____ Computer, Drucker, Scanner
_____ **Wand-, Boden- und Deckenverkleidungen aus Holz** (nur Innenbereich!)	_____ Kleinteile (Recorder, Radio, Mixer, Toaster, Fön, Bügeleisen, Handy)

Sonstige Sperrmüllteile
(siehe Hinweis unten): ____________________

Hinweis: Bei der Sperrmüllabfuhr werden nur sperrige Gegenstände mitgenommen, die auch nach zumutbarer Zerkleinerung der Größe nach nicht in die Mülltonne oder Zusatzsäcke passen!
Nicht zum Sperrmüll zählen u.a.: Abfälle aus Gebäuderenovierungen (Tapeten, Fenster, Türen, Gipskarton, Isolierungen, Dachpappe); **behandeltes Altholz** (speziell aus dem Außenbereich, z.B.: Jägerzaun, Pergolen, Balkonverkleidungen); **Hausmüll; Wertstoffe; Altmetalle.**
Den Abholtermin teilen wir Ihnen schriftlich mit! Haben Sie Fragen? Tel.: 0 71 71 / 1800-555

Wohin mit den alten Geräten?

In vielen Gemeinden werden Abholdienste für Altgeräte angeboten. Dafür gibt es entsprechende Berechtigungskarten oder es werden Gebühren erhoben.
Vom Gesetzgeber ist ab 2005/2006 eine Rücknahmepflicht des Herstellers bei Neukauf eines Gerätes vorgesehen. Er muss es umweltfreundlich entsorgen bzw. recyclen. Dieses Kundendienstangebot kostet die Händler und Hersteller natürlich Geld. Dies schlägt sich in der Preiskalkulation der Geräte mit Sicherheit nieder.

Recycling ist ein wesentlicher Bestandteil moderner Abfallentsorgung.

Hier wird dafür gesorgt, dass teure und wertvolle Rohstoffe einer Wiederverwertung zugeführt werden und dadurch der Verbrauch von Rohstoffen reduziert wird.
Beim normalen Hausmüll wird dies in der Regel durch den „Grünen Punkt“ gewährleistet.

1. Finde weitere Pflegetipps für Elektrogeräte.
2. Informiere dich bei dem Entsorgungsunternehmen deiner Gemeinde, wie du unbrauchbare Großgeräte umweltfreundlich entsorgen kannst.
3. Frage auch im Fachhandel nach Rückgabemöglichkeiten von Elektrogeräten.
4. Wie beurteilst du die Aussage von Simon im Hinblick auf die Ökobilanz: „Mein altes Handy ist zwar noch o.k., aber die neuen Modelle haben viel mehr Funktionen!“
5. Kaufe für Familie Weber den Wäschetrockner. Orientiere dich dabei an der Projektskizze zum Kauf der Geschirrspülmaschine.

Wir führen eine Pro-und-Kontra-Diskussion

Es bilden sich drei Gruppen. Zwei Gruppen sammeln Argumente, um das Für (Pro) und Wider (Kontra) zu begründen. Eine dritte Gruppe bildet die Jury und bleibt neutral. Thema: Es ist immer gut, etwas Geld zurückzulegen.

1. Vorbereitung

Die beiden Gruppen sammeln Material. Die wichtigsten Argumente werden aufgeschrieben. Die Jury-Gruppe notiert Kriterien, nach denen die Gruppen bewertet werden sollen, und spricht diese mit den Gruppen ab.

2. Durchführung

Die Tische werden so gestellt, dass sich die beiden Gruppen ansehen können. Es sollten alle Gruppenteilnehmer zu Wort kommen. Die Redezeit für die Gruppen wird festgelegt. Aus der Gruppe der Jury eröffnet und beendet ein Gesprächsleiter die Diskussion.

Pro

1. Für größere Anschaffungen muss gespart werden.
2. Eine Rücklage ist gut für unvorhergesehene Ausgaben.
3. Du fühlst dich sicherer, wenn du etwas auf der hohen Kante hast.
4. …

Kontra

1. Ich habe so viele Wünsche, die ich mir jetzt erfüllen möchte.
2. Warum soll ich sparen, wenn ich das Geld habe?
3. Ich lebe nur einmal und jetzt.
4. …

Jury

1. Wie überzeugend waren die Argumente?
2. Wie waren der Ausdruck und die Sprache?
3. Konnte die gegnerische Gruppe zuhören?
4. Wie hat die Gruppe zusammengearbeitet?

3. Auswertung

Die Jury wertet die Diskussion nach ihren Kriterien aus. Sie gibt Hinweise, wie einzelne Situationen besser gestaltet werden können.

3 Gesundes Essen – (k)ein Problem

Lebensmittelqualität beurteilen

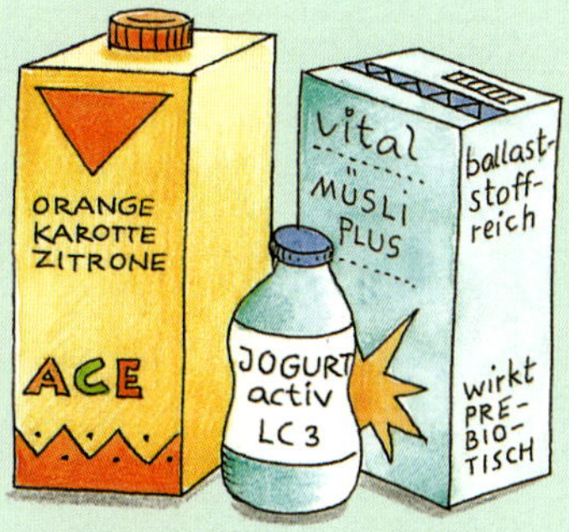

Aktuelle Trends in der Lebensmittelherstellung

Folgen von Fehlernährung

Vegetarische Speisekarte

Nahrungszubereitung in der Küche

Hilfsmöglichkeit bei Ess-Störungen

Vollwertig, gesund und bedarfsgerecht essen

Frau Hübner, 40 Jahre
Sie arbeitet halbtags als Büroangestellte, am Nachmittag erledigt sie Hausarbeit.

Herr Hübner, 43 Jahre
Er ist Fliesenleger, kommt meist erst am Abend heim.

Sandra Hübner, 15 Jahre
Sie ist Schülerin und arbeitet gerne am Computer.

Kevin Hübner, 18 Jahre
Er ist Lehrling in einem Gartencenter. Dreimal in der Woche trainiert er Fußball.

Oma Hübner, 70 Jahre
Sie wohnt in der Einliegerwohnung im Haus der Hübners. Sie ist gehbehindert und auf Hilfe angewiesen.

Nährstoffbedarf verschiedener Personengruppen

Bei Familie Hübner und auch in deiner Familie hat jeder verschiedene Aufgaben und Tätigkeitsbereiche – und somit auch unterschiedlichen Energie- und Nährstoffbedarf. Den Nährstoffbedarf des Einzelnen exakt zu ermitteln ist jedoch schwer, denn dieser hängt von verschiedenen Faktoren wie z.B. Alter, Geschlecht, Leistung und Stoffwechsel ab. Bei der Erstellung von Tagesspeiseplänen müssen deshalb individuelle Anforderungen berücksichtigt werden.
Die Deutsche Gesellschaft für Ernährung hat in Zusammenarbeit mit Österreich (A) und der Schweiz (CH) erst kürzlich neue „DACH"-Referenzwerte für die Zufuhr an Nährstoffen herausgegeben. Wissenschaftliche Forschungsmethoden werden Jahr für Jahr präziser, wodurch immer genauere Erkenntnisse erzielt werden können. Ein Ergebnis der aktuellen Studie war, dass im Vergleich zu früher die neuen Referenzwerte für Kalzium für Jugendliche im Alter zwischen 10 und 15 Jahren von 1000 Milligramm auf 1200 Milligramm heraufgesetzt wurden.
Die Empfehlungen, die z.B. für Kinder und Jugendliche oder Senioren gegeben werden, stellen Durchschnittswerte dar und sind gleichermaßen für alle Personen dieser Altersgruppe gültig. Bei der Festlegung der Durchschnittswerte wurde auch berücksichtigt, dass die tägliche Zufuhr nicht gleichmäßig erfolgt.

Wir verzehren täglich verschiedene Lebensmittel aus jeder Lebensmittelgruppe, um unseren Nährstoffbedarf ausreichend zu decken.

Alle Lebensmittel, ob tierischer oder pflanzlicher Herkunft, enthalten Nährstoffe in unterschiedlicher Menge und Kombination. In den nächsten Kapiteln kannst du dich über grundsätzliche Ernährungsregeln, die für eine bedarfsdeckende, vollwertige Ernährung beachtet werden müssen, informieren.

Jugendliche 15–18 Jahre (weiblich)	
Energie	10500 kJ
Eiweiß	46 g
Fett	81 g
Kohlenhydrate	373 g
Ballaststoffe	30 g
Magnesium	350 mg
Calcium	1200 mg
Eisen	15 mg
Vitamin A	900 µg
Vitamin B1	1,0 mg
Vitamin C	100 mg

(Quelle: Universität Hohenheim; www.uni-hohenheim.de)

Frauen über 65 Jahre	
Energie	7500 kJ
Eiweiß	44 g
Fett	58 g
Kohlenhydrate	255 g
Ballaststoffe	30 g
Magnesium	300 mg
Calcium	1000 mg
Eisen	10 mg
Vitamin A	800 µg
Vitamin B1	1,0 mg
Vitamin C	100 mg

(Quelle: Universität Hohenheim; www.uni-hohenheim.de)

Unterschiedliche Alters- und Personengruppen – unterschiedliche Referenzwerte für Nährstoffe!

Die Ernährung von Kindern und Jugendlichen

Die für Kinder und Jugendliche empfohlene Ernährung gleicht im Wesentlichen der gesunden Erwachsenenkost.

Der kindliche Organismus befindet sich in der Aufbau- und Wachstumsphase. Hier gelten eigene Regeln:

- Der *Energiebedarf* ist stark von der körperlichen Aktivität abhängig. Die *Kohlenhydratzufuhr* sollte durch Vollkornprodukte gedeckt werden. Süßes sollte mit den Tagesmahlzeiten, z. B. als Nachtisch, verzehrt werden. Auch die Zufuhr von *Fett* muss berücksichtigt werden.
- Die Nahrung sollte reichlich hochwertiges *Eiweiß* enthalten, da für das Wachstum und den Neuaufbau von Zellen zusätzlich Eiweiß benötigt wird. Der Eiweißbedarf beträgt ca. 1,5–2 g pro kg Körpergewicht. Pflanzliche und tierische Nahrungsmittel mit hoher biologischer Wertigkeit sind zu bevorzugen: Getreideprodukte, Gemüse, Milch, fettarmes Fleisch.
- Die Kost muss reichlich *Vitamine* und *Mineralstoffe* enthalten. Vitamin C schützt vor Krankheiten, Kalzium dient dem Aufbau von Knochen und Zähnen. Obst und Gemüse liefern *sekundäre Pflanzenstoffe* und *Ballaststoffe.* („5 am Tag" lautet die Empfehlung von Wissenschaftlern.)
- Kinder sollten ausreichend trinken. Der *Flüssigkeitsbedarf* liegt bei 2,5 l am Tag. Zuckerhaltige Getränke sind als Durstlöscher ungeeignet.

1 Vergleiche mithilfe der Tabelle die Referenzwerte einer Jugendlichen mit denen einer Seniorin. Finde Begründungen für die Abweichungen.

2 Erstelle und bewerte eine vollwertige Mittagsmahlzeit und ein vollwertiges Abendessen für Familie Hübner. Berücksichtige dabei individuelle Gegebenheiten.

3 Finde heraus, welche und wie viel von diesen Lebensmitteln du essen müsstest, um den Eisenbedarf von 15 mg zu decken.

Die Ernährung älterer Menschen

Beim Älterwerden verändert sich der Organismus. Dies muss bei der Ernährung älterer Menschen berücksichtigt werden.

Wichtige Konsequenzen für den Ernährungsplan

Die erforderliche Nahrungsmenge sollte auf *mehrere Mahlzeiten* verteilt werden.

Der *Energiebedarf* sinkt, da der Grundumsatz mit zunehmendem Alter auch absinkt. Das Stoffwechselgeschehen verlangsamt sich, die körperliche Betätigung verringert sich ebenso.

Der *Eiweißbedarf* ist jedoch unverändert. Deshalb ist es besonders wichtig, dass biologisch hochwertiges Eiweiß zugeführt wird. Durch ausreichende Eiweißzufuhr kann die Leistungsfähigkeit länger erhalten bleiben.

Die *Vitamin- und Mineralstoffzufuhr* muss gesichert sein. Vitamin- und mineralstoffreiche Lebensmittel sollten reichlich aufgenommen werden, um Mangelerscheinungen vorzubeugen.

Fette mit ungesättigten Fettsäuren können der Arterienverkalkung entgegenwirken.

Das Durstgefühl lässt im Alter häufig nach, es muss daher auf eine ausreichende *Flüssigkeitszufuhr* geachtet werden.

Seniorenkost muss *ballaststoffreich* sein, da gerade ältere Menschen an Darmträgheit und die dadurch bedingte Verstopfung leiden. Empfohlen wird die Zufuhr von 30 g Ballaststoffen pro Tag.

Die Ernährung von Sportlern

Der *Energiebedarf* ist abhängig von der Sportart. Besondere Bedeutung in der Ernährung von Sportlern haben die *Kohlenhydrate*, da aus ihnen Glykogen gebildet werden kann, aus welchem die Muskeln Energie gewinnen. Es ist deshalb sinnvoll, die empfohlene Kohlenhydratzufuhr von 50 % auf ca. 55–60 % zu steigern. Dabei sollten Kohlenhydrate aus Getreideprodukten bevorzugt werden.

Bei Sportlern reicht meist eine normale *Eiweißzufuhr* von ca. 1 g pro kg Körpergewicht aus. Nur für Hochleistungssportler werden in Trainings- und in Wettkampfzeiten 1,5 bis 2 g Eiweiß pro kg Körpergewicht empfohlen. Eine übertriebene Eiweißzufuhr sollte vermieden werden. Eine zu *fettreiche* Nahrung beeinträchtigt die Leistungsfähigkeit und kann zu unerwünschten Gewichtsproblemen führen. Bei den *Mineralstoffen* muss eine reichliche Versorgung mit Magnesium, Eisen und Natriumchlorid (Kochsalz) gewährleistet sein, da diese durch starkes Schwitzen verloren gehen. Bei Wettkämpfen ist es günstig, wenn die letzte kohlenhydratreiche Mahlzeit mindestens drei Stunden vorher eingenommen wird, da die Verdauungstätigkeit sich meist hemmend auf die Leistungsfähigkeit auswirkt. Während des Wettkampfes oder Trainings ist die Zufuhr von 100 bis 200 ml nicht zu kalter *Flüssigkeit* sinnvoll. Besonders gut geeignet sind Fruchtsäfte, die mit einem magnesiumreichen Mineralwasser im Verhältnis 1:3 bis 1:5 verdünnt sind.

Berechnung der individuellen Energie- und Nährstoffwerte mit dem Ernährungsorganizer

Informationen zum Nährstoffbedarf suchen, finden und bewerten

Durch Computer und DVD ergeben sich viele neue Möglichkeiten der Informationsbeschaffung und -auswertung.

Software

Eine Ernährungssoftware, z. B. Ernährungsberater und -planer, hilft dir, Informationen über den Nährstoffbedarf abzurufen und nach ganz persönlichen Bedürfnissen zu recherchieren. Es gibt Ernährungssoftware, die auf das Handy übertragbar ist. Die Software-Angebote stehen auf CD-ROM, Diskette oder im Internet zum Download (frei oder kostenpflichtig) bereit.

Interaktive Lernprogramme

Interaktive Lernprogramme bieten ebenfalls Informationsmöglichkeiten zum Nährstoffbedarf und helfen bei der Erstellung von Menüplanungen. Dies kann alleine, zu zweit oder in der Gruppe erfolgen. Anhand von Fragen, Zuordnungsaufgaben, Bildern und Texten kannst du dir Wissenswertes aneignen. Diese Lernprogramme gibt es auch im Taschenrechnerformat, wie z. B. den Ernährungsorganizer „mealus". Er informiert den Nutzer über seinen Ernährungszustand und gibt Hinweise für vollwertige Ernährung. Ebenso lässt er sich für individuelle Ernährungsberatung sinnvoll einsetzen. Möglich sind auch Berechnungen der individuellen Energie- und Nährstoffreferenzwerte. Außerdem können persönliche Menüpläne angelegt, gespeichert und ausgewertet werden.

Internet

Im Internet kannst du gezielte Informationen über den Nährstoffbedarf finden. Zuverlässige Quellen sind Homepages der Verbraucherzentralen, Universitäten oder anderer Institutionen. Nach dem Eingeben des Begriffs „Nährstoffbedarf" kann man über verschiedene Links das Wichtigste herausfiltern, ausdrucken und nutzen. Einige Homepages bieten die Möglichkeit, den persönlichen Nährstoff- und Energiebedarf zu berechnen.

Diese Internetadressen helfen dir weiter:
http://www.dge.de
http://www.aid.de

1 Erstelle mithilfe des Internets Tabellen mit Referenzwerten von Nährstoffen für Kleinkinder.

2 Erstelle einen Tagesspeiseplan für einen übergewichtigen Jugendlichen.

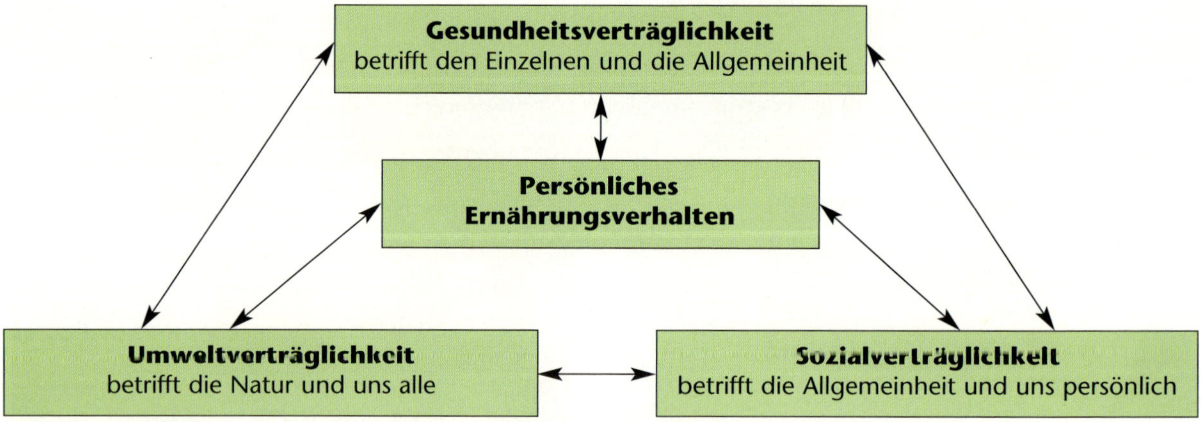

Wechselwirkungen zwischen Lebensmittelproduktion, Lebensmittelqualität und Ernährungsverhalten

Lebensmittelqualität – was ist das?

Unter Lebensmittelqualität versteht man die Summe sämtlicher Eigenschaften eines Lebensmittels. Der eine schwört auf den guten Geschmack und das schöne Aussehen (egal, was drin ist), für den anderen ist wichtig, wo das Lebensmittel herkommt, der dritte möchte nur naturbelassene Produkte und für den vierten soll es möglichst billig sein. Bei der Bewertung stehen je nach Interesse des Betrachters unterschiedliche Gesichtspunkte im Vordergrund.

Umweltverträglichkeit

Jedes Lebensmittel kann nur so gut sein wie die Umwelt, aus der es stammt. Es sollte so erzeugt, verarbeitet, verpackt und transportiert werden, dass der Verbrauch an Rohstoffen und Energie gering bleibt.

- Bevorzuge Erzeugnisse aus kontrolliert ökologischem Anbau.
- Bevorzuge Obst und Gemüse aus regionalem Anbau nach Jahreszeit.
- Bevorzuge unverpackte oder umweltschonend verpackte Lebensmittel.
- Kaufe Waren, die mit umweltverträglichen Technologien produziert wurden und wenig Energieaufwand in Industrie und Verkehr erfordern.

Sozialverträglichkeit

Die Arbeitsverhältnisse und die Entlohnung der Menschen, die in der Erzeugung, im Handel und in der Verarbeitung der Lebensmittel tätig sind, sollten auf der ganzen Welt menschenwürdig sein. Religiöse und kulturelle Aspekte sind zu beachten.

- Kaufe Waren von kleinen bäuerlichen Betrieben.

Gesundheitsverträglichkeit

Das Ziel ist die optimale Versorgung des Körpers mit allen lebensnotwendigen Inhaltsstoffen und möglichst wenig Schad- und Zusatzstoffen, damit die Gefährdung der Gesundheit gering bleibt. Die Nahrung soll gut schmecken, sättigen und ein Genuss sein.

- Bevorzuge pflanzliche Lebensmittel (Frischkost).

Persönliches Ernährungsverhalten

Jeder Einzelne verantwortet selbst mit der Wahl des Produktes auch die Produktionsweise mit allen Vor- und Nachteilen für die natürliche und soziale Umwelt.

Auch beim Einkauf solltest du das Umfeld berücksichtigen, aus dem die Lebensmittel kommen.

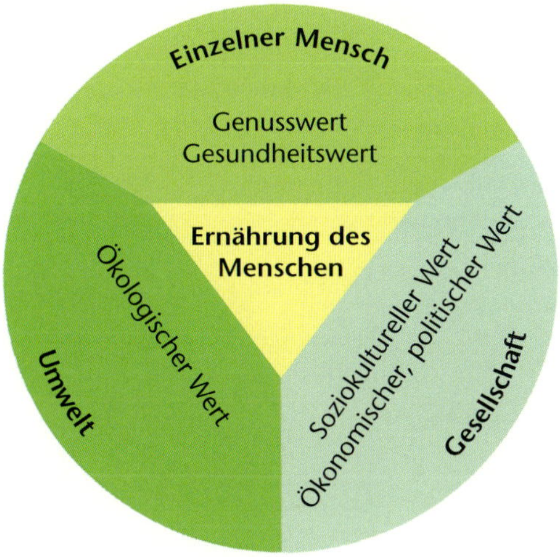

Kategorien der Lebensmittelqualität

Artgerechte Tierhaltung

Qualitätsmerkmale von Lebensmitteln

Beim Einkauf sind Marke und Preis allein keine Garantie für gute Lebensmittelqualität. Bei einer kritischen Bewertung spielen mehrere Qualitätsmerkmale eine wichtige Rolle.

Gesundheitswert
Dazu zählen z. B. Gehalt und Dichte an essentiellen Nährstoffen sowie gesundheitsfördernden Inhaltsstoffen (Ballaststoffe, sekundäre Pflanzenstoffe), Energiegehalt, Sättigungswert, Verdaulichkeit, Gehalt an wertmindernden Rückständen und Schadstoffen.

Für viele Verbraucher ist der Gesundheitswert (ernährungsphysiologische Qualität) von besonderer Bedeutung.

Ziele hierbei sind, die optimale geistige und körperliche Leistungsfähigkeit zu sichern sowie die Bildung von körpereigenen Abwehrkräften zu unterstützen.

Genusswert
Dazu gehören z. B. Aussehen, Farbe, Form, Geruch, Geschmack, Konsistenz, Temperatur, Reife- und Frischezustand. Bei den sensorischen Werten stehen persönliche Vorlieben im Vordergrund.

Ökologischer Wert
Dazu gehören z. B.: artgerechte Tierhaltung, ökologischer Anbau, geringer Verarbeitungsgrad.
Leitgedanke im ökologischen Landbau ist das Wirtschaften im Einklang mit der Natur. Die ökologische Landwirtschaft zeichnet sich durch eine erheblich eingeschränkte Anwendung von Dünge-, Pflanzenschutz- und Tierarzneimitteln sowie durch eine artgerechte Tierhaltung aus.

Ökonomischer und soziokultureller Wert
Dazu zählen z. B. Preis, Haltbarkeit, Zeit- und Energieaufwand bei der Zubereitung und Lagerung sowie sozialverträgliche Bedingungen bei der Produktion, Verarbeitung und Vermarktung. Jeder Einzelne ist gefordert, einen Beitrag zu mehr weltweiter sozialer Gerechtigkeit zu leisten. Tropische Früchte und Genussmittel (Kaffee, schwarzer Tee, Kakao u. a.) sollten aus dem so genannten Fairen Handel bezogen werden, z. B. über Dritte-Welt-Läden oder Naturkostläden. Erzeugern in Entwicklungsländern werden faire Preise bezahlt.

1 Recherchiere im Internet die Inhalte und Ziele der Vollwert-Ernährung. Diskutiert über die Qualitätsansprüche dieser Kostform.

Ursachen für Qualitätsminderung von Lebensmitteln					
Toxische Mikroorganismen	**Unerwünschte Stoffe aus der Verarbeitung**	**Natürliche Giftstoffe**	**Schadstoffe aus der Pflanzenproduktion**	**Schadstoffe aus der Tierhaltung**	**Industriegifte**
Schimmelpilze	Acrolein	Solanin	Pflanzenschutzmittel	Masthilfsmittel	Blei
Salmonellen	Acrylamid	Oxalsäure	Anorganische Düngemittel	Tierarzneimittel	Kadmium
Botulinus	Nitrit/Nitrosamine	Phasin		Antibiotika	Quecksilber
Eitererreger	Benz(a)pyren	Pilztoxine		Beruhigungsmittel	Dioxin
					Radioaktive Substanzen

Qualitätsminderung der Nahrung durch Gift- und Schadstoffe

Toxische Mikroorganismen, unerwünschte Stoffe aus der Verarbeitung und Lagerung, natürliche Giftstoffe sowie Schadstoffe aus der landwirtschaftlichen und industriellen Produktion können die Qualität unserer Lebensmittel erheblich beeinträchtigen, sodass nach dem Verzehr Krankheiten und lebensgefährliche Vergiftungen entstehen können.

Toxische Mikroorganismen

Schimmelpilze führen zum Verderb von Lebens- und Futtermitteln. Daran können auch Arten beteiligt sein, die giftige Stoffwechselprodukte bilden. Diese so genannten Mykotoxine sind bereits in geringer Menge schädlich für den Menschen, einige sind Krebs erregend.

Salmonellen sind Bakterien und können in einigen wenigen Lebensmitteln, wie z. B. Eiern, vorkommen. Sechs bis zwölf Stunden nach dem Verzehr der infizierten Lebensmittel treten die ersten Vergiftungserscheinungen auf: Erbrechen, Durchfall, Übelkeit, Kopfschmerzen und Fieber.

Botulinustoxine können sich auf infizierten Lebensmitteln rasch vermehren.

Wenn sich Boden und Deckel einer Konserve mit eiweißreichen Lebensmitteln wie Bohnen oder Erbsen wölben (= Bombage), der Deckel nicht auf dem Einmachglas hält oder beim Öffnen Gas herauszischt: Inhalt unbedingt wegwerfen.

Die gebildeten Nervengifte verursachen Botulismus, eine oft tödlich verlaufende Erkrankung.

Stoffe, die bei der Verarbeitung entstehen

Bei der Verarbeitung von Lebensmitteln können unerwünschte Stoffe entstehen.

Acrolein entsteht beim Überhitzen von Fett. Es reizt die Schleimhäute und kann so bleibende Schädigungen, vor allem der Atmungsorgane, verursachen.

Nitrit entsteht im Lebensmittel oder im menschlichen Organismus durch Einwirkung von Bakterien aus Nitrat. Bei Säuglingen kann Nitrit den Sauerstofftransport im Blut behindern. Außerdem können aus Nitrit Krebs erregende Nitrosamine gebildet werden.

Benz(a)pyren ist eine stark Krebs erregende Substanz aus der Gruppe der polyzyklischen aromatischen Kohlenwasserstoffe (PAK). In größeren Mengen entsteht Benz(a)pyren beim Grillen über offenem, rauchendem Feuer, aber auch über Holzkohleglut, wenn Fett in die Glut tropft.

Natürliche Giftstoffe

Oxalsäure und ihre Salze, die Oxalate, sind natürlicher Bestandteil zahlreicher Pflanzen, z. B. Spinat, Mangold, Rhabarber, Rote Bete. Sie bilden mit Kalzium aus der Nahrung unlösliche Salze, die die Kalziumresorption beeinträchtigen.

Industrielle Schadstoffe können auf unsere Nahrung gelangen

Phasin ist ein giftiger Inhaltsstoff, der in rohen Gartenbohnen enthalten ist. Phasin wird durch längeres Kochen inaktiv. Aus diesem Grund werden Bohnen immer gegart verzehrt.

Schadstoffe aus der landwirtschaftlichen Produktion

In der *Pflanzenproduktion* werden bei Bedarf Pflanzenschutzmittel (Pestizide) eingesetzt. Untersuchungen der letzen Jahre haben gezeigt, dass bei Obst- und Gemüsesorten außerhalb der Saison höhere Rückstände von Pflanzenschutzmitteln auftreten (z. B. frühe ausländische Erdbeeren, Kopfsalat bei Anbau im Treibhaus). Anorganische Düngemittel haben eine steigende Bedeutung für die Landwirtschaft. Gelangt durch Stickstoffdüngung überdurchschnittlich viel Nitrat in den Boden, nehmen die Pflanzen auch zu viel davon auf und reichern es in ihrem Zellgewebe an. Durch Einwirkung von Bakterien entsteht aus Nitrat Nitrit, das im menschlichen Körper zu Nitrosaminen umgewandelt wird. Diese sind stark Krebs erregend.
In der *Produktion tierischer Lebensmittel* werden bei Bedarf Tierarzneimittel und Futtermittelzusatzstoffe eingesetzt. Besonders häufig angewendet werden Antibiotika zur Vermeidung von Infektionen, Beruhigungsmittel und Beta-Blocker, die die Herzfrequenz bei Tieren vermindern. Aufgrund der Rückstände in den Lebensmitteln verlieren diese Arzneimittel ihre Wirkung beim Menschen.

Verunreinigung unserer Lebensmittel durch Industriegifte

Hierzu zählen *Schwermetalle* (Blei und Kadmium), Quecksilber, schwer abbaubare Organchlor-Verbindungen (Dioxin) und radioaktive Substanzen.
Kadmium z. B. entsteht bei der Verbrennung von Erdöl, Müll und Kohle. Es wird auch durch Abwässer auf unsere Pflanzen übertragen.
Dioxin entsteht als unerwünschtes Nebenprodukt von Verbrennungsprozessen (z. B. Müllverbrennung).
Radioaktive Substanzen gelangen durch den Einfluss des Menschen in Umwelt und Nahrung (z. B. Kernwaffenversuche). Sie können das Knochenmark schädigen und Krebserkrankungen auslösen.
Radioaktive Bestrahlung dient auch zur Haltbarmachung von Lebensmitteln wie z. B. Gewürzen, Zwiebeln, Schalentieren. Keime und Bakterien werden dabei abgetötet.

Bewusstes Verhalten kann die Aufnahme von Schadstoffen reduzieren.

1 Recherchiere über weitere Schadstoffe: Solanin, Blei, Pilztoxine und radioaktiv bestrahlte Lebensmittel (z. B. aid-Heft zum Thema „Unerwünschte Stoffe in Lebensmitteln“).

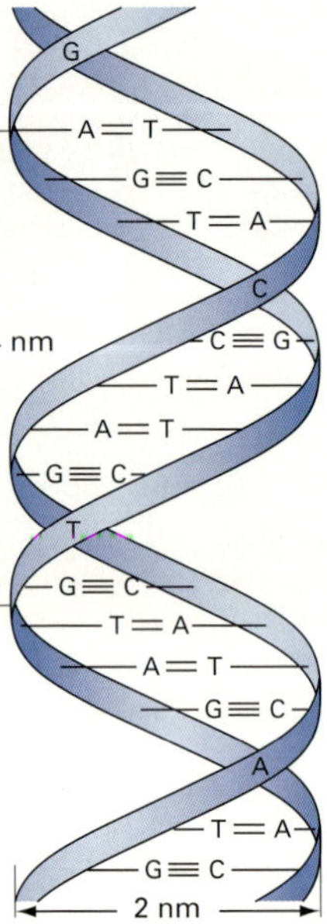

Doppelstrang der DNS – die Doppelhelix

Ein Blick ins Genlabor

Gentechnik in Lebensmitteln

Das erste gentechnisch veränderte Produkt, das auf den Markt kam, war in den 1990er Jahren die Flavr-Savr-Tomate in den USA. Sie wurde aufgrund eines gentechnischen Eingriffs nicht mehr matschig. Allerdings konnte der Geschmack nicht auch monatelang erhalten bleiben, und so wurde die Tomate zu einem wirtschaftlichen Flop und verschwand schnell wieder vom Markt.

Vom Gen zum Lebensmittel

Die Gene sind der Plan, nach dem immer wieder neues Leben entsteht. Sie bestimmen z. B., wie Lebewesen aussehen.

Die Zellen, aus denen Menschen, Tiere und Pflanzen bestehen, haben alle einen sehr ähnlichen Aufbau: Im Zellkern jeder Zelle ist das Erbmaterial in einer fadenförmigen Struktur gespeichert.

Die chemische Substanz, aus der unsere Gene bestehen, ist die Desoxyribonukleinsäure, kurz DNS genannt.

Der menschliche genetische Code ist auf einem gedrehten Doppelstrang mit einer bestimmten Reihenfolge von Bausteinen gespeichert, der Doppelhelix. Die Stufen im Inneren dieser molekularen Wendeltreppe bestehen aus Basenpaaren, welche die Buchstaben des genetischen Codes bilden. Die DNS einer Zelle kann mit aufwändigen Methoden aus dem Zellkern gewonnen werden.

Man kann bestimmte Erbinformationen einer Pflanze isolieren und dann in den Zellkern einer anderen Pflanze einschleusen. So ist eine Pflanze mit neuen Eigenschaften entstanden, z. B. ein Reis, welcher mehr Pro-Vitamin A enthält als herkömmlicher Reis. Die neuen Organismen können dann in großer Zahl kopiert werden.

Vor der Erfindung der Gentechnik wurde durch Züchtungen versucht, die Eigenschaften von Pflanzen und auch von Tieren zu verändern. Es hat allerdings oft 15 bis 20 Jahre gedauert, bis brauchbare Ergebnisse vorlagen. Durch die Gentechnik sind wir heute in der Lage, die Eigenschaften von Pflanzen schneller und genauer zu verändern: z. B. Gurken oder Zucchini ohne Bitterstoffe und Schweine, die mehr Rippen haben und damit mehr Kotelettstücke liefern.

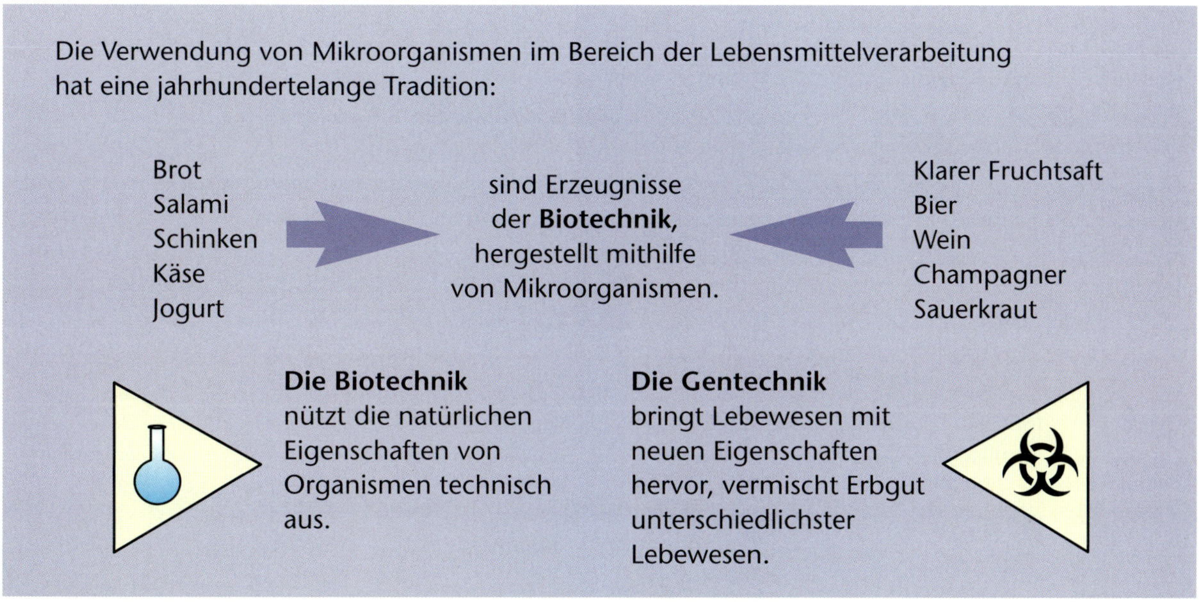

Die Gentechnik greift auf verschiedenen Ebenen in die Lebensmittelverarbeitung ein

Essen wir in Deutschland Gen-Food?

Die deutschen Verbraucher betrifft die Gentechnik bei Lebensmitteln zurzeit vor allem in Form von Futtermitteln für Tiere und in der Produktion von Enzymen.

Die meisten Bauern, die konventionelle Landwirtschaft betreiben, verwenden heute gentechnisch veränderte Futtermittel. Die Experten streiten sich noch darum, ob Spuren des genmanipulierten Futters in den Endprodukten, wie z. B. Milch oder Fleisch, enthalten sein können und welche Folgen dies für den Verbraucher hätte.

Die Käseproduktion ist ohne Gentechnik nicht denkbar. Früher benötigte man Kälberlab, ein Enzym aus dem Magen von Kälbern, zur Käseproduktion. Für die heute erforderlichen Käsemengen stehen nicht genügend Kälbermägen zur Verfügung, weshalb bereits zu ungefähr 80% gentechnisch hergestelltes Lab verwendet wird.

Für Brot, Backmischungen, bei Pressungen von Fruchtsäften und bei der Gewinnung von Zucker aus Kartoffeln oder Maisstärke werden gentechnisch hergestellte Enzyme regelmäßig verwendet.

Der Verbraucher kauft also schon seit über fünfzehn Jahren Lebensmittel, die mithilfe der Gentechnik hergestellt werden. Allerdings ist beispielsweise im Endprodukt Käse keine Gentechnik mehr enthalten. Das gentechnisch hergestellte Enzym ist das reine Labenzym, das völlig unbedenklich ist. Im Gegenteil: ohne Gentechnik könnten wir nicht so viel und so preisgünstig Käse kaufen.

Da die durch gentechnisch veränderte Bakterien produzierten Enzyme im Endprodukt nicht mehr nachzuweisen sind, müssen sie auch nicht auf dem Lebensmitteletikett genannt werden.

Herbizid- oder insektenresistenter Genmais, Soja, Raps und Baumwolle werden zurzeit im großen Stil in den USA, in Kanada, Brasilien, Argentinien, Südafrika und China angebaut. In der EU darf Genmais seit 2004 angebaut werden.

Gentechnisch veränderte Lebensmittel in Deutschland kommen gegenwärtig vor allem aus den USA oder Asien, z. B. Sojasoßen aus gentechnisch veränderten Sojabohnen. Bereits 55 Prozent der Weltsojaernte ist gentechnisch verändert. EU-weit neu zum Verkauf zugelassen wurde im November 2004 ein gentechnisch veränderter Mais aus der Dose. Acht weitere Lebensmittel warten zurzeit auf die Zulassung aus Brüssel.

Kennzeichnung gentechnisch veränderter Organismen (GVO) seit April 2004	
Gentechnisch verändertes Lebensmittel z. B. Tomate oder Fische	ja
Produkte, die aus gentechnisch veränderten Lebensmitteln hergestellt wurden, z. B. der Zusatzstoff Sojalezithin in Schokolade oder Sojasoße aus Gensoja	ja
Gentechnisch veränderte Futtermittel oder Futtermittel mit gentechnisch veränderten Zusatzstoffen	ja
Lebensmittel, die mit GVO-Enzymen hergestellt wurden, z. B. Käse, Brot und Backwaren, Wein, Bier, klare Säfte	nein
Lebensmittel von Tieren, die mit gentechnisch verändertem Futter gefüttert wurden, z. B. Eier, Milch, Fleisch	nein

(Quelle: www.transgen.de)

Mais			
Grieß Cornflakes Polenta	**Mehl** Tortilla Knabbergebäck Fertigbackwaren	**Keimöl** Margarine	**Stärke** Maltose Glucosesirup Trauben-Zucker Zuckeraustauschstoffe

Soja			
Grieß, Mehl Stabilisatoren Emulgatoren	**Öl** Lecithin Vitamin E	**Protein** Tofu Emulgator in Fertigsuppen und -soßen Zusatz in Wurst- und Backwaren	**Püree** Sojamilch und Sojasoße

Aus Mais oder Soja gewonnene Rohstoffe stecken in vielen Lebensmitteln, Zutatenliste beachten!

Produzenten von Bio-Lebensmitteln lehnen Gentechnik ab, auch in Futtermitteln.

Kritik an der grünen Gentechnik

Bisher kann wissenschaftlich weder nachgewiesen werden, ob GVO der menschlichen Gesundheit schaden, noch ob GVO völlig unbedenklich sind. Kritiker führen vor allem die nicht kalkulierbaren Folgen, die Abhängigkeit der Landwirte von Saatgutproduzenten sowie gesundheitliche Risiken an.

Allergierisiko durch Gen-Food?

Manche Kritiker befürchten, dass gentechnisch veränderte Produkte Allergien auslösen können. Fast alle Lebensmittelallergene sind Proteine (Eiweiße). Bei einer gentechnischen Veränderung können nun durchaus neue Proteine entstehen, die möglicherweise Allergien beim Menschen auslösen können.

Krankheitsrisiko durch Gen-Food

In Genpflanzen werden als Markergene Antibiotikaresistenz-Gene eingebaut. Mithilfe dieser Markergene kann erfolgreich verändertes Erbgut erkannt werden. Möglicherweise hat dies zur Folge, dass Antibiotika, die als Mittel gegen Krankheiten eingenommen werden, nicht mehr wirken, da die Resistenz auf die Krankheitserreger übertragen wurde.

Marktberrschende Position von Saatgutproduzenten

Befürworter der Gentechniken führen gerne ins Feld, dass sie mit Getreidesorten, die wenig Wasser benötigen, oder mit Reis, der besonders viel Vitamin A enthält, das Welthungerproblem lösen könnten. Kritiker argumentieren dagegen, dass besser das Land gerechter verteilt und Produkte aus diesen Ländern gerechter bezahlt werden sollten. Wenige Gentech-Konzerne könnten die Preise für Saatgut und die dazu passenden Spritzmittel diktieren, sodass die Abhängigkeit

Bisher sind solche Nahrungsmittel noch Zukunftsvision

Freilandversuch: Anbau von Genmais

der Länder der „Dritten Welt“ von denen der „Ersten Welt“ nur weiter zunehmen würde.

Die Folgen sind nicht kalkulierbar

Immer wieder erscheinen Berichte, dass sich genetische Veränderungen langfristig anders auswirken als ursprünglich erwartet. Mit transgenem Soja gemästete Kühe beispielsweise produzierten plötzlich mehr Milchfett. Niemand weiß, warum das so ist.
Beim Freilandanbau können die neuen Gene durch Überkreuzungen mit Wildpflanzen an diese weitergegeben werden und sich ausbreiten.
Die Gentechnik bringt uns große Vorteile, birgt aber auch Risiken in sich. Zweifellos gibt es Bereiche, in denen Gentechnik dringend benötigt wird, die Vorteile sind nicht zu leugnen.
Darüber hinaus jedoch wird auch versucht, den Verbraucher davon zu überzeugen, dass die herkömmlichen Lebensmittel nicht ausreichen, um unseren Bedarf zu decken.

Die Mehrheit der deutschen Verbraucher ist sich einig, dass sie kein Gen-Food konsumieren will.

„Pharm crops“ und koffeinfreie Kaffeebohnen

Bananen, die Impfstoffe enthalten, oder Kaffee, der bereits koffeinfrei am Busch wächst, sind noch Zukunftsvisionen. Bisher ist es noch nicht gelungen, solche komplizierten genetischen Veränderungen in Pflanzen vorzunehmen, aber es wird daran geforscht.

1 Informiert euch in Partnerarbeit im Internet über ein Thema der Gentechnik und haltet ein Kurzreferat darüber.

2 Ein Vertreter von Greenpeace und der Leiter eines Gentechnik-Unternehmens führen ein Streitgespräch. Sammelt Argumente für beide Seiten.

3 Gestaltet eine Mindmap zum Thema Gentechnik auf einem Plakat und präsentiert sie vor der Klasse.

4 Erkundige dich in der Apotheke, wie heute Insulin für Diabetiker hergestellt wird.

Gesundheitsfördernde Wirkstoffe (Auswahl)	Produktbeispiel funktionelles Lebensmittel	Wirkung (tatsächlich oder erhofft)	Herkömmliches Lebensmittel mit gleicher oder ähnlicher Wirkung
Probiotische lebende Bakterienkulturen	Actimel-Jogurt LC1-Jogurt	Günstiger Einfluss auf die Darmflora Schutz vor Dickdarmkrebs Immunstärkung	Jogurt Buttermilch und andere Sauermilchprodukte Sauerkraut
Präbiotika (spezielle Ballaststoffe) z. B. Inulin oder Oligofructose	ProCult-Müsli Vitalis-Müsli	Günstiger Einfluss auf die Darmflora Cholesterinsenkung Schutz vor Osteoporose und Dickdarmkrebs	Gemüse Getreide Zwiebeln
Provitamin A, Vitamin C + E	ACE-Drink Guten Morgen Drink von Döhler	Schutz vor Krebs und Herz-Kreislauf-Erkrankungen Immunstärkung	Obst Gemüse

So können funktionelle Lebensmittel durch herkömmliche Lebensmittel ersetzt werden

Funktionelle Lebensmittel

Funktionelle Lebensmittel, auch Functional Food, Health Food oder Designer Food genannt, sind Lebensmittel, denen Stoffe künstlich zugesetzt wurden. Diese Stoffe, z. B. Vitamine, sollen einen zusätzlichen positiven Nutzen für unsere Gesundheit haben. Inzwischen sind über 2000 Produkte auf dem Markt, und der Absatz steigt stetig, da Wellness, Gesundheit und Jugendlichkeit im Trend sind.

Arten funktioneller Lebensmittel, die zurzeit angeboten werden

- Probiotische Lebensmittel
- Präbiotische Lebensmittel
- Mit Vitaminen und Mineralstoffen angereicherte Lebensmittel
- Lebensmittel, die mit sekundären Pflanzenstoffen angereichert sind
- Lebensmittel mit zugefügten Kräuterauszügen, z. B. Aloe Vera.

Pro und contra Functional Food

Untersuchungen zeigen, dass *probiotische Milchprodukte* tatsächlich das Immunsystem stimulieren, sofern dieselbe Art Bakterienkulturen täglich verzehrt wird.

Präbiotika in Lebensmitteln führen zu einer Vermehrung der positiven Darmbakterien, wenn sie regelmäßig und in ausreichender Menge gegessen werden. Ob sie jedoch das Darmkrebsrisiko verringern, ist nicht gesichert.

Wenn wir uns ausgewogen, mit viel Obst und Gemüse ernähren, nehmen wir genügend Vitamine und Mineralstoffe auf. Bei einem zusätzlichen hohen Konsum von *ACE-Getränken* kann es dann zu einer Überdosierung kommen.

Zu viel Vitamin A kann zu Leberschäden und in der Schwangerschaft zu Missbildungen beim Kind führen. Ein Zuviel des Provitamins A (Beta-Karotin), das im Körper zu Vitamin A umgewandelt wird, kann das Lungenkrebsrisiko bei Rauchern erhöhen. „Viel hilft viel“ stimmt also nicht immer.

Die Auswahl an funktionellen Lebensmitteln ist groß

Wählt die Mutter das Richtige für ihre Kinder?

Viele Ernährungswissenschaftler sind sich einig, dass künstlich zugesetzte Vitamine, Mineralstoffe und sekundäre Pflanzenstoffe nie so wirksam sind wie ein natürliches Nahrungsmittel, das reich an diesen Stoffen ist. In unseren Nahrungsmitteln kommen die gesundheitsfördernden Stoffe nie isoliert, sondern immer in Kombination mit vielen anderen zum Teil noch unerforschten Stoffen vor, die sich in ihrer Wirkungsweise gegenseitig positiv beeinflussen. Dieser Effekt fehlt bei der Zusammensetzung von Functional Food.
Darüber hinaus hat der regelmäßige Verzehr von Lebensmitteln mit den genannten Wirkstoffen die gleiche Wirkung.
Bisher ist noch nicht eindeutig geregelt, wie viel von welchen Wirkstoffen bei funktionellen Lebensmitteln zugesetzt wird und wie für sie geworben werden darf. Entsprechende Gesetze werden erst entwickelt.
Insgesamt fehlen noch ausreichend wissenschaftlich fundierte Untersuchungen über die Wirksamkeit der meisten funktionellen Lebensmittel.

Wer sich ausgewogen ernährt, Sport treibt und den Umgang mit Stress lernt, hat kein schlechtes Gewissen, das er mit teuren funktionellen Lebensmitteln beruhigen muss.

1. Unternehmt eine Exkursion in den Supermarkt. Entwerft vorher einen Erkundungsbogen. Untersucht die Zutatenlisten und die Art der Werbung für funktionelle Lebensmittel.
2. Vergleicht die Preise von konventionellen Milchprodukten mit vergleichbaren funktionellen Lebensmitteln.
3. Führt ein Interview auf der Straße zu funktionellen Lebensmitteln durch. Entwickelt vorab einen Fragebogen.
4. Spielt ein Pro-Kontra-Gespräch vor der Klasse. Eine Ernährungsberaterin und ein Hersteller von funktionellen Lebensmitteln diskutieren.

Mögliche Ursachen

- Falsche Essgewohnheiten (zu süß, zu fett, zu große Portionen)
- Mangelnde Bewegung
- Falsche Verteilung der Mahlzeiten
- Krankhafte Veranlagung, Ess-Sucht,
- Einnahme von Medikamenten

Mögliche Folgen

- Belastung der Gelenke, Wirbelsäule, Knie und Füße
- Stoffwechselstörungen, Diabetes, Gicht
- Belastung von Herz und Kreislauf
- Erkrankungen der Bronchien
- Seelische Folgen, Ablehnung des Körpers

Kostformen nach Fehlernährung

Reduktionskost bei Übergewicht

Es gibt unendlich viele so genannte Abmagerungsdiäten oder Schlankheitskuren, die oft sensationelle Gewichtsabnahmen versprechen, dem Körper aber mehr schaden als nützen. Radikalkuren können gefährlich sein, da sie immer einen Mangel an lebensnotwendigen Nährstoffen bedeuten. Häufig kommt es nach solchen Kuren zum Jo-Jo-Effekt, d. h. die abgehungerten Pfunde sind schnell wieder drauf, wenn normal gegessen wird.

Ziel der Reduktionskost ist es, das Normalgewicht zu erreichen und zu halten und dabei dem Organismus alle lebensnotwendigen Nährstoffe zu liefern.

Ernährungs- und Verhaltensregeln bei Übergewicht

- Veränderung der Ernährungsgewohnheiten und des Essverhaltens: Die tägliche Energiezufuhr muss unter dem tatsächlichen Energiebedarf liegen; d. h. sie muss genau auf die Person und die körperliche Tätigkeit abgestimmt werden. Die Gesamtenergiezufuhr sollte um ein Fünftel pro Tag gesenkt werden.
- Lebensmittel mit komplexen Kohlenhydraten bevorzugen, da sie ein länger anhaltendes Sättigungsgefühl bewirken: z. B. Vollkornprodukte, Gemüse, Obst, Kartoffeln. Süßigkeiten und energiereiche Getränke meiden.
- Die Zufuhr von Fetten einschränken: Fettarme Lebensmittel bevorzugen, versteckte Fette beachten und fettarme Gararten anwenden.
- Der Bedarf an Mineralstoffen, Vitaminen, Ballaststoffen und sekundären Pflanzenstoffen sollte durch reichlich Frischkost gedeckt werden.
- Biologisch hochwertige Eiweißlieferanten bevorzugen: fettarme Milch und Milchprodukte, magere Fleisch- und Wurstwaren, fettarmen Fisch.
- Energiearme Getränke sollten den Flüssigkeitsbedarf ausreichend decken: z. B. ungesüßte Getränke. Alkohol ist ungeeignet, da er sehr viel Energie enthält (1 g enthält 30 kJ).
- Außerdem gehören Geduld und Selbstdisziplin dazu sowie ein individuelles Bewegungsprogramm, das das Abnehmen unterstützt.

Diabetes mellitus – die „Zuckerkrankheit"

Bei Diabetes mellitus handelt es sich um eine chronische Stoffwechselkrankheit, die auf einen absoluten oder relativen Insulinmangel zurückzuführen ist.

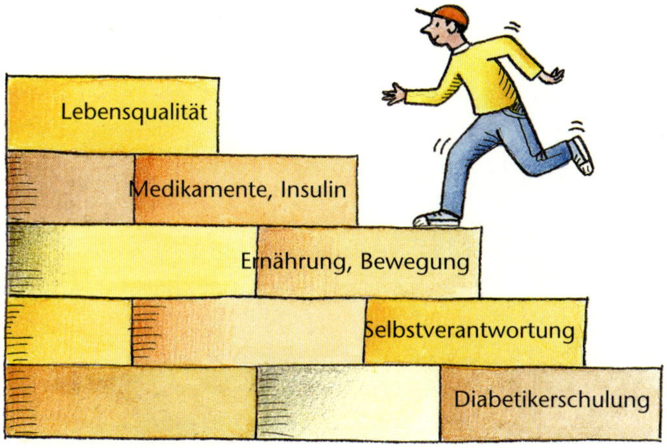

Wichtige Therapiebausteine

Lebensmittelgruppe	Resorptions-geschwindigkeit
Zuckerhaltige Getränke, „isolierter" Zucker, Süßigkeiten	schießen ins Blut
Weißmehlprodukte und Obst	strömen ins Blut
Vollkorngetreideprodukte und Kartoffeln	fließen ins Blut
Kohlenhydrate aus Milch	tropfen ins Blut
Kohlenhydrate aus Gemüse und Hülsenfrüchten	sickern ins Blut

Kohlenhydrate gelangen unterschiedlich schnell ins Blut

Lang anhaltende hohe Blutzuckerwerte sind das Hauptkennzeichen der Erkrankung.

Insulin ist ein Hormon, das in der Bauchspeicheldrüse gebildet wird. Fehlt dieses Hormon, kann der Zucker nicht mehr in die Zellen „eingeschleust" und in Energie umgewandelt werden. Man unterscheidet zwischen Typ-1- und Typ-2-Diabetes.

Typ-1-Diabetes gehört zu den so genannten Autoimmunerkrankungen, das bedeutet, dass sich der eigene Körper gegen sich selbst richtet: Körpereigene Abwehrstoffe zerstören die Insulin bildenden Zellen in der Bauchspeicheldrüse.

Typ-2-Diabetes tritt viel häufiger und meist erst in der zweiten Lebenshälfte, aber auch immer mehr bei übergewichtigen Jugendlichen auf. Hierbei ist die Insulinproduktion eingeschränkt.

Diabetiker müssen nach der Diagnose „Diabetes mellitus" optimal behandelt werden, denn sonst drohen schwere organische Schäden: Augen-, Nieren-, Nervenschädigungen, Herz- und Kreislauferkrankungen, Herzinfarkt, Schlaganfall.

Ernährungs- und Verhaltensregeln bei Diabetes

Die moderne Diabetes-Ernährung unterscheidet sich kaum von der Ernährung des Gesunden: Sie entspricht den Regeln der vollwertigen Ernährung.

- Die Nahrungsmenge sollte auf sechs bis sieben Mahlzeiten verteilt sein.
- Die *Energiezufuhr* sollte so hoch sein, dass ein normales Körpergewicht erreicht bzw. gehalten wird.
- *Kohlenhydrate* sind die einzigen Nährstoffe, die Einfluss auf den Anstieg des Blutzuckerspiegels haben. Die Kohlenhydratzufuhr sollte wie beim gesunden Menschen etwa 55% der Gesamtzufuhr betragen, dabei sollten kohlenhydrathaltige Lebensmittel bevorzugt werden, die den Blutzuckerspiegel langsam ansteigen lassen (siehe Abbildung oben rechts).
- Kohlenhydratreiche Lebensmittel müssen in Broteinheiten (BE) oder Kohlenhydrateinheiten (KE) berechnet werden. (1BE/KE = 12 g Kohlenhydrate).
- Zum Süßen von *Getränken* und Gerichten können energiearme Süßstoffe verwendet werden.
- *Fettzufuhr* reduzieren.
- *Eiweißbedarf* durch hochwertiges Eiweiß decken.
- *Sekundäre Pflanzenstoffe* sowie die Vitamine A, C und E beugen diabetischen Folgeschäden vor. Gemüse und Obst sollten auf dem täglichen Speiseplan stehen.

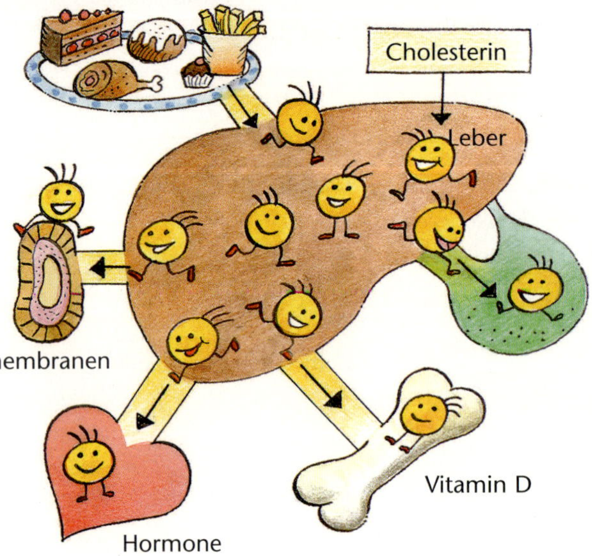

Cholesterin erfüllt wichtige Aufgaben

Cholesteringehalt im Blut (mg/100 ml)
normal = unter 220 mg/100 ml
erhöht = 220–260 mg/100 ml
zu hoch = über 260 mg/100 ml

Erhöhter Cholesterinspiegel – eine Fettstoffwechselstörung

Fette und Cholesterin sind für unseren Körper essenziell. Cholesterin wird durch die Nahrung aufgenommen, aber auch vom Körper selbst in der Leber produziert.

Es besitzt für den Organismus sehr wichtige Funktionen (siehe Abbildung oben). Ein erhöhter Cholesterinspiegel ist nicht nur ernährungsbedingt, sondern kann auch durch Stress oder Erbanlagen entstehen.

Man unterscheidet zwei Arten von Cholesterin:

Das *HDL-Cholesterin* (High Density Lipoprotein) wird als „gutes" Cholesterin bezeichnet, da es in der Lage ist, überschüssiges Cholesterin im Blut abzuführen.

Das „schlechte" *LDL-Cholesterin* (Low Density Lipoprotein) kann dagegen in Zellen und Gefäßwände eindringen und sich dort ablagern.

Ständig erhöhte LDL-Cholesterinwerte im Blut bedeuten eine Störung des Fettstoffwechsels, die man als Hypercholesterinämie bezeichnet.

Eine mögliche Folge eines erhöhten LDL-Cholesterins sind verengte Arterien (Arteriosklerose), die das Risiko für Herz-Kreislauf-Erkrankungen, Herzinfarkt oder Schlaganfall erhöhen können.

Ernährungs- und Verhaltensregeln bei erhöhtem Cholesterinspiegel

- Einschränkung cholesterinhaltiger Lebensmittel, z. B. Innereien, fettes Fleisch, fettreiche Wurstwaren, Eier sowie Schalentiere.
- Wahl fettarmer Zubereitungsmethoden.
- Beachtung von Lebensmitteln mit versteckten Fetten.
- Bevorzugung von Fetten mit einfach und mehrfach ungesättigten Fettsäuren.
- Reichlicher Verzehr von pflanzlichen, ballaststoffreichen Lebensmitteln.
- Verringerung des Zucker- und Alkoholkonsums sowie Verzicht auf das Rauchen.
- Senkung der täglichen Gesamtenergiezufuhr bei bestehendem Übergewicht.

Mehr Bewegung, z. B. Laufen, Rad fahren, Schwimmen, trägt zur Senkung des Cholesterinspiegels bei.

Ein niedrigerer Cholesterinspiegel kann erreicht und eingehalten werden durch:
- cholesterinbewusste Ernährung,
- mehr Bewegung und Sport,
- medikamentöse Behandlung,
- stressfreie Lebensweise.

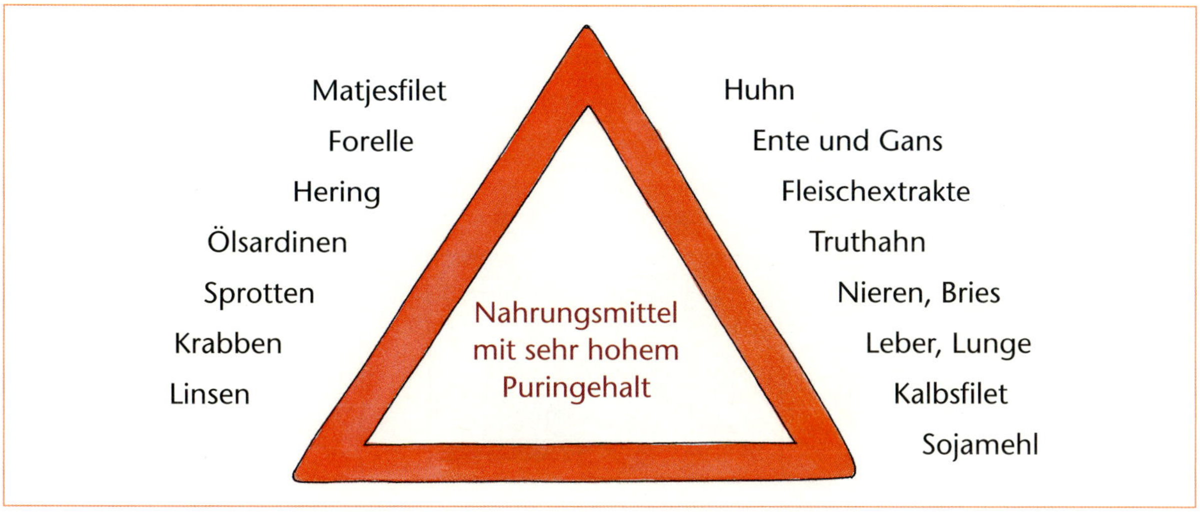

Auf diese Lebensmittel sollte bei einer Diät bei Gicht verzichtet werden

Stoffwechselkrankheit Gicht

Der medizinische Fachbegriff für Gicht lautet Hyperurikämie, d.h. es handelt sich um eine erhöhte Konzentration („hyper“) der Harnsäure („urik“) im Blut („ämie“). Meist ist Gicht eine angeborene Stoffwechselstörung (primäre Gicht). Sie kann aber auch infolge einer Blut- oder Nierenkrankheit entstehen (sekundäre Gicht). Viele Lebensmittel enthalten Purine, das sind Zellsubstanzen, bei deren Verarbeitung als Abfallprodukt Harnsäure entsteht. Diese wird beim gesunden Menschen im Blut gelöst und über die Nieren mit dem Urin ausgeschieden. Kommt es zu einer krankhaften Erhöhung der Harnsäurekonzentration, können sich scharfe Harnsäurekristalle bilden. Diese lagern sich in den Gelenken (z.B. Zehen) und Knorpeln (Ohr) oder in der Niere ab und können zu schmerzhaften Entzündungen, Gichtanfällen, führen. Diese können Stunden und sogar Tage andauern und meist nur durch Medikamente gelindert werden.

Ernährungs- und Verhaltensregeln bei Gicht

Auch hier gilt generell: Der tägliche Speiseplan soll ausgewogen und vielseitig sein. Fleisch und Wurstwaren sollen wenig verzehrt werden.

Auf Lebensmittel mit hohem Puringehalt sollte verzichtet werden.

Alkohol sollte nur in Maßen konsumiert werden, da er die Harnsäureausscheidung durch die Nieren hemmt. Gichtkranke sollten reichlich trinken – 1,5 bis 2 Liter am Tag, z. B. Mineralwasser, Fruchtsäfte, Tee, Kaffee sind erlaubt. Falls Übergewicht besteht, sollte der Betroffene das Normalgewicht anstreben. Bewegung und viel frische Luft sind gut und regen den Stoffwechsel an.

1. Erstellt in Partnerarbeit einen Tagesspeiseplan für einen Jugendlichen mit Typ-1-/Typ-2-Diabetes.
2. „Osteoporose als Folge von Fehlernährung.“ Erarbeite ein Referat über gesundheitliche Folgen dieser Erkrankung und stelle dazu wichtige Ernährungs- und Verhaltensregeln auf.
3. Bewerte verschiedene Diäten zur Reduktionskost.
4. Erstellt Ernährungsempfehlungen und Verhaltensregeln für gestresste Menschen.

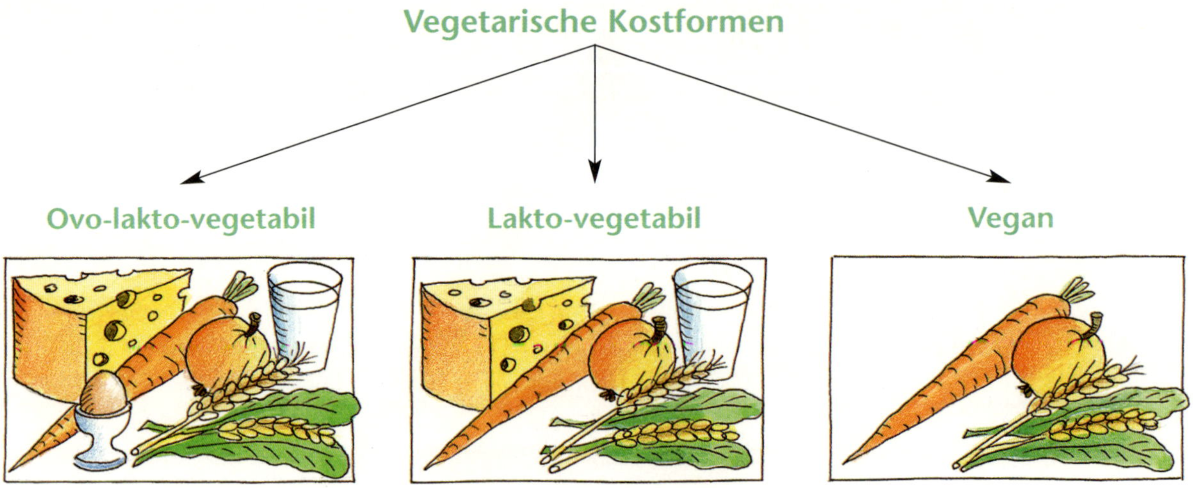

Ovo-lakto-vegetabil – Verzehrt werden
- Pflanzliche Lebensmittel
- Milch und Milchprodukte
- Ei und Eiprodukte

Lakto-vegetabil – Verzehrt werden
- Pflanzliche Lebensmittel
- Milch und Milchprodukte

Vegan – Verzehrt werden
- Pflanzliche Lebensmittel

Formen des Vegetarismus (Ovo = Ei, Lakto = Milch)

Vegetarische Kostformen

Die Definition nach den Leitsätzen der Internationalen Vegetarischen Union lautet:
Vegetarier ist jeder, der keine Nahrungsmittel zu sich nimmt, die von getöteten Tieren stammen. Das schließt Fische, Weich- und Schalentiere sowie tierische Fette wie Speck, Rinder- und Schweinefett mit ein.
Der griechische Philosoph Pythagoras (6. Jh. v. Chr.) sagte: „So lange der Mensch Tiere schlachtet, werden die Menschen auch einander töten. Wer Mord und Schmerz sät, kann nicht erwarten, Liebe und Freude zu ernten!“ Er lebte nur von pflanzlichen Lebensmitteln.

Entscheidungskriterien für eine vegetarische Kostform

Gesundheitliche Aspekte
Viele Zivilisationskrankheiten (Herz-Kreislauf-Erkrankungen, Übergewicht, Gicht, Diabetes) sind Folgen einer fehlerhaften Ernährung. Betroffene Menschen ändern ihr Ernährungsverhalten.

Ökologische und politische Aspekte
Auf Fleisch wird häufig deshalb verzichtet, weil der hohe Fleischkonsum im Zusammenhang mit dem Welthungerproblem gesehen wird. Für die Fleischerzeugung wird ein hoher Bedarf an pflanzlichen Futtermitteln benötigt. Weitere Überlegungen beinhalten auch eine Kritik an der Welthandels- und Welternährungspolitik, die unter erheblichem Energieeinsatz Lebensmittel um die halbe Welt transportieren lässt.

Ethische und religiöse Aspekte
Einige Menschen lehnen das Töten von Tieren zu Nahrungszwecken ab. Einige Weltreligionen kennen Fleischtabus, z. B. Islam und Judentum.

> Die vegetarische Kostform soll den Menschen zu einer gesunden und natürlichen Lebensweise und Lebenseinstellung zurückführen.

Man unterscheidet drei vegetarische Kostformen:
- Ovo-lakto-vegetabile Kost
- Lakto-vegetabile Kost
- Vegetabile oder veganische Kostform

Tageskostplan für eine lakto-vegetabile Ernährung	
Frühstück	Frischkornbrei (aus 3 El. frisch gemahlenem Getreide mit einem geriebenem Apfel oder anderem Obst der Saison, 1 Jogurt natur und 2 Walnüssen), Früchtetee
Pause	1 Karotte, 1 Vollkornbrot mit Butter und Käse, Kräutertee
Mittagessen	Frischkostsalat, Kartoffelgericht mit gedünsteten Bohnen, Quarkcreme mit frischem Obst, Mineralwasser
Zwischendurch	Nüsse, Früchte der Saison, Getreidekaffee
Abendessen	Rettichsalat mit Radieschen, Vollkornbrot mit Butter und Käse, Obst, Mineralwasser

Bewertung der vegetarischen Kostformen

Bei der ovo-lakto-vegetabilen und lakto-vegetabilen Kost ist es möglich, sich bei richtiger Lebensmittelauswahl vollwertig zu ernähren. Beide vegetarischen Kostformen enthalten ausreichend Nährstoffe.

Der Verzehr von Obst, Gemüse und Vollkornprodukten sorgt für eine höhere Zufuhr von Kohlenhydraten in Form von Stärke, Ballaststoffen, Vitaminen, Mineralstoffen und sekundären Pflanzenstoffen. Eisenmangel kann durch den Verzehr von Vitamin-C-haltigen Lebensmitteln (z. B. Kartoffeln, Blumenkohl, Paprika, Äpfeln, Erdbeeren, Johannisbeeren) verhindert werden, da Vitamin C die Eisenausnutzung verbessert. Vollkornprodukte, Hülsenfrüchte, Nüsse, Kräuter, Sojabohnen, Sesam, Mungobohnen enthalten pflanzliches Eisen. Eine ausreichende Jodversorgung sollte mit jodiertem Speisesalz gesichert werden.

Die Kost ist purinarm und enthält weniger tierische Fette und Cholesterin. Das beugt bestimmten ernährungsbedingten Krankheiten vor (z. B. Herz-Kreislauf-Erkrankungen, Fettstoffwechselstörungen und Gicht). Vegetarier erkranken seltener als der Bevölkerungsdurchschnitt an Lungenkrebs und Krebs des Magen- und Darmtraktes.

Bei der veganen Kost kann es zu einer Unterversorgung an Eiweiß, Eisen, Kalzium und Vitamin B12 kommen. Zur Verhinderung eines Eiweißmangels bei strenger veganischer Kost empfehlen Ernährungswissenschaftler den reichlichen Genuss von Getreide, Nüssen, Kartoffeln, Weizenkeimen und Hefeflocken. Getreideeiweiß soll möglichst durch Eiweiß aus Hülsenfrüchten ergänzt werden, um die Vollwertigkeit zu erhöhen. Gegen die Gefahr einer Unterversorgung mit dem Vitamin B12, das für die Blutbildung notwendig ist, empfehlen Veganisten, viel Rohkost aufzunehmen.

Die vegane Kost ist auf keinen Fall für Schwangere, Stillende, Säuglinge und Kleinkinder empfehlenswert.

Wachstumsstörungen und Fehlentwicklungen des Gehirns sind mögliche Folgeerscheinungen.

1 Plane ein Festmenü nach den Grundsätzen der ovo-lakto-vegetabilen Kost.

2 Informiere dich über mögliche Mangelerscheinungen bei veganer Kost.

3 Recherchiere über religiöse Fleischtabus.

4 Bewerte den oben aufgezeigten Tageskostplan.

Eine erfolgreiche Suche im Internet ist komplizierter als man denkt

Die besten Internetquellen zu finden ist nicht einfach und bedarf einiger Übung

Recherchieren im Internet

Das Internet bietet zu fast jedem Thema eine Fülle von Informationen. Umso schwieriger ist es, richtige, interessante und seröse Informationen zu finden

Das Suchen mit einer Suchmaschine

Mit einer Suchmaschine kannst du nach einem eingegebenen Suchbegriff suchen. Es gibt Suchmaschinen für bestimmte Themenbereiche, z. B. Kochrezepte, oder allgemeine Suchmaschinen, die das ganze world wide web absuchen, z. B. Google.

- Gib deinen Suchbegriff möglichst genau und richtig geschrieben ein.
- Drücke auf die Enter-Taste oder mit der Maus auf das Feld „Suchen“.
- Als Antwort werden alle Internetadressen aufgelistet, auf denen der Suchbegriff gefunden wurde.

Die Reihenfolge, in der die Treffer erscheinen, sagt nichts über deren Qualität aus.

Tipps für eine effiziente Suche

Eine Suche kann durch bestimmte Wörter und Zeichen eingeschränkt werden. Allerdings benutzen die verschiedenen Suchmaschinen diese Zeichen zum Teil unterschiedlich. Du findest auf den Webseiten der Suchmaschinen bei den Unterpunkten „Hilfe bei der Suche“ bzw. „Erweiterte Suche“ Hilfe. Hier einige allgemein gültige Beispiele:

- Ein Minuszeichen (-) vor einem Wort (ohne Leerzeichen) schließt Seiten, in denen dieses Wort vorkommt, aus der Suche aus.
- Ein Pluszeichen (+) vor dem Suchwort (ohne Leerzeichen) macht dieses Suchwort zum Haupt-Suchwort, das mit genau dieser Schreibweise gesucht wird.
- Wenn du nach der genauen Überschrift oder Wortfolge suchst, muss diese in Anführungszeichen eingegeben werden, z. B. „Psychische Ursachen für Magersucht“. Dann werden Einträge mit genau diesem Titel gesucht.
- Du kannst auch mit Platzhaltern (*) arbeiten. Wenn du z. B. „Mager*“ eingibst, erscheinen sämtliche Einträge, die mit „Mager …“ beginnen, z. B. Magersucht, Magermilch etc.
- Wenn zu wenige oder keine Adressen angezeigt werden, ist dein Suchbegriff vielleicht zu speziell. Versuche es mit Überbegriffen, z. B. „Essstörungen“ statt „Magersucht“.
  Arbeite mit Synonymen, z. B. „Anorexia Nervosa“ statt „Magersucht“.
- Wenn du zu viele Treffer erzielst, ist deine Suchanfrage vielleicht zu allgemein formuliert. Formuliere genauer, was du suchst, z. B. statt „Essstörungen“ „Ursachen von Magersucht“.

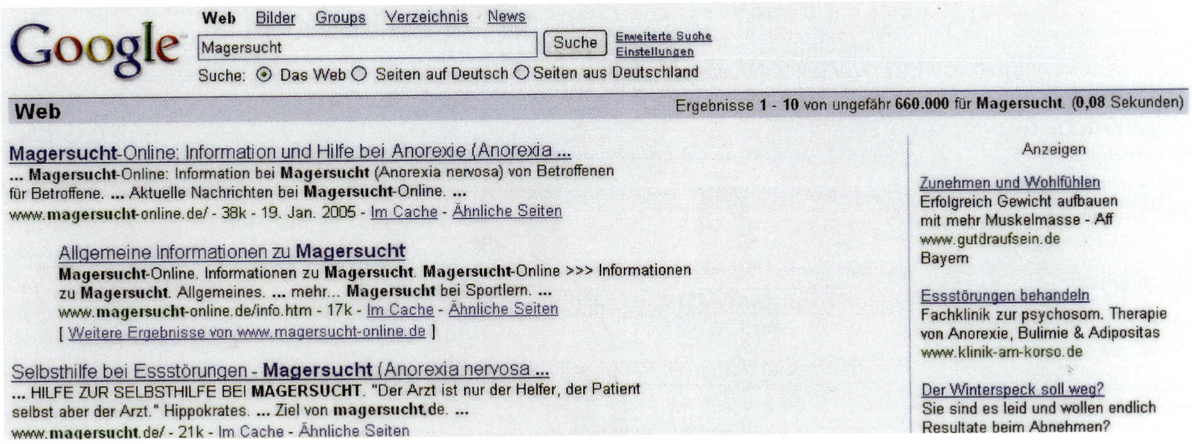

Web Bilder Groups Verzeichnis News

Magersucht Suche Erweiterte Suche Einstellungen

Suche: Das Web Seiten auf Deutsch Seiten aus Deutschland

Web — Ergebnisse 1 - 10 von ungefähr 660.000 für Magersucht. (0,08 Sekunden)

Magersucht-Online: Information und Hilfe bei Anorexie (Anorexia ...
... Magersucht-Online: Information bei Magersucht (Anorexia nervosa) von Betroffenen für Betroffene. ... Aktuelle Nachrichten bei Magersucht-Online. ...
www.magersucht-online.de/ - 38k - 19. Jan. 2005 - Im Cache - Ähnliche Seiten

Allgemeine Informationen zu Magersucht
Magersucht-Online. Informationen zu Magersucht. Magersucht-Online >>> Informationen zu Magersucht. Allgemeines. ... mehr... Magersucht bei Sportlern. ...
www.magersucht-online.de/info.htm - 17k - Im Cache - Ähnliche Seiten
[Weitere Ergebnisse von www.magersucht-online.de]

Selbsthilfe bei Essstörungen - Magersucht (Anorexia nervosa ...
... HILFE ZUR SELBSTHILFE BEI MAGERSUCHT. "Der Arzt ist nur der Helfer, der Patient selbst aber der Arzt." Hippokrates. ... Ziel von magersucht.de. ...
www.magersucht.de/ - 21k - Im Cache - Ähnliche Seiten

Anzeigen

Zunehmen und Wohlfühlen
Erfolgreich Gewicht aufbauen mit mehr Muskelmasse - Aff
www.gutdraufsein.de
Bayern

Essstörungen behandeln
Fachklinik zur psychosom. Therapie von Anorexie, Bulimie & Adipositas
www.klinik-am-korso.de

Der Winterspeck soll weg?
Sie sind es leid und wollen endlich Resultate beim Abnehmen?

Google ist die zurzeit am meisten benutzte Suchmaschine

Welche Seiten eignen sich als Quelle?

Du kennst das bestimmt: Deine Suche war erfolgreich und du hast mehrere tausend Einträge zu deinem Suchwort gefunden. Jetzt musst du auswählen, welche Seiten du lesen willst.

> Da jeder Mensch seine Meinung zu einem Thema im Internet veröffentlichen kann, ist nicht jede Seite inhaltlich richtig, vollständig oder aktuell.

Diese Kriterien helfen dir bei der Auswahl der Internetseiten:

- *Wer ist der Autor der Seite?* Ist es eine Privatperson, die ihre persönliche Meinung ins Netz stellt, ist es ein Fachmann oder eine öffentliche Einrichtung? Gibt es eine Adresse für Rückfragen?
- *Ist die Seite aktuell?* Bei den meisten offiziellen Seiten von Firmen und öffentlichen Einrichtungen oder bei Aufsätzen, für die eine Person lange geforscht hat, ist ein Erstellungsdatum vorhanden.
- Will der Autor mich überzeugen oder betrachtet er das Thema von allen Seiten möglichst neutral?
- Wird deutlich, welche Textstellen der Autor aus einer anderen Quelle übernommen hat (Zitate in Anführungszeichen) und welche er selbst geschrieben hat?
- Nennt der Verfasser verschiedene Quellen (Bücher, Untersuchungen, andere Internetseiten), von denen er die Informationen bezieht?

> Grundsätzlich müssen immer mehrere Internetseiten zu einem Thema miteinander verglichen werden.

Nur so kannst du einigermaßen sicher sein, dass der Inhalt allgemein gültig ist.

1 Suche eine Internetseite, die du anhand der nebenstehenden Kriterien als eine ungeeignete Quelle für das Thema „Ursachen von Magersucht" einstufst. Stelle sie der Klasse vor und begründe deine Wahl.

2 Sucht in Partnerarbeit in zwei Suchmaschinen zum Thema „Ursachen von Magersucht". Sucht mit
- Überbegriffen,
- Synonymen,
- Platzhaltern,
- Anführungszeichen,
- genau formuliertem Thema,
- nicht vollständigem Suchtext,
- falsch geschriebenem Suchtext,
- veränderter Groß- und Kleinschreibung.

Welche Suche ist am erfolgreichsten?

DIE SEELE LEIDET, DER KÖRPER TRÄGT DIE FOLGEN

Starkes Unter- oder Übergewicht geht am Körper nicht spurlos vorüber.

Magersucht und Bulimie

Haare können ausfallen, die Haut wird trocken und färbt sich gelblich.

Karies entsteht.

Blutdruck und Puls fallen. Die Körpertemperatur sinkt, der Mineralstoffwechsel gerät aus den Fugen.

Neben akutem Herzstillstand und hoher Infektanfälligkeit ist Nierenversagen der Grund für die hohe Todesrate.

Zyklusstörungen sind häufig, die Monatsblutung bleibt aus.

Osteoporose entsteht infolge des Kalzium- und Östrogenmangels.

Ödeme an Knöchel und Unterschenkel sind nicht selten.

Ess-Sucht

Das Narkoserisiko ist erhöht, denn der Fettgehalt erschwert die Einschätzung der Wirkung.

Einen Schlaganfall oder eine koronare Herzkrankheit erleiden Adipöse häufiger als Normalgewichtige.

An Bluthochdruck leiden Übergewichtige und Fettleibige stark.

An Diabetes erkranken stark Übergewichtige etwa achtmal häufiger als Normalgewichtige. Generell stehen Fettstoffwechselstörungen auf der Tagesordnung.

Bandscheibenschäden und Probleme mit den Kniegelenken sind keine Seltenheit.

Die Füße verformen sich infolge der Überbelastung zum Beispiel zum Spreizfuß.

Ess-Störungen – ein Phänomen unserer Zeit?

Das Schlankheitsideal diktiert zumindest in den westlichen Industrienationen die Essgewohnheiten in erheblichem Maße. Als Vorbilder dienen Models, die schlank, um nicht zu sagen mager sind. Zu Werbezwecken werden in Modemagazinen und Journalen Frauen präsentiert, deren Gewicht sicherlich im untersten Normalbereich liegt.

> Eine Superfigur bedeutet nicht automatisch Selbstsicherheit, Zufriedenheit und Lebensglück. Es gehört mehr dazu!

Heute sind die Lebensumstände für eine geregelte Nahrungsaufnahme schwieriger geworden. Der früher übliche Zeitplan Frühstück – Mittagessen – Abendessen ist durcheinander geraten. Auch für den kleinen Snack zwischendurch ist immer gesorgt. Allerdings geht bei dieser Art von Ernährung die Kontrolle leicht verloren.

Dem Wunsch nach einer Traumfigur eifern viele nach. Wenn dieser Druck groß genug wird und wiederholte Abmagerungskuren und Diäten nicht den gewünschten Erfolg gebracht haben, werden zusätzliche Methoden zur Gewichtsregulierung eingesetzt wie Null-Diät, Abführmittel, entwässernde Medikamente, willentliches Erbrechen nach einer Diätsünde oder auch exzessive sportliche Aktivitäten.

Essgestörtes Verhalten ist, für sich genommen, keine Krankheit. Nicht jedes Mädchen, das seine Nahrung kontrolliert und schon ein Paar Pfunde abgenommen hat, ist magersüchtig und nicht jeder Jugendliche, der sich gelegentlich über die Maßen voll stopft, leidet an einer Bulimie.

Aber für einige bedeutet ein derartiges Verhalten den Beginn einer schwerwiegenden Ess-Störung. Ess-Störungen sind schwer zu verstehen. Es gibt keinen Krankheitserreger wie bei einer Lungenentzündung. Eine einzelne Ursache ist bis heute nicht bekannt, und doch sind Ess-Störungen Krankheiten mit gleichförmigen Symptomen, egal, wo und wann auf der Welt sie auftreten.

Im medizinischen Sinn sind **Ess-Störungen** seelische Krankheiten. Man unterscheidet im Wesentlichen drei Formen:

1. Magersucht (Anorexia nervosa)	**2. Bulimie** (Bulimia nervosa)	**3. Ess-Sucht** (Binge-Eating-Disorder)
A) Niedriges Körpergewicht (weniger als 85% des zu erwartenden Gewichts) B) Große Angst vor Gewichtszunahme C) Körperschemastörungen Übertriebener Einfluss des Gewichts auf die Selbstbewertung D) Amenorrhö, d. h. Ausbleiben der Monatsblutung	A) Heißhungerattacken B) Kompensatorische Maßnahmen zur Vermeidung einer Gewichtszunahme C) Frequenz der Heißhungerattacken und der kompensatorischen Maßnahmen mindestens zweimal pro Woche über drei Monate D) Ausgeprägte Abhängigkeit des Selbstwertgefühls von Körpergewicht und Figur E) Störung tritt nicht ausschließlich bei einer Episode von Anorexia nervosa auf	A) Wiederholte Episoden von Heißhungerattacken B) Die Heißhungerattacken treten gemeinsam mit mindestens drei der folgenden Symptome auf: – Wesentlich schneller essen als normal – Essen bis zu einem unangenehmen Völlegefühl – Essen großer Nahrungsmengen ohne Hunger – Ekelgefühle, Deprimiertheit oder Schuldgefühle bezüglich des Essens C) Es besteht deutliches Leiden bezüglich der Heißhungerattacken. D) Die Heißhungerattacken treten an mindestens zwei Tagen in der Woche für sechs Monate auf.

Geschichte

Der aufkommende Wohlstand in den fünfziger Jahren des letzten Jahrhunderts wird, zusammen mit dem Schönheitsideal Schlankheit, immer wieder als Ursache von Ess-Störungen genannt. Damit werden diese Krankheiten als Modeerscheinungen, als Schlankheitsfimmel bewertet.
Aber Ess-Störungen gibt es schon sehr viel länger.
Geschichtlich belegt ist:
Der Engländer Richard Morton zeichnete 1691 die Krankengeschichte eines 17-jährigen Mädchens auf, das an Magersucht starb.
1845 schrieb Heinrich Hoffmann die Geschichte des „Suppenkaspar“ in Frankfurt, die von einem magersüchtigen Jungen erzählt.
In London und Paris veröffentlichten 1873 der Internist Sir William Gull und der Neurologe Ernest-Charles Lasègue erste wissenschaftliche Beschreibungen der Magersucht.
1979 wurde die Bulimie als eigene Krankheit abgegrenzt.

Möglicherweise hat es immer Zeiten gegeben, in denen soziokulturelle Bedingungen das Auftreten der Anorexie begünstigten.

Diagnose: Ess-Störung

Ess-Störungen sind psychische Krankheiten.
Man unterscheidet drei Formen:

- die Magersucht (Anorexia nervosa),
- die Ess-Brech-Sucht (Bulimie),
- die Ess-Sucht (Binge-Eating-Störung),

Von Ess-Störungen betroffen sind in erster Linie Mädchen und junge Frauen zwischen 12 und 25 Jahren; sehr selten (etwa im Verhältnis 1:20) erkranken Jungen.
Die einzelnen Diagnosekriterien für die drei wichtigsten Ess-Störungen kannst du in der oben stehenden Tabelle in etwas vereinfachter und verkürzter Form ersehen.
Sowohl magersüchtiges als auch bulimisches Verhalten können den Organismus schwer schädigen. Es sind im Wesentlichen drei Faktoren, die gefährlich werden können:

- Zu wenig und mangelhaft zusammengesetzte Nahrung.
- Häufiges Erbrechen führt zu Verlusten von Wasser und Mineralstoffen und zu Schäden durch die Magensäure.
- Der Missbrauch von Abführmitteln, entwässernden Medikamenten oder exzessiver Bewegung bleibt nicht ohne Folgen.

URSACHEN

Soziokulturelle Faktoren	Biologische Faktoren	Familiäre Faktoren	Individuelle Faktoren
• In westlichen Industrienationen: Schlank sein, um beruflich und gesellschaftlich erfolgreich zu sein. • Die Werbung präsentiert Idealfiguren, deren Gewicht im untersten Normalbereich liegt. • So entsteht ein Klima, in dem dick negativ und dünn positiv bewertet wird.	• Genetische Disposition • Störung der neurochemischen Regulation der Nahrungsaufnahme	• Äußerlich intakte Familie mit großem Harmoniebedürfnis, aber kaum gezeigter Emotionalität unter den Mitgliedern. • Gefühl der Zusammengehörigkeit und Bedürfnis, sich nach außen abzugrenzen, wird stark gelebt. • Bezieht man in die Familie die Generation der Großeltern mit ein, so sind Ess-Störungen, Depressionen und andere psychische Störungen oder Alkoholmissbrauch nicht selten anzutreffen.	• Ehrgeiz • Leistungsorientiertheit • Perfektionsdrang • Hohe Selbstunsicherheit • Ausgeprägtes Streben nach Anerkennung, Zuwendung und Liebe • Jugendliche sind überangepasst, lassen andere über sich bestimmen • Belastend: schwerwiegende Erlebnisse in der Kindheit, auch sexuelle Verletzungen

Die Entstehung von Ess-Störungen ist komplex

Magersucht

Magersüchtige hungern weiter, wenn sie das ursprüngliche Ziel „ein paar Pfunde leichter zu werden" längst erreicht haben. Sie verlieren die Wahrnehmung von sich selbst (Körperschemastörung). Sie fühlen sich zu dick, obwohl die Knochen überall zu spüren sind und das Sitzen weh tut.

Das „Hungernkönnen" wird für sie zur Leistung und sie fühlen sich schlecht und wertlos, wenn sie täglich nicht wenigstens etwas abgenommen haben. Immer weiter abzunehmen wird zum Zwang.

> Magersüchtige verlieren allmählich jedes Gefühl für Nahrung.

Magersüchtige schaffen sich schließlich eine eigene Welt, die von Hungern und Leistung erfüllt ist und von der Sehnsucht, einmal „dünner zu sein als das dünnste Model". Dieser Zustand verheißt höchstes Glück, absolute Zufriedenheit und schließlich Wissen, „worauf es im Leben ankommt". Aber Magersüchtige erreichen diesen Glückszustand niemals. Ihre Krankheit treibt sie in die Einsamkeit, Freunde ziehen sich zurück, in der Familie gibt es nur noch laute Auseinandersetzungen und das früher so harmonische Familienleben ist dahin.

Bulimie

Die Bulimie ist durch Anfälle von Heißhunger gekennzeichnet, in denen in kurzer Zeit große Mengen an Nahrung verschlungen werden. Den Heißhungerattacken folgt der Zwang, alles wieder zu entfernen: durch Erbrechen, Nulldiät, ein gesteigertes Bewegungsprogramm oder durch Abführmittel.

Das alles geschieht heimlich und manchen gelingt es, ihre Krankheit vor der Familie zu verbergen.

Ess-Sucht

Bei dieser Störung treten Heißhungerattacken auf, ohne dass gewichtsregulierende Maßnahmen praktiziert werden. Die Folge ist eine mehr oder weniger stetige Gewichtszunahme und es kommt zur Adipositas.

> Ess-Störungen sind Krankheiten, die möglichst frühzeitig erkannt und unbedingt behandelt werden müssen.

Warum treten Ess-Störungen auf?

Trotz umfangreicher Forschungsarbeiten ist es bis heute nicht gelungen, eine Ursache für Anorexia nervosa oder Bulimie herauszufinden. Vermutlich gibt es keine einzelne Ursache, wie etwa den Erreger einer Infektionskrankheit.

Die Entstehung von Ess-Störungen ist vielschichtig.

Nach Überzeugung der Fachleute muss als Grundvoraussetzung eine so genannte genetische Disposition vorhanden sein. Die gibt es auch bei anderen Krankheiten, sie bedeutet so viel wie eine „Eignung" für deren Entwicklung.
Die Übersicht auf Seite 86 zeigt einen Überblick der möglichen Ursachen.

Das richtige Körpergewicht?

Das Körpergewicht ist eine biologische Größe. Sie unterliegt einer zentralen Steuerung, von der wir einige Details genau kennen, aber noch nicht den gesamten Mechanismus. Man ist heute noch nicht in der Lage das genaue individuelle, biologisch sinnvolle Gewicht eines Menschen zu bestimmen. Aber es gibt Hilfen:

- Der Body-Mass-Index.
- Gewichtstabellen mit IBW (Ideal Body Weight) Die Tabelle einer amerikanischen Versicherungsgesellschaft zeigt auch das Gewicht unter dem Idealgewicht für die einzelnen Körpergrößen an.
- Das Set-Point-Gewicht, das eigenverantwortliches Umgehen mit dem Gewicht voraussetzt, das persönliche Wohlfühlgewicht.

Hilfe für essgestörte Menschen

Ermunternde Worte, die Aufforderung, einfach wieder zu essen, die Verschreibung von Vitaminen oder der Rat, sich einen Freund zu suchen, sind nicht geeignet, Ess-Störungen aus der Welt zu schaffen. Auch Bemühungen, das Problem im Familienverband zu lösen, haben keine Aussicht auf Erfolg.

Ess-Störungen müssen von Fachleuten behandelt werden!

Für die Behandlung von Ess-Störungen gibt es verschiedene psychotherapeutische Verfahren.
Die medikamentöse Behandlung der Ess-Störung hat sich gegen die Psychotherapie nicht durchgesetzt.
Oftmals sind Essgestörte erst nach einem langwierigen und komplizierten Prozess zu dem Entschluss zu bringen, sich behandeln zu lassen.

Das Essprogramm

Menschen mit einer Ess-Störung haben nicht nur jegliches Maß für Art, Menge und Zusammensetzung ihrer Nahrung verloren, sie essen auch ohne jegliche vernünftige Tageszeitabfolge. Somit ist ein Grundgesetz für das Erlernen einer neuen Ess-Kultur eine vorgegebene Zeitstruktur in Bezug auf die Einnahme von Mahlzeiten.

Patienten mit einem niedrigen Gewicht, die Probleme mit der Größe der Essensportionen haben, werden motiviert, stündlich kleine Mengen Nahrung zu sich zu nehmen. Stark untergewichtige Patienten erhalten zusätzlich eine hochkalorische Trinknahrung.

Betroffene möglichst frühzeitig für eine Behandlung motivieren. Wege finden, wie Ess-Störungen verhindert werden können.

1 Erstelle eine Mindmap zum Thema Ess-Störungen.

2 Diskutiert, warum Ess-Störungen entstehen können.

3 Überlegt in Partnerarbeit, wie Familie, Freundeskreis und Schule Betroffenen helfen können.

Gararten

Garart Dämpfen	**Garart Grillen mit dem Gartengrill**	**Garart Schmoren**
Garen im Wasserdampf	Garen durch Strahlungshitze	Garen in heißem Fett und Wasser
Temperatur: 100 °C	*Temperatur:* 200–250 °C	*Temperatur:* 170 °C beim Anbraten 100 °C nach Wasserzugabe
Arbeitsgang: Lebensmittel in Dämpfeinsatz über siedendes Wasser geben	*Arbeitsgang:* Lebensmittel erst auf den Grillrost legen, wenn die Holzkohle glüht; Grillzeiten genau einhalten; Lebensmittel erst nach dem Grillen würzen	*Arbeitsgang:* Lebensmittel in wasserfreiem Fett anbraten, bis sie sich bräunen, ablöschen, in geschlossenem Topf weitergaren
Geeignet für: Kartoffeln, Gemüse	*Geeignet für:* Kurzbratstücke, Fisch, Geflügel	*Geeignet für:* Gulasch, Schmorbraten, gefüllte Gemüse
Tipps: Dämpfen ist schonender als Kochen, es werden weniger Nährstoffe aus den Lebensmitteln herausgelöst	*Tipps:* Als fettarme Zubereitung geeignet; Bildung von Röststoffen auch ohne Fettzugabe	*Tipps:* Die Garzeit nach dem Ablöschen kann abgekürzt werden durch Druckgaren

Garen in der Bratfolie	**Garen in der Mikrowelle**	**Garen im Römertopf**
Garen in heißer Luft	Garen durch Mikrowellen, die die Wassermoleküle im Inneren des Garguts erhitzen. Die Speisen garen von innen nach außen	Garen in heißer Luft
Temperatur: 200 °C	*Temperatur:* 100 °C	*Temperatur:* 200 °C
Arbeitsgang: Gut verschlossene Bratfolie auf Gitterrost legen, in den vorgeheizten Backofen einschieben, untere Schiene	*Arbeitsgang:* Lebensmittel zugedeckt in die Mikrowelle einstellen; mikrowellengeeignetes Geschirr verwenden	*Arbeitsgang:* Lebensmittel in den gewässerten Römertopf legen, den Topf verschließen; in den vorgeheizten Backofen einschieben, untere Schiene
Geeignet für: Fleisch, Fisch, Hähnchen	*Geeignet für:* Kleine Portionen von Lebensmitteln; Aufwärmen von Resten; Auftauen von Tiefkühlkost	*Geeignet für:* Fleisch, Fisch, Hähnchen
Tipps: Beim Garen in der Bratfolie verhindert die feuchte Luft um das Gargut ein Austrocknen; es wird ohne Fett gegart	*Tipps:* Lebensmittel werden nur erwärmt und nicht gebräunt; geringe Nährstoffverluste	*Tipps:* Beim Garen im Römertopf verhindert die feuchte Luft um das Gargut ein Austrocknen; es wird ohne Fett gegart; eine Bräunung erreicht man durch Öffnen des Römertopfes kurz vor Ende der Garzeit

Nahrungszubereitung – kein Problem

Werden uns Aufgaben gestellt, so wollen wir sie so gut wie möglich lösen. Das trifft auch auf die Nahrungszubereitung zu. Hier werden theoretische und praktische Leistungen gefordert.
Für jeden von uns ist es wichtig, den Wert der geleisteten Arbeit richtig einzuschätzen. Wir wollen wissen, was andere von unserer Arbeit halten. Damit wir uns selbst nicht überschätzen, sollten wir unserer eigenen Arbeit kritisch gegenüberstehen.
Im Bereich Ernährung gibt es viele Aufgaben, bei denen wir Selbsteinschätzung üben können. Eigenreflexion schützt vor zu hohen Erwartungen an die Fremdbeurteilung.
Die gesamte Arbeit wird in Arbeitsabschnitte unterteilt. Folgende Bewertungskriterien sollen eine Hilfe für die Selbstbewertung sein:

Entspricht meine Planung der Aufgabenstellung?
Zum Beispiel:
- Ist die gewählte Mahlzeit vollwertig?
- Sind die Lebensmittel der Jahreszeit entsprechend gewählt?
- Entspricht die Mahlzeit dem Gesundheitszustand der vorgegebenen Personengruppe?
- Eignet sich die Mahlzeit für diese Berufsgruppe (leichte Arbeit, schwere Arbeit)?

Ist die Einkaufsliste vollständig (was brauche ich – wie viel kaufe ich)?
Zum Beispiel:
- Welche Qualität bevorzuge ich?
  - Gesundheitswert
  - ökologischer Wert
  - ökonomischer Wert
  - physiologischer Wert
- Auf welche Produktionsweise der Lebensmittel lege ich Wert? Kaufe ich z. B. Lebensmittel aus
  - integriertem Anbau,
  - konventionellem Anbau,
  - biologischem Anbau?
- Welche lebensmittelrechtlichen Aspekte muss ich beim Kauf beachten? Zum Beispiel
  - Kennzeichnungsverordnung
  - Lagerfähigkeit der Ware

Wurde die Mahlzeit sachgerecht zubereitet?
Zum Beispiel:
- Wurden die Hygieneregeln beachtet (persönliche Hygiene, Lebensmittelhygiene, Hygiene am Arbeitsplatz)?
- Wurden die Grundtechniken wie Schneiden, Schälen usw. richtig gezeigt?

- Wurden die Gararten wie Braten, Dünsten, Backen usw. richtig durchgeführt?
- Wurden die Küchengeräte wie Bratpfanne, Pfannenwender usw. richtig verwendet?
- Wurden die Regeln zum Abschmecken eingehalten?
- Wurden die Anrichteregeln beachtet? (warme Gerichte in vorgewärmte Schüssel geben, Anrichtegeschirr darf nicht zu voll sein)
- Ist das Vorlegebesteck richtig gewählt?

Wie wird die Arbeit bewertet?

- Selbstreflexion – Fremdreflexion:
  - Was habe ich richtig gemacht?
  - Was war falsch?
- Gründe suchen bei nicht gelungener Teilarbeit: z.B. die Garart Braten habe ich falsch ausgeführt.

Mithilfe des Schulbuchs *Mensch und Umwelt*, Band 1, kannst du dein Ergebnis überprüfen.

1 Stelle dir selbst eine Aufgabe aus dem Bereich Ernährung und plane die Teilaufgaben.
- Einkaufsliste am PC erstellen
- Lebensmittelpreise in Einkaufsliste eintragen
- Kosten der Mahlzeit berechnen
- Überprüfe deine Arbeitsweise auf mögliche Fehler und mache Verbesserungsvorschläge

2 Stelle eine Präsentation für deine Aufgabe zusammen. Berücksichtige dabei folgende Aspekte: Struktur und Aufbau, Anschaulichkeit, Umfang, Zeitvorgabe, eingesetzte Medien, Adressat

3 Stelle Kriterien auf, nach denen du deine Gesamtleistung bewerten kannst.

Projektskizze – Arbeiten in Teams

Ein Fest organisieren und gestalten

Gemeinsame Vorüberlegungen

Welchen Anlass gibt es zum Feiern?
Welches Motto hat unser Fest?
Wen wollen wir einladen?
Wie viel Zeit steht zur Verfügung?
Wie viel Geld können wir ausgeben?
Wo können wir das Fest feiern?
Wann soll es stattfinden?

↓

Planung in Teams

Unterhaltung/Programm
- Begrüßung
- Spiele
- Musik
- Darbietungen
- Verabschiedung

Dekoration
- Raumdekoration
- Anordnung der Tische
- Tischschmuck
- Einladungen
- …

Bewirtung
- Rezeptauswahl
- Auswahl von Gerichten
- Lebensmittelbedarf
- …

↓

Gemeinsame Beurteilung der Vorschläge und Entscheidung

↓

Weitere Planung in Teams

Zeitplan
- Liste der Arbeiten
- Arbeitszeiten abschätzen
- Festlegen, wann die Arbeiten ausgeführt werden
- …

Arbeitsplan
- Aufteilung der Arbeiten auf die Schülerinnen und Schüler der Klasse

Finanzplan
- Einkaufsliste
- Abschätzen der Kosten

↓

Durchführung des Festes in Teamarbeit

↓

Gemeinsamer Rückblick

- War der Zeit- und Arbeitsplan durchführbar?
- Hat das eingeplante Geld gereicht?
- Was war besonders gut an unserem Fest?
- Was können wir bei unserem nächsten Fest verbessern?

4 Sich in Kleidung wohl fühlen

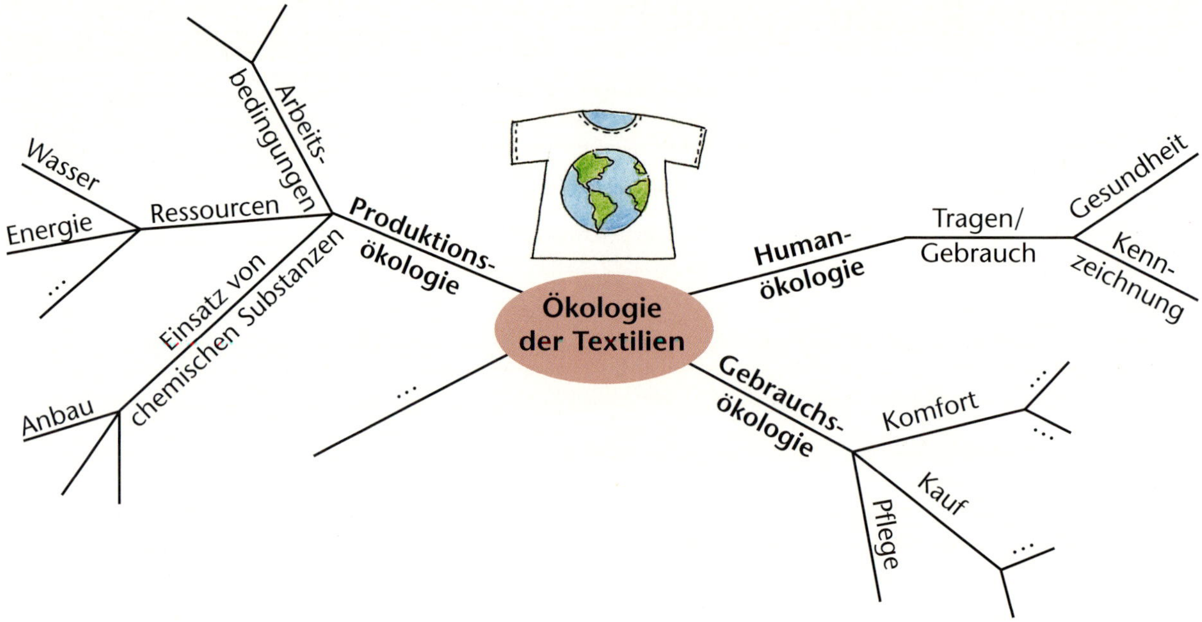

Textilien – Stoffe und sonst nichts?

Textilien, das sind T-Shirt, Jeans, Handschuhe, Gardinen, Teppiche oder Strümpfe. Darüber hinaus gibt es eine große Menge weiterer Gegenstände, für die textile Materialien benötigt werden: Autositze, Verbandsmaterial, Herzklappen, Gurte, Segel, Förderbänder, Tapeten, Netze, Seile usw.

Man unterscheidet Bekleidungs-, Haus- und Heimtextilien sowie Technische Textilien.

Der Anteil an der Gesamtproduktion beträgt in Deutschland jeweils ein Drittel.

Von der Faserstoffproduktion bis zum Aussortieren durchläuft ein Textil viele Stationen (die textile Kette). Auf diesem Weg erwarten wir von allen Beteiligten umweltbewusstes und sozialverantwortliches Handeln.

Produktionsökologie

Sie beschreibt die Auswirkungen bei der Herstellung von Textilien auf Mensch und Umwelt. Betrachtet werden z. B. die verantwortungsbewusste Verwendung der natürlichen Ressourcen wie Wasser, Energie oder Bodenschätze, der Einsatz von umwelt- und gesundheitsschädigenden Stoffen, die Höhe der Abwasser- oder Abluftbelastung, Umweltbelastungen durch den Transport, die Arbeitsbedingungen bei der Fertigung sowie der Anfall von Abfällen und deren Beseitigung.

Humanökologie

Sie untersucht den Zusammenhang zwischen Textilien und dem Wohlbefinden des Menschen beim Tragen. Sind die Textilien ohne gesundheitsbeeinträchtigende Rückstände und werden diese entsprechend gekennzeichnet?

Gebrauchsökologie

Dieser Bereich umfasst alles, was mit der Nutzung zu tun hat, z. B. Kriterien für den Kauf von Textilien, Preisbildung, Komfort, Haltbarkeit und Pflege.

Entsorgungsökologie

Was geschieht mit den Textilien nach der Ausmusterung? Sind sie wiederverwertbar, wie verhalten sie sich bei der Deponierung oder Verbrennung?

Die Textilökologie befasst sich mit den Auswirkungen der Textilproduktion auf Umwelt und Mensch.

Deutscher Einzelhandel will stärker kontrollieren

Arbeit macht 600 000 Chinesen krank

Lange Arbeitszeiten, schlecht belüftete Werkshallen, fehlende Notausgänge, schwere Unfälle und Minilöhne sind häufig die Merkmale textiler Produktionsstätten. Immer mehr westliche Firmen bemühen sich darum, Einblick in die Arbeitsbedingungen ihrer asiatischen Hersteller zu bekommen – nicht zuletzt aufgrund der Arbeit von Initiativen wie der Clean Clothes Campaign. Etliche große Händler haben sich 2003 zusammengeschlossen und prüfen nun gemeinsam ihre Zulieferer in elf Ländern. Denn trotz strenger chinesischer Arbeitsgesetze werden diese, da selten kontrolliert, von den Zulieferfirmen häufig nicht eingehalten.
Doch: Sicherheit und Gesundheit sind an chinesischen Arbeitsplätzen besser geworden, es gibt inzwischen auch ordentliche Wohnungen für die Wanderarbeiter und anständiges Essen.
Mit ihrer Forderung nach immer kürzeren Bestellfristen, gleich bleibender Qualität und geringeren Preisen tragen westliche Firmen und auch die Verbraucher zu diesen Missständen bei. So wird für viele Unternehmen in China Arbeitsschutz schnell zum Luxus.

Christiane Kühl, Welt am Sonntag, 31. 10. 2004 (gekürzt)

Textilproduktion – warum nicht in Deutschland?

Aufgrund hoher Herstellungskosten hat sich die Textil- und Bekleidungsindustrie in den letzten 30 Jahren in Deutschland stark verändert. Viele Produktionsstätten wurden in Länder mit niedrigerem Lohnniveau verlagert. So gingen bei uns viele Arbeitsplätze verloren.
Da die einzelnen Produktionsplätze häufig Tausende von Kilometern voneinander entfernt sind, entstanden bei uns andere, hoch spezialisierte Stellen, die z. B. für die Koordination der Produktionsabläufe oder die Warenkontrolle verantwortlich sind.
Heute werden 80 % des Umsatzes der deutschen Bekleidungsindustrie im Ausland erwirtschaftet. Auch Massenware aus Billiglohnländern, z. B. China, überschwemmt den deutschen Markt.
Genäht wird meist dort, wo Arbeitskräfte am billigsten sind und keine Arbeitsgesetzgebung existiert. Die Mehrzahl der Bekleidung und anderer Textilien wird häufig unter menschenunwürdigen Bedingungen hergestellt. Arbeitszeiten von durchschnittlich zwölf bis vierzehn Stunden am Tag, in schlecht ausgestatteten Räumen, sind die Regel, niedrigste Löhne werden den Beschäftigten, meist Frauen und Kindern, bezahlt.

Fair-Trade-Initiativen

Initiativen wie Öko-fair oder CCC (Clean Clothes Campaign – Saubere Kleidung) setzen sich für die Verbesserung der Arbeitsbedingungen ein. Sie üben massiven öffentlichen Druck auf entsprechende Unternehmen aus und führen mit diesen Gespräche über die Unterzeichnung einer Sozialkarta.

1 Ergänze die Mindmap. Gestalte sie als Wandzeitung, die du im Laufe der Unterrichtseinheit ergänzen kannst.

2 Der abgebildete Pyjama kostet im Geschäft 9,99 €. Überprüfe, ob dieses Kleidungsstück zu diesem Preis in Deutschland hergestellt werden kann:
Materialkosten: € 3,00/Stück
Lohnkosten Deutschland: € 10,50/Std.
Lohnkosten Billiglohnland: € 0,50/Std.
a) Errechne die Herstellungskosten in Deutschland.
b) Errechne die Herstellungskosten in einem Billiglohnland.

3 Erkunde unterschiedliche Fair-Trade-Initiativen.

Folgen des Baumwollanbaus am Aralsee

Textilien und Chemieeinsatz

Der Lebensweg von Textilien wird von chemischen Stoffen begleitet. Das fängt schon an bei der Erzeugung des Rohstoffs auf dem Feld.

Beispiel: Anbau von Baumwolle am Aralsee

Der Aralsee war ursprünglich der viertgrößte Binnensee der Welt. Hirten lebten dort mit ihren Herden. 25 Fischarten, darunter Stör, Barsch und Brasse, waren dort heimisch. Von der Fischerei lebten 60 000 Menschen.
In den 1950er Jahren verwirklichte Stalin seinen Traum von einem „weißen Garten Eden“: Usbekistan sollte die bedeutendste und reichste Baumwollprovinz der Sowjetunion werden. So wurden in kürzester Zeit über hundert Kilometer lange Kanäle gebaut, um die Wüste zu bewässern. Das Wasser stammte aus den beiden Flüssen, die den Aralsee speisten. Sie erreichen heute den See nicht mehr, da das Wasser schon vorher für den Baumwollanbau aufgebraucht wird.
Heute wächst auf 95 % der nutzbaren Fläche Baumwolle. Dies erfordert große Wassermengen, Düngemittel, Pestizide und Energie. Aspekte wie Wirtschaftlichkeit und Ökologie spielen keine Rolle.

Monokulturen belasten die Umwelt und können Menschen krank machen.

Machen Textilien krank?

Chemikalien werden aber nicht nur beim Anbau oder in den nachfolgenden Herstellungsprozessen eingesetzt. Man verwendet sie auch, um bestimmte Trageeigenschaften und Farben zu erzielen. Kleidung ohne chemische Zusätze gibt es so gut wie nicht. Diese können jedoch beim Träger allergische Reaktionen auslösen. Die deutsche Textilindustrie hat entsprechend reagiert und verwendet in der Regel gesundheitsverträgliche Stoffe. Doch bei billiger Importware kann das anders sein. Hier werden, auch illegal, viele chemische Stoffe verwendet, darunter auch stark gesundheitsgefährdende Substanzen.
Der Gesetzgeber schreibt keine Kennzeichnung für die verwendeten Ausrüstungs- und Farbstoffe vor. Deshalb sollte man diese Tipps beachten:

- Prüfsiegel oder Label bevorzugen.
- Neue Wäsche und Kleidung vor dem ersten Tragen ein- bis zweimal waschen.
- Bei Kleidungsstücken mit dem Hinweis „Farbe blutet aus“ ist Vorsicht geboten.

Woran erkenne ich gesunde Textilien?

Wenn wir uns Textilien kaufen, sollten wir uns eigentlich auch Gedanken darüber machen, ob bei der Herstellung Rohstoffe verschwendet, gesundheitsschädliche Stoffe verwendet oder Arbeiter ausgebeutet wurden.
In Deutschland gibt es heute eine Vielzahl von Gesetzen und Rahmenbedingungen, die den Produktionsprozess in der Textilindustrie ökologisch verantwortbar gestalten. Zahlreiche europäische Firmen, Kirchen und Verbände betreiben und unterstützen eine umweltbewusste und soziale Produktionspolitik. Viele Unternehmen haben inzwischen Umwelt- und Produktionsleitlinien für sich und ihre Kunden entwickelt. Um diese für den Verbraucher erkennbar zu machen, werden die Produkte durch Sozialsiegel, Schadstoffsiegel und Umweltsiegel gekennzeichnet.

Schadstoffsiegel
Beurteilt wird der Schadstoffgehalt der zertifizierten Textilien. Gesundheitliche Risiken sollen für den Konsumenten so gering wie möglich gehalten werden. Beispiele: TOXPROOF-Label, bluesign. Im Fall von bluesign wird die gesamte textile Herstellungskette im Hinblick auf den technologischen Standard bewertet.

Achte beim Kauf auf die entsprechenden Siegel.

Umweltsiegel
Umweltsiegel betrachten die Auswirkungen entlang der gesamten textilen Kette, von der Fasergewinnung bis zur Entsorgung. Solche Kennzeichnungen sind häufig Firmenlabel, sie haben in der Regel keine gemeinsamen Grundlagen, wodurch das Produkt für den Kunden nur schwer zu bewerten ist. Häufig werden Produktlinien mit dem Zusatz „Ökö“, „Bio“ oder „Natur“ versehen. Beispiele: Green Cotton (firmenbezogen), Europ. Umweltzeichen, better best.

Sozialsiegel
Sozialsiegel garantieren die Einhaltung bestimmter ethischer und sozialer Bedingungen. Sie geben somit Auskunft über die Arbeitsbedingungen, unter denen ein Produkt hergestellt wurde. Dazu gehören auch die Zahlung von Mindestlöhnen oder das Verbot von Kinderarbeit. Beispiele: Naturtextil, Rugmark e. V.

1 Erkunde mehr über die Situation am Aralsee im Internet. Suche weitere Beispiele, die zeigen, wie durch Textilproduktion die Umwelt belastet wird und Menschen dadurch erkranken.

2 Forsche nach Textilien mit diesen Siegeln. Erkunde im Internet, was einzelne Siegel genau bedeuten.

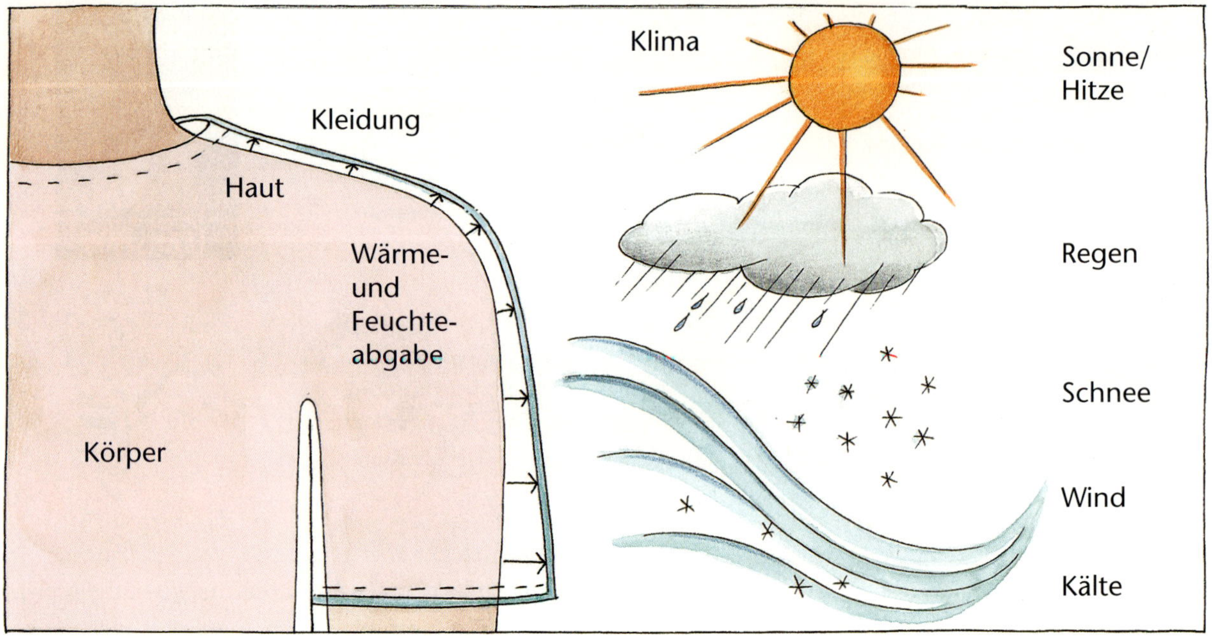

Aufgaben der Kleidung

Körper – Klima – Kleidung

Weshalb wir Kleidung tragen

Sich zu kleiden ist ein Grundbedürfnis des Menschen. Kleidung erfüllt unterschiedliche Funktionen:

Schutz des Körpers

- vor Verletzungen bei der Arbeit, in der Freizeit, beim Sport,
- gegen Umwelteinflüsse wie Kälte, Regen, Wind.

Schmücken des Körpers

- durch modische Kleidung, passende Accessoires und Schmuck

Zugehörigkeit zu bestimmten Gruppen

- Uniformen kennzeichnen bestimmte Berufsgruppen, z. B. Militär, Feuerwehr, Post.
- Kleidung gibt Auskunft über soziale und wirtschaftliche Verhältnisse.
- Ausgefallene Bekleidung soll die Zugehörigkeit zu bestimmten Jugendgruppen signalisieren, z. B. Punk, Hip-Hop.

Sich in der Kleidung wohl zu fühlen ist eine wichtige Voraussetzung für unsere Gesundheit. Dazu gehört auch, dass sie die Haut nicht reizt und krank macht. (Die Haut ist mit einer Oberfläche von zwei Quadratmetern unser größtes Organ.) Sicherheit und Bewegungsfreiheit bei der Arbeit, beim Sport und in der Freizeit sollte uns die Kleidung durch entsprechende Material- und Schnittauswahl geben. Ein weiterer Faktor zur Gesunderhaltung ist der Schutz des Körpers vor Witterungseinflüssen und zum Klimaausgleich. Und außerdem trägt unsere zweite Haut wesentlich zur Stärkung des Selbstwertgefühls bei.

Die Kleidung ist das Mittel, mit dem man sich dem wechselnden Wetter und den unterschiedlichsten Tätigkeiten hervorragend anpassen kann.

Bekleidungsphysiologische Aspekte

Der menschliche Organismus braucht eine konstante Temperatur von 37 °C. Dabei wird ständig Wärme über die Haut und damit durch die Kleidung (90 %) und die Atmung (10 %) abgegeben. Bei erhöhter körperlicher Anstrengung oder bei hohen Temperaturen erhöht sich die Wärmeproduktion. Damit kein Wärmestau entsteht, pro-

Lufteinschluss	
Groß	**Gering**
Gekräuselte Fasern	Glatte Fasern
Bauschige Garne	Glatte, feste Garne
Lockeres, feinporiges Gestrick	Großporiges, dünnes Gewebe
Geraute Ware	Beschichtete Ware
Flächen mit Flor, z. B. Plüsch	Glatte Flächen
Wattierung mit Faservlies	Normaler Futterstoff
Mehrere Kleiderschichten locker übereinander	Ein zu enges und zu kleines Bekleidungsstück
Abschluss der Kleidungsstücke durch Strickbündchen, Schalkragen	Kleidung mit weiten, offenen Ärmeln, großem Halsausschnitt

duziert der Organismus verstärkt Schweiß. Das Verdampfen dieser Feuchtigkeit auf der Haut bewirkt eine Kühlung – die Verdunstungskälte. Geht jedoch mehr Wärme verloren, als der Körper produzieren kann, z. B. bei niedrigen Temperaturen oder im kalten Wasser, so beginnen wir zu frieren.
Durch entsprechende Kleidung können wir uns den unterschiedlichsten Klimabedingungen und Tätigkeiten anpassen. Deshalb erwarten wir von unserer Kleidung folgende Eigenschaften:

- Wärme soll erhalten bleiben,
- Feuchtigkeit soll abgeleitet werden,
- der Luftaustausch muss möglich sein.

Wärmerückhaltevermögen – eine wichtige Eigenschaft

Die Wärme, die wir ständig abgeben, können wir zur Isolation nutzen. Luft ist ein guter Wärmeisolator.
Damit unser Körper bei niedrigen Temperaturen nicht zu stark abkühlt, müssen wir Luft in unserer Kleidung einschließen. Das wird durch möglichst viele Luftschichten zwischen den Stoffschichten und durch die Konstruktion von Faserstoffen, Garnen und Flächen erreicht.

Die Tabelle oben zeigt Beispiele, wie der Lufteinschluss vergrößert und festgehalten oder verringert werden kann.

1 Kleidung zum Wohlfühlen. Welche Kriterien muss sie für dich erfüllen?
a) Notiere deine Kriterien auf Zettel und ordne diese nach gesundheitlichen, schützenden und modischen Funktionen.
b) Mache durch Verbindungslinien Zusammenhänge sichtbar.

2 Suche Beispiele, die zeigen, wie sich Menschen schmücken.

3 Finde Beispiele, in denen Kleidung soziale, wirtschaftliche und religiöse Zugehörigkeit zum Ausdruck bringt. Versuche, dies zu begründen.

4 Erläutere grundlegende Aufgaben, die Kleidung bei unterschiedlichem Wetter zu erfüllen hat, damit wir uns wohl fühlen und nicht krank werden.

5 Wandertag. Die Wettervorhersage hat unbestimmtes Wetter angesagt. Stelle deine Bekleidung entsprechend zusammen. Begründe.

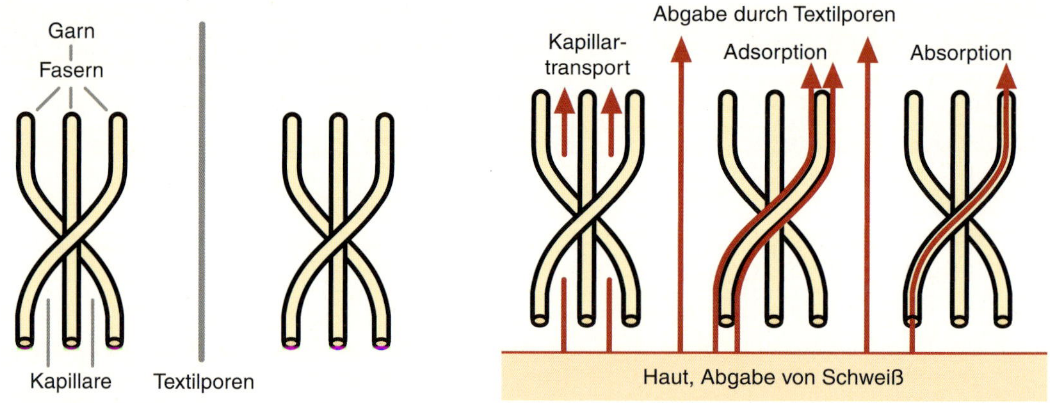

Vier Wege der Feuchtigkeit durch die Textilien

Der Feuchtetransport durch die Bekleidung

Unsere Kleidung muss unter allen Umständen die Feuchtigkeit der Haut ableiten können.

Im Normalfall wird diese in Form von Dampf abgegeben. Durch die Verdunstung des Schweißes kühlt die Haut ab. Diesen Vorgang spüren wir im Normalfall nicht. Unter Belastung, wie bei körperlicher Anstrengung, Angst oder hohen Außentemperaturen, steigt die Menge der abgegebenen Feuchtigkeit an. Wenn die Abkühlungsphase beendet ist, sollte die Kleidung wieder trocken und wie vor dem Schweißausbruch sein. Kleidung, die dann noch nass auf der Haut liegt, lässt uns frieren. Eine gute Kleidung sollte so viel Wasserdampf wie möglich durchlassen.

Untersuchungen haben ergeben, dass es vier Wege gibt, auf denen Feuchtigkeit durch die Textilien dringt.

Textilporen

Da textile Flächen keine geschlossenen Flächen sind, befinden sich zwischen den Garnen unterschiedlich große Luftlöcher, die Textilporen. Durch diese dringt der Wasserdampf, den die Haut abgibt, nach außen. Herrscht eine hohe Luftfeuchtigkeit bei schwülheißem Wetter, wird die Abgabe erschwert, da die Luft wenig Wasserdampf aufnehmen kann. Die Haut bleibt feucht und wir empfinden dieses Klima als unangenehm.

Adsorption – Anlagerung von Feuchtigkeit an der Faseroberfläche

Fasern können auch eine große Feuchtigkeitsmenge an der Faseroberfläche weiterleiten. So kann die Feuchtigkeit leicht verdunsten. Die meisten Natur- sowie fast alle Chemiefasern besitzen diese Eigenschaften. Durch eine entsprechende Ausrüstung kann diese Eigenschaft gefördert oder verhindert werden; ebenso durch den Aufbau der Garne und Flächen.

Absorption – Aufnahme von Feuchtigkeit ins Faserinnere

Die Auswirkung ist abhängig von der Faser. Bei dichtem Gewebe verschließen quellende Fasern die Poren und die Kapillare. Zellulosische Fasern wie Baumwolle, Modal, Leinen und Viskose nehmen viel Feuchtigkeit auf und quellen auf. Sie verhindern den Transport von Schweiß, die Kleidung klebt auf der Haut. Dadurch wird der Feuchtetransport beeinträchtigt und das Gewebe trocknet nur langsam. Eine solche lange Trocknungszeit kann sich als unangenehme Nachkühlung auf der Haut auswirken. So wird z. B. eine nasse Jeans steif und braucht lange, bis sie wieder

	Faser		Garn-Konstruktion	Flächen-konstruktion	Bekleidungs-konstruktion
	Substanz	Oberfläche			
Wärmerück-haltevermögen			■	■	■
Textilporen			■	■	
Adsorption		■	■	■	
Absorption	■				
Kapillartransport		■	■	■	
Belüftung				■	■

Einfluss der Textiltechnologie auf die Bekleidungsphysiologie

Gefülltes Feld = Einfluss ist gegeben

trocken ist. Synthetische Chemiefasern haben diese Eigenschaft nicht, quellen deshalb auch nicht und trocknen schneller. Ein besonderes Verhalten zeigt Wolle: Sie stößt Wasser ab, nimmt aber dampfförmige Feuchtigkeit wie eine Zellulosefaser auf.

Kapillartransport

In allen Garnen bilden sich zwischen den nebeneinander liegenden Fasern feine Zwischenräume, die Kapillaren. In diesen kann Schweißwasser, aber auch kondensierte Feuchtigkeit wie in einem Kanalsystem weitergeleitet werden. Dieser Mechanismus wird durch möglichst viele und feine Fasern in nicht zu fest gedrehten Garnen unterstützt.

Belüftung

Unsere Körperbewegungen verursachen zwischen den textilen Schichten der Kleidung mehr oder weniger starke Luftbewegungen. Diese fördern den Luftaustausch. Auf diesem Weg werden etwa 20 %–30 % der Hautfeuchtigkeit nach außen abgegeben. Voraussetzung ist wieder eine nicht zu hohe Luftfeuchtigkeit.

Die Belüftung wird entscheidend von der Konstruktion der Kleidung – Weite, Bündchenabschlüsse und Schnittform – beeinflusst.

Die Übersicht oben macht den Zusammenhang von bekleidungsphysiologischen Aspekten und der Konstruktion von Garnen, Flächen und der Bekleidung deutlich.
Sie zeigt aber auch, dass man die Eigenschaften der textilen Rohstoffe nicht überbewerten darf.

1. Eignet sich Baumwollunterwäsche für eine stark schwitzende Person? Begründe. Suche nach Alternativen.
2. Welche Chemiefasern sind in ihren rohstofftypischen Eigenschaften mit der Baumwolle gleichzusetzen?
3. Weshalb empfindet man schwüles Wetter als besonders unangenehm?
4. Betätige dich als Textildesigner und erfinde optimale Kleidung für die Arbeit an
   a) heißen Arbeitsplätzen, z. B. Bäcker, Koch, Stahlkocher, und
   b) für Berufe, die Wind und Wetter ausgesetzt sind, z. B. Bauarbeiter, Gärtner.
   Nimm dazu die Tabelle oben zu Hilfe. Begründe.
5. Luftige Bekleidung für heiße Tage: Schnitt, Garn- und Flächenkonstruktion der Bekleidung für Jungen und Mädchen.

Funktionstextilien		
Klimafasern	WWA-Textilien	
	Wasserabweisend	Wasserdicht
• Modifizierte Chemiefasern (z. B. Dunova) • Doppeltextilien – Chemiefaser innen – Naturfaser außen (z. B. Duotex) – Chemiefaser innen – Chemiefaser außen (z. B. Odlo, Falke)	• Mikrofasern (z. B. Tactel(Polyamid), Trevira (Polyester), Meryl (Polyamid), Micro-Modal)	• Membransysteme (z. B. GORE-TEX®, Sympatex®, Transaktiv, Windstopper®)

Moderne Materialien – Funktionstextilien

Besondere Situationen und extreme Beanspruchung bei Arbeit, Sport und Freizeit erfordern auch besondere Textilien.
Ein Beispiel aus der Vergangenheit ist die Entwicklung des Ostfriesennerzes des Kapitäns H. Hansen. Er bemerkte, dass seine Matrosen ihre Baumwolljacken mit Ölfarbe bestrichen, um sich so besser vor Wind und Wasser zu schützen. Das war 1887. Das von Hansen danach entwickelte Ölzeug wurde ein voller Erfolg. Der Nachteil war nur, dass zwar keine Feuchtigkeit eindrang, aber auch keine entweichen konnte.
Maria Bogner war eine Pionierin in der Herstellung von Sportbekleidung. Für die deutsche Olympiamannschaft schneiderte sie 1960 die ersten warmen Anoraks, die in kleine Rauten abgesteppt waren – eine Art isolierendes Luftkammersystem. Heute ist das ein gängiges Verfahren bei der Herstellung der Daunen-Steppjacken.
Auch die Natur war Vorbild für High-Tech-Materialien. So war das wasserabweisende und wärmeisolierende Haarkleid der Eisbären die Inspirationsquelle zur Herstellung von Polyester-Hohlfasern. Diese werden oft bei Schlafsäcken und Outdoor-Bekleidung eingesetzt.
Wissenschaftler suchen ständig nach Neuerungen: Zurzeit wird ein samtartiger, besonders hautfreundlicher Polyesterstoff entwickelt, der sich an der Haut von Pfirsichen orientiert.
Um den Körper bei wechselnden Anforderungen optimal zu schützen, wurden und werden vielfältige Faserstoffe und textile Flächen entwickelt.

Modifizierte Chemiefasern

Modifizierte Chemiefasern sind in ihren Eigenschaften veränderte Chemiefasern. Sie werden bei der Herstellung den entsprechenden Anforderungen angepasst: z. B. erhöhte Nassfestigkeit, sehr hoher Feuchtigkeitstransport, flammhemmend, hohe Elastizität. Dunova beispielsweise ist ein saugfähiges, schnell trocknendes Garn, das aus 65 % Polyester und 35 % Baumwolle besteht. Es wird für Unterwäsche, Sportwäsche und Sportkleidung verwendet.

Mikrofasern

Mikrofasern werden aus Polyester, Polyamid oder Polyacryl hergestellt. Eine neuartige Entwicklung sind Mikrofasern auf Zellulose-Basis. Mikrofasern sind überaus feine Endlosfasern: 100 Fasern passen in den Querschnitt eines Haares! Sie werden zu Garnen gebündelt oder auf eine bestimmte Stapellänge geschnitten und dann zu Garnen versponnen. Daraus hergestellte Flächen sind meist sehr dicht, enthalten feinste Poren, die sehr viel kleiner als Wassertropfen sind, so dass Regentropfen nicht von außen eindringen können. Ihr Kapillartransport ist sehr gut. Sie bieten Schutz vor Kälte, Wind und Wasser. Man bezeichnet sie auch als WWA-Fasern (windabweisend, wasserabweisend und atmungsaktiv). Außerdem sind sie reißfest, pflegeleicht und weich.
Mikrofasern können mit anderen Chemiefasern, Baumwolle oder Seide gemischt werden. Das Gewebe ist dann nicht mehr wasserabweisend.

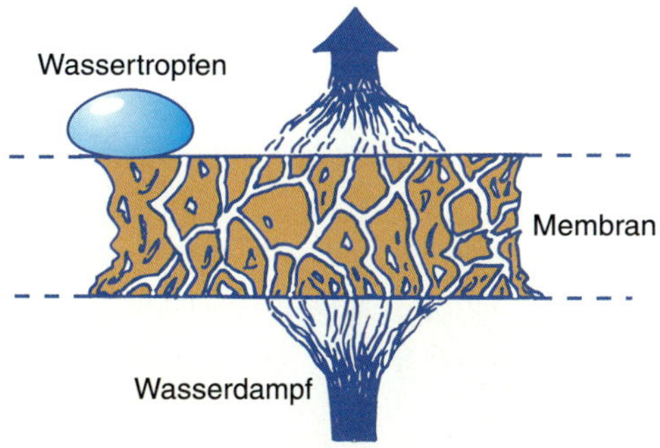

Funktionsweise einer Membran

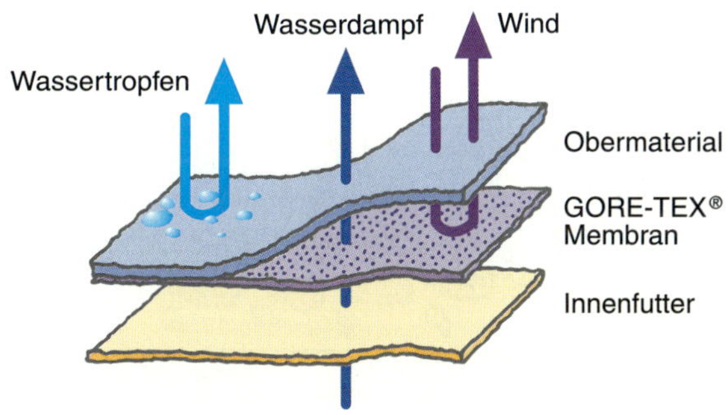

Typischer Aufbau eines Laminats

Kleidungsstücke aus Mikrofasern haben einen weichen, fließenden Fall und einen weichen, seidigen Griff (z. B. Tactel, Trevira, Meryl, Dralon, Micro-Modal).

Membran- und Laminatsysteme

Kleidung mit Laminatsystem enthält zwischen dem Oberstoff und dem Futter eine hauchdünne Kunststoffmembran, die unsichtbar eingearbeitet ist. Diese lässt von außen kein Wasser herein, kann aber Schweiß in Form von Dampf aufnehmen und nach außen transportieren. Das Innenfutter fühlt sich so immer trocken an. Der Oberstoff wird häufig imprägniert und die Nähte verschweißt, damit das gesamte Kleidungsstück wasserdicht wird. Membrane sind auch winddicht. Es gibt auch Weiterentwicklungen, bei denen die Membran Schweiß in flüssiger Form durchlässt. Die Membransysteme gehören zur Gruppe der WWA-Textilien.
Verwendung: Sport- und Freizeitkleidung, hochwertige Oberbekleidung, Mützen, Handschuhe, Schuhe, Berufs- und Industriekleidung, Schutzkleidung.
Es gibt zwei Membranarten, die sich im Ausgangsmaterial und in der Konstruktion unterscheiden:

- Eine **porenlose Membran** aus Polyester. Der Schweiß wird durch feuchtigkeitsannehmende Moleküle nach außen geleitet, bedingt durch den Temperaturunterschied zwischen Körper und Außenluft (z. B. Sympatex®).
- Eine **poröse Membran** aus Polytetrafluorethylen (PTFE), besser bekannt unter der Bezeichnung Teflon. Die Poren sind 20 000-mal kleiner als ein Wassertropfen und 700-mal größer als ein Wasserdampfmolekül. Deshalb kann Feuchtigkeit in flüssiger Form nicht eindringen, Wasserdampf aber entweichen (z. B. GORE-TEX®).
- **Windstopper®** ist wie die Goretex-Membran eine poröse Membran und zählt auch zu den WWA-Textilien. Dieses Laminat kann auch direkt auf der Haut getragen werden. Kleidung wird somit leichter und funktioneller.
  Verwendung: Sport- und Freizeitbekleidung, hochwertige Oberbekleidung

Pflege und Entsorgung

Bei der Pflege sind die Pflegehinweise der Hersteller zu beachten. Das Kleidungsstück sollte nicht beschädigt werden, da sonst die WWA-Funktionen nicht mehr gewährleistet sind. Änderungen und Reparaturen müssen vom Hersteller durchgeführt werden.
Kleidungsstücke mit PTFE können über den Hausmüll entsorgt werden. Sie verrotten jedoch nicht. Bei einer unkontrollierten Verbrennung von PTFE können giftige Gase entstehen. Die Polyester-Membran ist bei der Verbrennung unproblematisch, es entstehen nur Kohlenstoff und Wasser. Beide Firmen nehmen Kleidung aus Laminaten zur Entsorgung zurück.

> Membransysteme bieten guten Schutz gegen Wind, Regen und Schnee. Sie lassen aber Schweiß nach außen durch.

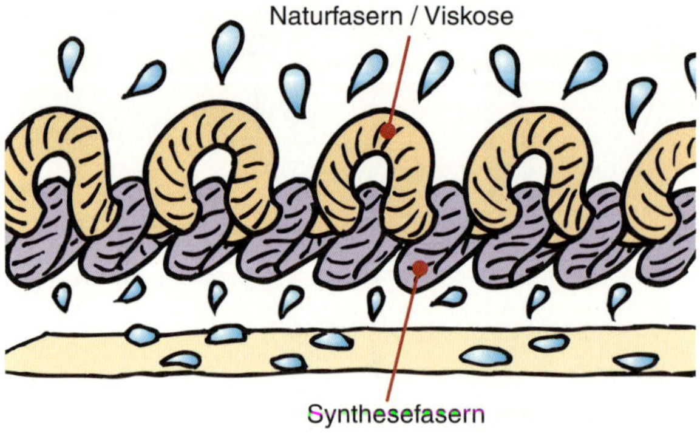

Aufbau zweiflächiger Textilien

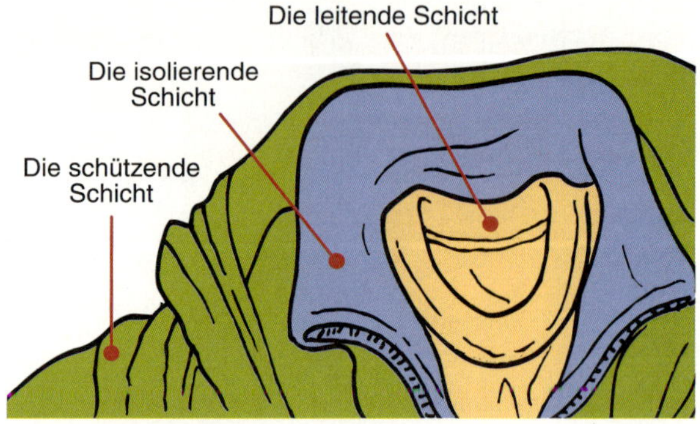

Das Schichtenprinzip

Doppeltextilien – Zwei-Schicht-System

Das Zwei-Schicht-System kombiniert verschiedene Materialien in einer Fläche. Dieses System wird bei der Herstellung von Kleidung und vor allem von Wäsche für Ausdauer- und Wintersportarten (Outdoor-Bereich) angewendet. Selbst traditionelle Wäschehersteller bieten verstärkt Wäsche mit funktionellen Qualitäten an.

Chemiefasern innen – Naturfasern außen
Bei dieser Zweischichtware befinden sich synthetische Chemiefasern auf der Innenseite. Diese nehmen den Schweiß schnell von der Haut auf und geben ihn an die Außenschicht ab. So bleibt die Haut trocken und kühlt nicht aus. Naturfasern auf der Außenseite haben keine besonderen Vorteile, sie sollen eher zum Kauf ermuntern.
Beispiele: Polyester-Innenseite/Baumwoll-Außenseite, Polyester-Innenseite/Angora-Polyester-Mischung Außenseite (Marken z. B. Duotex, Tactel Aquator).

Chemiefasern innen – Chemiefasern außen
Die Innenseite besteht aus Polyester, die Außenseite aus Polyamid. Feuchtigkeit wird zügig nach außen geleitet und verdunstet dort schnell. Kleidungsstücke bzw. Wäsche aus diesem Material haben ein geringes Gewicht und sind für extreme Bedingungen geeignet.
Beispiele: Innenseite Polyester/Außenseite Meryl (Polyamid-Filament); Mey Air Structure, Falke, Odlo.

Das Schichtenprinzip – eine textile Klimaanlage

Die drei Schichten sind in der Regel:

1. Leitende Schicht
Sie soll den Schweiß von der Hautoberfläche abtransportieren. Dafür sind Fasern mit einem hohen Feuchtetransport geeignet. Eng anliegende Teile nehmen den Schweiß sofort auf.

2. Wärmeschicht
Sie isoliert und schützt vor Kälte. Heute trägt man fast ausschließlich Sportkleidung aus Fleece. Dies hat viele Vorteile: Es ist leicht, trocknet schnell, ist pflegeleicht und angenehm zu tragen. Auch hier ist der Schnitt wichtig: Ärmel und Hosenbeine sollten nicht zu kurz sein, Ärmelbündchen und Kragen sollten schließbar sein, eine Windschutzleiste unter dem Reißverschluss darf nicht fehlen, enge Schnitte bevorzugen.

3. Die Schutzschicht
Um sich gut gegen Wind und Wetter zu schützen, sollte diese äußerste Lage aus WWA-Materialien bestehen. Sinnvoll sind robuste Dreilagen-Modelle (die Membran befindet sich zwischen Oberstoff und Futter), die nicht zu weit geschnitten sind.

> Das Schichtenprinzip ist ein Bekleidungssystem, das aus mehreren Schichten besteht, die eine Funktionseinheit bilden.

Innenliegende Ausstattung
- Abnehmbarer, weitenverstellbarer Schnee- und Windfang
- MP3-Player-Tasche mit Kabelführung für Kopfhörer
- Abnehmbarer Skipasshalter
- Brillentasche mit innen liegendem, abnehmbarem Brillenputztuch
- Inkl. Thermometer und Kompass
- Handy-Innentasche
- Sturmhaube aus weichem Mikrofleece

So viele Funktionen kann ein Skianorak erfüllen!

Textilien mit besonderen Funktionen

Nicht nur bekleidungsphysiologische Aspekte waren und sind Gründe bei der Entwicklung neuer Kleidung. Vor allem Arbeitskleidung muss besonderen Anforderungen genügen.

Textilien mit spezieller Schutzfunktion (z. B. gegen Stich- und Schussverletzungen, Schutz vor Elektrizität, vor Strahlung, Chemikalien u. v. m.) Der Einsatz von rückstrahlendem Material für Kinderkleidung, Schulranzen, Arbeitskleidung usw. kann Unfälle verhindern.

Biofunktionstextilien
Für Alllergiker und Neurodermitiker wurden spezielle Wäsche, Oberbekleidung, Matratzen und auch Bettwaren entwickelt.
Um bei starkem Schwitzen den Geruch zu hemmen, werden den Fasern z. B. Silberionen beigemischt (z. B. Unterwäsche, Sportkleidung).

Textilien mit integrierter Elektronik
Dies kommt vor allem bei Berufskleidung zum Einsatz. Mit in der Kleidung integrierten Minirechnern, GPS, Handys, Messsystemen usw. kann schnell gehandelt und kommuniziert werden.

In Zukunft werden sicherlich verstärkt Textilien, die zusätzliche Funktionen beinhalten, angeboten: Kleidung mit automatischer Körperklimatisierung, Kleidung, die am Körper Medikamente abgibt oder den Blutdruck misst, oder schmutzabweisende Kleidung.

1 Suche Beispiele für Funktionskleidung aus den Bereichen Arbeit, Freizeit und Medizin.
a) Stelle Preisvergleiche zwischen den Anbietern an. Begründe.
b) Informiere dich über die Pflegeeigenschaften.

2 Für welche Bereiche/Tätigkeiten und Personengruppen ist deiner Meinung nach Funktionskleidung auch für den alltäglichen Gebrauch sinnvoll? Begründe.

3 Betrachte die oben abgebildete Jacke und beurteile deren Funktionen.

4 Suche in aktuellen Angeboten oder Spezialseiten im Internet Neuentwicklungen von Textilien mit besonderen Funktionen.

Baggy-Jeans – der Look des 21. Jahrhunderts!

Shrink to fit: Sabine Sinjen steigt mit Jeans in die Badewanne

Mode ist überall

Das Wort „Mode“ kommt aus der lateinischen Sprache und bedeutet ursprünglich Art, Weise oder Regel. Heute versteht man unter Mode zweierlei:

1. Das Wort Mode kennzeichnet als umfassender Begriff aktuelle Lebensarten und Ausdrucksformen, die nicht ausschließlich auf einen Bereich wie die Kleidung zu beziehen sind. Wir sprechen von Moden z. B. bei der Wohnungseinrichtung; es gibt Modewörter oder Sportarten, die in Mode sind.
2. Im engeren Sinn bedeutet Mode zeitgemäße Bekleidung. Man spricht von Modehäusern, Modezeitschriften, Modeschauen und Modeschöpfern.

Kleidung ist eine Zeichensprache

Viele Menschen, ob jung oder alt, ob weiblich oder männlich, haben das Verlangen, ihren Kleidungsstil öfter zu verändern. Durch die Kleidung möchte man auf der einen Seite Individualität zeigen, sich von anderen unterscheiden und abgrenzen. Auf der anderen Seite wird durch Kleidung auch die Zugehörigkeit zu einer bestimmten Gruppe demonstriert. Man möchte nicht Außenseiter sein. Der Punk mit knallbunten Haaren und meist kunstvoll zerrissener Kleidung widerspricht durch sein Äußeres bewusst bürgerlichen Idealvorstellungen und demonstriert seine Zugehörigkeit zu Gleichgesinnten.
Die Gestaltung des Körpers bietet dem Menschen ein sichtbares Zeichen, seine Beziehungen zur Welt und seine Vorstellungen über seine Stellung in der Welt zum Ausdruck zu bringen.

Mode – Spiegel der Gesellschaft

Die Materialien Samt und Seide waren bis ins 18. Jahrhundert ein Privileg des Adels und reicher Bürger. Kleiderordnungen sorgten dafür, dass sich die Menschen ihrer sozialen Stellung entsprechend kleideten und somit ihren Stand für alle sichtbar zeigten.
Im Zeitalter der Demokratie und der Massenproduktion scheint auch die Mode demokratischer geworden zu sein. Fast alle Menschen in den Industriestaaten können sich modisch kleiden. Doch soziale Unterschiede sind noch immer feststellbar.
Mode ist heute vor allem ein bedeutender Wirtschaftsfaktor. Regelmäßig berichten die Medien über aktuelle Ereignisse der Modeszene. Modemacher und Models stehen im Licht der Öffentlichkeit.

> Mode ist die zeitgemäße Art sich zu kleiden und zu leben. Sie ist einem ständigen Wandel unterworfen.

Sich anpassen – sich unterscheiden
Die beiden Grundfunktionen, die den Wandel der Mode bewirken, sind Anpassung und Unterscheidung. Die unterschiedlichsten gesellschaftlichen und persönlichen Verhältnisse können zum Auslöser einer neuen Modeströmung werden. Aber immer muss das Verhalten eines Individuums von der Gruppe anerkannt und übernommen werden, damit es Mode wird!

Mode zu ignorieren ist gar nicht so einfach. Schließlich ist man beim Kauf der Kleidung auf das Angebot des Handels angewiesen! Heute werden jedoch gleichzeitig mehrere Trends präsentiert, wo es früher nur eine Stilrichtung gab. So kann jeder selbst seinen Stil bestimmen.
Auch die Anforderungen an die Kleidung zu bestimmten Anlässen haben sich gelockert. So fällt heute niemand mehr auf, der in Jeans und Turnschuhen das Theater besucht, die Grenzen zwischen Arbeits- und Freizeitkleidung sind fließend. Aufsehen erregen werden aber weiterhin Jugendliche in Lederkleidung, Ketten und mit Tätowierungen. Zu einem Vorstellungsgespräch wird man sich weiterhin korrekt kleiden.

Mode und Schönheit

Je nach Trend änderten und ändern sich auch die bevorzugten Körperproportionen: einmal ist die Taille schmal, dann sind die Schultern betont, anschließend ist eine überschlanke knabenhafte Figur angesagt. Die Mode schafft sich dabei einen zweiten, fiktiven Körper. Dieser wird zur Norm erhoben, was sich auch in den Maßtabellen für die Kleidergrößen niederschlägt. Den biologischen Körper als objektives Vorbild gibt es eigentlich nicht.

1 Was ist gerade modern? Sammle Modisches:
a) Welcher Imbiss ist gerade in, wie richtet man die Wohnung ein, welchen Beruf sollte man ergreifen und welchen Sport treiben?
b) Bekleidung: Suche Beispiele aktueller moderner Bekleidung. Stelle daraus eine Collage her. Erfinde einen eigenen Stilmix.

2 Betrachte die Zeichnung oben: Verwandle die Bildfolge in einen Comic, ergänze Denk- und Sprechblasen, finde eine Überschrift.

3 Schuluniform – ja oder nein?
Bildet eine Diskussionsrunde mit einer Pro- und einer Kontragruppe. Trefft eine gemeinsame Entscheidung.
So geht ihr vor: Bildet zwei Gruppen; jedes Gruppenmitglied überlegt sich vorab Vor- oder Nachteile. Diese werden auf Karten notiert und aufgehängt. Anschließend einigt sich jede Gruppe auf Argumente und eine Strategie. Bestimmt einen Diskussionsleiter.

4 Suche Beispiele für die extreme Betonung von Körperteilen. Welche Folgen kann das für die Gesundheit haben?

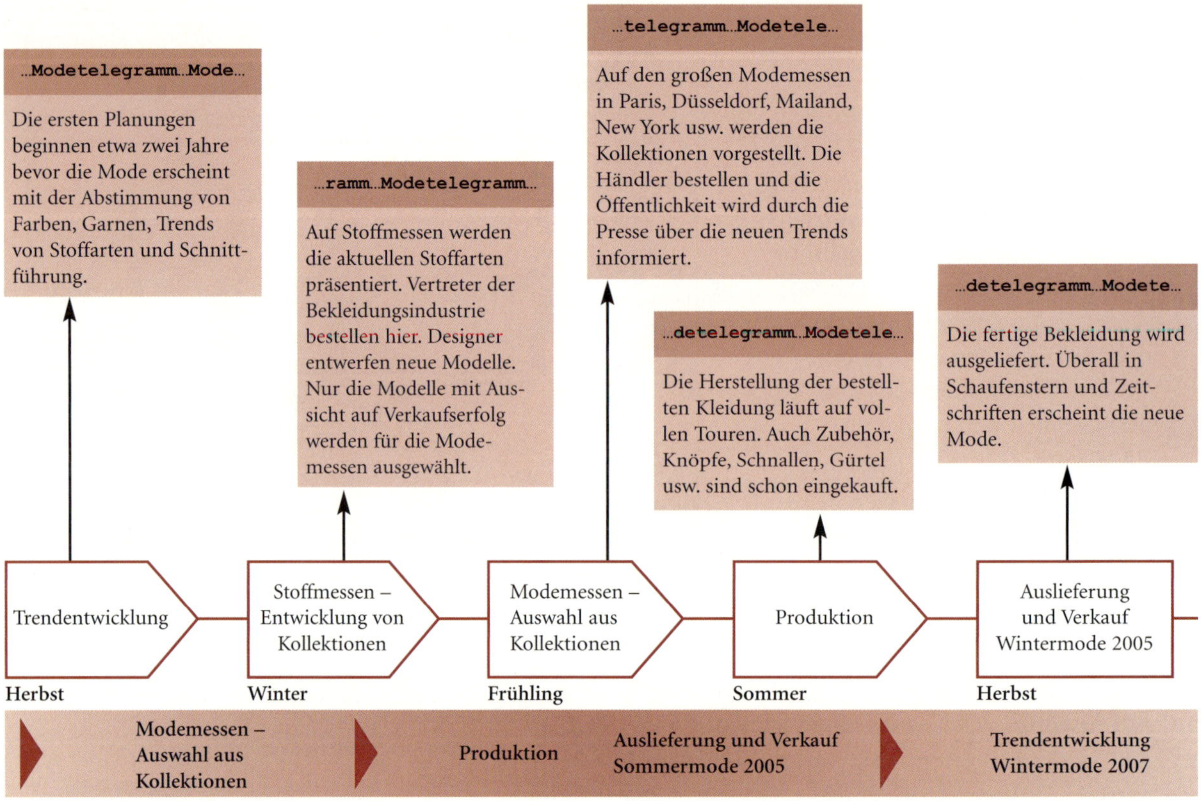

Mode – Werbemittel für Textilien und Bekleidung?

Für jede Saison werden gezielt neue Moden für Kleidung und Accessoires wie Schuhe, Taschen, Schmuck und Make-up kreiert. Neue Trends werden aufgespürt und entwickelt, Farben, Formen und Materialien abgeändert und neu erfunden. Das Bedürfnis nach Neuem soll geweckt werden. Damit will die Textil- und Bekleidungsindustrie ihren Absatz sichern. Doch letztendlich bestimmt der Kunde, ob eine neuer Trend angenommen wird oder nicht. So bleibt die Mode immer auch ein Geschäft mit einem gewissen Risiko.

Wer macht Mode?

Ein wichtiges Merkmal der heutigen Modebranche ist, dass sie sich von allem anregen lässt. Sie übernimmt Themen aus der Computertechnik, aus der Film- und Musikwelt, der Kunst, dem Sport, fremden Kulturen, selbst vor Randgruppen und Armut macht sie nicht Halt. Dabei spielen Faktoren wie Vernunft, Ökologie, Gesundheit und Bequemlichkeit keine Rolle.

Vorreiter in Sachen Mode sind die großen Designer der Haute Couture. Ihre Entwürfe sind meist sehr ausgefallen und unbezahlbar. Sie dienen eher als Werbung für die großen Modemarken.

Mode- und Modedesign

Die Modemacher der Bekleidungshersteller und Lederwarenbranche holen sich bei den Trendschauen in Zentren wie Paris, Mailand, New York oder Düsseldorf Anregungen für ihre neuen Kollektionen.

Die Haute-Couture-Entwürfe werden dann in tragbare Modelle umgesetzt, das Prêt-à-porter. Die Kleidungsstücke werden in Modegeschäften, großen Kaufhäusern und Boutiquen verkauft. Auslaufmodelle gibt es preiswert im Werksverkauf oder in Outletstores.

Umfrage: Modeverhalten Jugendlicher

Legt vorher fest:
- Wer bei der Befragung welche Aufgaben übernimmt.
- Überlegt auch die Fragen gut und formuliert sie klar. Erfährt man, was man wissen will?
- Legt eine sinnvolle Reihenfolge fest.
- Einigt euch auf Personengruppen, die ihr befragen wollt.
- Bestimmt, wie die Antworten festgehalten werden sollen, z. B. auf einem Tonträger, auf Video, schriftlich.
- Einigt euch auf die Darstellung der Auswertung, z. B. Diagramme, Bericht, Film.
- Legt eine Präsentationsform fest, z. B. als Artikel für die Schülerzeitung, Wandzeitung, Vortrag.

Beachte bei der Befragung:
- Frage zuerst höflich um Erlaubnis. Bedanke dich am Ende der Befragung.
- Erkläre, weshalb ihr die Befragung durchführt.
- Stelle immer nur eine Frage.
- Frage nach, wenn du etwas nicht verstanden hast.

Hier hast du eine Stichwortsammlung für mögliche Fragen:
- Personengruppe, Beruf, Alter, Geschlecht
- Einkaufen: wo, wie oft, mit wem
- Einkaufskriterien: Preis, Qualität, Geschmack, Mode, Vorbild
- Mode und Kleidung: Modedesigner, Vorbilder, Modemarkt, Marken, Produktionsländer
- Persönliche Bedeutung: sich wohl fühlen, Kleidervorschriften, Kleidung für bestimmte Anlässe
- Entsorgung: Tragezeit, Entsorgung, Weiter- bzw. Wiederverwertung
- …

Auch die billige Massenkleidung und Schuhmode richtet sich nach den Modetrends. Mode ist allgegenwärtig.

Jugend und Mode

Jugendliche haben einen entscheidenden Einfluss auf das Modegeschehen. Sie sind aufgeschlossen für alles Neue und wollen sich von Erwachsenen und Traditionen abgrenzen. Ihnen steht heute auch verhältnismäßig viel Geld zur Verfügung, gerne und oft kaufen sie alles was neu ist.

Dieses Wissen nutzen die Hersteller von Bekleidung und Accessoires aus. Sie setzen so genannte Trendscouts ein, die überall unterwegs sind, in Szenetreffs, Clubs, Bahnhöfen, Einkaufszentren und Diskos, um neue Trends aufzuspüren. Je verrückter und schriller, umso besser. Die Industrie entscheidet dann, welcher Trend vermarktet werden soll. Vorbilder für Modisches sind oft auch Popstars, Sportler, Schauspieler und Jugendkulturen.

1 Informiere dich über aktuelle Modetrends für Bekleidung. Finde heraus, nach welchen Vorbildern sich diese richten.

2 Stelle fest, was von Jugendlichen bevorzugt getragen wird.

3 Auch Erwachsene übernehmen Elemente aus dieser Jugendmode. Welche sind das?

4 Frage deine Eltern, was in ihrer Jugendzeit modern war.

5 Die Jeans ist ein zeitloses Kleidungsstück. Doch auch an ihm gehen Modetrends nicht spurlos vorüber. Recherchiere dazu.

6 Macht eine Umfrange bei Mitschülern/-schülerinnen über ihr Modeverhalten. Erstellt dazu einen Fragebogen. Die Auswertung könnt ihr auf einem Plakat oder auch in der Schülerzeitung veröffentlichen.

FAIRWERTUNG

ARBEIT SCHAFFEN
UMWELT SCHONEN

Wo alte Kleider landen

Kleidung ist heute erschwinglich geworden. Jeder Deutsche erwirbt ca. 15 kg im Jahr. Die durchschnittliche Nutzungsdauer von Bekleidung liegt bei 3,5 Jahren. Die Hälfte wandert nach dem Tragen in die Altkleidersammlung, der Rest in den Müll und damit entweder auf Deponien oder in Müllverbrennungsanlagen. Manche Textilien verrotten nur langsam oder gar nicht. Bei der Herstellung verwendete Farbstoffe und Chemikalien belasten zusätzlich die Umwelt. Dies muss auch bei Wieder- und Weiterverwertung berücksichtigt werden.

Altkleidersammlungen

Diese Art der Entsorgung ist schnell und bequem. Die leeren Säcke liegen im Briefkasten und werden gefüllt einige Tage später wieder abgeholt. In vielen Orten stehen auch Container an markanten Punkten zur Abgabe bereit. Wir denken, dass wir damit Notleidenden und Katastrophenopfern helfen.

Weit gefehlt! Für gebrauchte Textilien hat sich ein weltweiter Handel entwickelt. Der größte Teil der Altkleider wird von den karitativen Einrichtungen selbst an Sortierbetriebe verkauft.

Diese verkaufen die Ware weiter an verschiedene Abnehmer. So gehen z. B. 50 % in Secondhand-Läden und den Export, 40 % zur Weiterverwertung und 10 % sind Abfall. Der Erlös wird von den Organisationen z. B. für den Kauf und Transport von Medikamenten in Krisengebiete verwendet. Ein ganz geringer Anteil der Altkleider wird direkt an Bedürftige weitergegeben.

Vielen ist nicht klar, was mit ihren Altkleidern in Wirklichkeit passiert. Deshalb haben sich z. B. kirchliche Gruppen zu dem Dachverband FairWertung e.V. zusammengeschlossen, um für Verantwortlichkeit auf dem Altkleidermarkt zu sorgen und den Warenfluss offen zu legen.

Weiterverwendung in fernen Ländern

Hauptabnehmer für die gebrauchte Kleidung sind vor allem Dritte-Welt-Länder wie Tunesien, Ghana, Kamerun, Indien, Mexiko, aber auch Länder im Osten wie Polen, Russland oder Tschechien.

In Afrika brach durch die Altkleiderimporte an vielen Orten die einheimische Textilherstellung zusammen. Es entstanden aber auch ganz neue Berufssparten und Betriebe. Eine Bewertung, ob dadurch Arbeitsplätze geschaffen werden oder verloren gehen, ist nicht ganz einfach. Ein negativer Aspekt ist jedoch der Verlust der einheimischen Bekleidungskultur, wie z. B. traditionelle Bekleidungsmuster und -formen.

Recyceln und Downcyceln

Viele Textilhersteller machen sich bereits bei der Herstellung ihrer Produkte Gedanken, wie diese

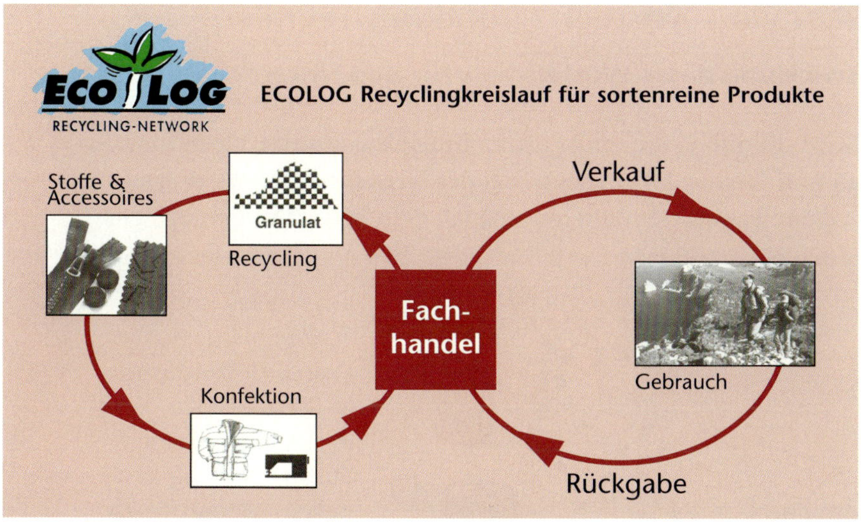

später ökologisch entsorgt und wieder- bzw. weiterverwertet werden können. Dazu sind zwei Verfahren entwickelt worden.

Recycling – Wiederverwertung

Dieses Verfahren kann nur bei sortenreinen Rohstoffen angewendet werden. Bekleidung besteht jedoch in der Regel aus einem Materialmix: Oberstoff aus Mischgewebe inklusive Ausrüstung, Futter aus Polyester, Reißverschluss, Knöpfe. Eine sortenreine Trennung ist so gut wie ausgeschlossen. Aus diesem Grund haben sich 1994 Unternehmen zusammengeschlossen, um gemeinsam sortenreine Produkte aus Polyester zu entwickeln, die in einen Kreislauf eingebunden wiederverwertet werden können. Unter dem Begriff ECOLOG werden diese Textilien hergestellt und gekennzeichnet. Wenn sie ausgedient haben, werden sie von der ECOLOG Recycling GmbH zurückgenommen.

Nicht nur Textilien werden recyclet. In den USA, Italien und Frankreich schmelzen seit Jahren Firmen PET-Einwegflaschen ein und stellen daraus hochwertige Faserstoffe für technische Textilien, Teppiche und Oberbekleidung her.

Downcycling – Weiterverwertung

Ein T-Shirt kann z. B. zu einem Putzlappen oder zu Dämmmaterial oder zu Polsterstoffen weiterverarbeitet werden. Das geläufigste Verfahren ist das Zerreißen der Textilien. Je nach Ausgangsqualität werden verspinnbare Fasern oder auch Vliese gewonnen. Daraus können auch Isoliermatten, Polster- oder Stopfmaterial hergestellt werden. So stecken z. B. in einem Auto 24 kg textiles Material, wovon ein Großteil aus Altkleidern besteht.

Recyceln bedeutet, sortenreine Textilien in einem Kreislauf wiederzuverwerten. Downcyceln bedeutet die Weiterverwertung von Textilien.

1 Erkundige dich bei Organisationen, die Altkleidersammlungen veranstalten, was mit den Textilien passiert.

2 Fair-Wertung. Erkunde, was hinter dieser Organisation steckt.

3 Überlege, was du persönlich dazu beitragen kannst, um den Altkleiderberg so niedrig wie möglich zu halten.

4 „Aus Alt mach Neu" – eine Tasche aus Jeans, eine Jacke neu aufgearbeitet. Suche weitere attraktive Beispiele.

5 Suche im Handel nach ECOLOG-Textilien.

6 Erkläre den ECOLOG-Kreislauf an einem Beispiel.

Wir erstellen ein Lernspiel „Rund um Textilien"

Projekt: Entwicklung eines Würfelspiels für den Unterricht

Lernen wurde und wird oft mit Mühe und Anstrengung gleichgesetzt. Doch man kann auch spielend lernen und Freude dabei haben. Bei der Herstellung dieses Würfelspiels kannst du kreativ sein, deine Fantasie entfalten und auch dein Wissen mit einbringen.

Das Spielfeld zeigt die Weltkarte. Der Weg führt über Länder, in denen die Textilwirtschaft eine wichtige Rolle spielt, besondere Merkmale sind eingezeichnet: Schafe in Neuseeland, Baumwolle

am Aralsee und der Türkei, Nähereien in China, Holzindustrie in Skandinavien, Erdöl in den Golfstaaten, Stoffherstellung in Italien, Modemessen in Paris, Mailand, New York.

Wie ein Projekt abläuft, hast du bereits im ersten Band (S. 142) erfahren. Hier erhältst du nun einige Anregungen zur Erstellung eines Würfelspiels.

1. Schritt: Erstellen einer Stoffsammlung
In der Gruppe sammelt ihr Ideen zu den Themenbereichen für euer Spiel.

2. Schritt: Informationsbeschaffung Würfelspiel
Informiert euch über unterschiedliche Würfelspiele: Spielanleitung, Spielregeln, Spielbrett, Karten wie Aktionskarten, Ereigniskarten und Fragekarten, Symbole für die Karten, Spielfiguren, Würfel und sonstiges Zubehör.

3. Schritt: Festlegen auf die Inhalte und das Spiel
Nachdem ihr nun eine Stoffsammlung erstellt und euch über Spielformen informiert habt, können die Themenbereiche festgelegt und der Spielablauf besprochen werden. Bedenkt bei der Herstellung, dass euer Spiel für einen mehrmaligen Gebrauch bestimmt ist.

4. Schritt: Aufgabenverteilung und Arbeit in der Gruppe
Die Aufgaben und Rollen werden nun verteilt. Erstellt einen Arbeits- und Zeitplan. Beschafft euch das nötige Material und beginnt mit der Herstellung.

5. Schritt: Erprobung
Bevor andere Mitschüler/-innen euer Spiel spielen, erprobt es in eurer Gruppe. So können anschließend Ergänzungen vorgenommen und Fehler behoben werden.

6. Vorstellen der Spiele in der Klasse und Feedback

Mandy

Weniger ist mehr!

Gestalten heißt

- sehen – vergleichen
- probieren – finden
- verändern – überprüfen
- urteilen – bewerten

Farben **Formen** **Strukturen**

Gestaltung durch kreatives Arbeiten

Warum handarbeiten Menschen? In einer Zeit, die von wachsender Technologisierung, Leistungs- und Alltagsstress geprägt ist, suchen viele nach einem angenehmen, kreativen Ausgleich.

> Die Freizeit sinnvoll und regenerierend zu nutzen ist in unserer schnelllebigen Zeit dringend nötig.

Die Entdeckung, was man alles selbst gestalten und individuell entwerfen kann, und die Freiheit mit neuen und mit bekannten Materialien, Farben und Formen schöne Dinge entstehen zu lassen, bringt vielen Menschen Entspannung und Zufriedenheit.

Die Beschäftigung mit schönen Materialien ist Entspannung pur. Zu erleben, wie ein Gegenstand entsteht, erzeugt große Zufriedenheit beim Schaffenden.

Ein Geschenk, mit Hingabe gefertigt, ist für den Beschenkten und den Schenkenden etwas

Die *Grundfarben* Rot, Blau und Gelb lassen sich nicht aus Farbmischungen herstellen, sie sind die Grundlage für alle anderen Farben.
Die *Zweitfarben* können aus den Grundfarben gemischt werden. Gelb und Rot ergibt Orange, Blau und Rot ergibt Violett, aus Blau und Gelb kann man Grün mischen.
Alle anderen Farben kann man aus Grundfarben und Zweitfarben mischen. Es ergeben sich so Farbabstufungen der einzelnen Farben, die du im äußeren Farbkreis sehen kannst.

Der Farbkreis

Besonderes und erfährt gerade in unserer Zeit wieder eine große Wertschätzung.

Gestalten einer textilen Fläche – Grundlagen

Was viele Menschen als schön empfinden, ist eine harmonische Gestaltung, d. h. die Bausteine der Gestaltung sind ausgewogen zusammengesetzt und wirken als Einheit.
Die Einheit wird gestört, wenn Unwichtiges sich vordrängt, Zusammenhänge fehlen oder Teile isoliert sind.
Gestaltungsmöglichkeiten sind die Farben, die Formen und die Strukturen.

Gestaltungsbausteine bewusst auswählen

- Setze die Farben so ein, dass sie für das Auge ein harmonisches Bild ergeben, z. B.:
  Rot – Orange – Gelb
  Gelb – Grün – Blau
  Blau – Violett – Rot

  helle Farben – dunkle Farben
  Ton in Ton – eine Farbfamilie
- Wenige Formen reichen aus für eine Gestaltung (beschränke dich auf drei bis vier).
- Die gestaltete Fläche sollte einen Schwerpunkt haben, der nicht unbedingt in der Mitte der Gestaltungsfläche liegen muss.
- Bei Schriftzügen nur eine Schriftart verwenden, evtl. in zwei verschiedenen Größen.

Traue deinem eigenen Harmonieempfinden und suche Begründungen.

1 Benenne die Farben im Farbkreis.

2 Welche Farben wirken
a) kalt,
b) warm?

3 Informiere dich über die Wirkung von Farben im Internet oder Fachbuch.

4 Welche Kleiderfarbe sollten
a) dünne Menschen
b) stärkere Menschen
bevorzugen?

5 Welche Farbe sollte man für ein Kleidungsstück wählen, das längere Zeit getragen werden soll?

6 Was sind deine bevorzugten Kleiderfarben und warum?

Wir nähen und gestalten ein Wohnaccessoire – Dekoschal

Den eigenen vier Wänden eine ganz persönliche Note zu geben ist der Wunsch vieler Menschen. Textilien können das Aussehen und die Wirkung eines Raumes ganz entscheidend beeinflussen.
Dekoschals sind beliebte Wohnaccessoires. Wie du auf den Bildern siehst, sind sie vielseitig verwendbar. Meist werden leichte, transparente Stoffe eingesetzt, aber auch blickdichte Stoffe eignen sich, je nach Verwendungszweck.
Die Näharbeit für den Dekoschal ist relativ unkompliziert, so dass genügend Zeit für die Ausgestaltung bleibt.

1. Erkundige dich mit deiner Textilgruppe nach Wohntrends in Einrichtungshäusern und in Wohnzeitschriften.
2. Suche in Fachbüchern oder im Internet nach Informationen über Farbe und Raumwirkung.
3. Suche deinen Wohnstil.
4. Zeichne mehrere Ideen für Dekoschals, die in dein Zimmer passen würden.
5. Überlege dir Farben und Gestaltungsmöglichkeiten.

Planung und Entwurf

Damit der fertige Dekoschal genau deinen Wünschen entspricht, solltest du folgende Punkte beachten:

- Aussehen und Form

Genau beschreiben und aufzeichnen; gewünschte Länge und Breite ausmessen.

- Material/Stoff

Informiere dich in einem Geschäft für Deko-Stoffe darüber, welche Materialien du verwenden könntest, sammle Stoffproben.

- Farbe/Muster

Möchtest du den Dekoschal in den Farben deines Zimmers gestalten, z. B. rot/weiß, Pastelltöne oder bunt und farbenfroh? Gefällt dir ein Stoff mit oder ohne Muster, Streifen, Drucke?

- Dekoration

Die Dekorationsmöglichkeiten sind fast unbegrenzt. Stoffmalerei, Applikationen, Stickerei von Hand oder mit der Nähmaschine, gespannte Fäden, Knoten, Drapierungen, Molatechnik – vieles eignet sich. Allerdings ist weniger oft mehr!

Ein guter Entwurf hilft dir, deine Design-Idee in die Tat umzusetzen.

Stoff- und Zubehöreinkauf

Vor dem Einkauf:

- Erstelle eine genaue Einkaufsliste mit Stoffbedarf (fertige Länge und Breite + Nahtzugabe), Nähgarn, Stecknadeln, Dekomaterial.
- Überlege dir Einkaufsmöglichkeiten vor Ort oder bestelle über Katalog oder Internet.
- Vergleiche die Preise.
- Achte beim Einkauf darauf, dass der Stoff farb- und lichtecht ist und für die Maschinenwäsche geeignet. Das erspart hohe Reinigungskosten.
- Überlege, ob du gebrauchte Textilien oder noch vorhandene Reste von Nähgarn, Bändern, Dekoteilen mit einbeziehen kannst.

Arbeitsplan

Der Zuschnitt und die Näharbeiten für den Dekoschal sollten in einzelnen Arbeitsschritten gut durchdacht werden, um Material, Zeit und Arbeitskraft nicht zu vergeuden.

1. Ermittle den genauen Stoff- und Zubehörbedarf für deinen Dekoschal.
2. Erstelle einen Arbeitsplan für die Näharbeiten, die für deinen Dekoschal nötig sind. Die folgende Seite hilft dir dabei.
3. Überlege dir die einzelnen Arbeitsschritte für die Umsetzung deiner Design-Idee.
4. Setze auch Ideen, die dir während der Arbeit einfallen, gleich um und arbeite sorgfältig.

Arbeitsschritte

1. Vorbereitung und Zuschnitt
Stoffe, die einlaufen könnten, sollten vorgewaschen werden. Breite den Stoff auf einer flachen, glatten Unterlage aus, z. B. auf dem Fußboden. Schneide den Stoff möglichst fadengerade zu (Faden ziehen). Entferne die Webekante, um ein Wellen der Säume zu vermeiden.

2. Außenkantenverarbeitung
Seitennähte

Doppelt umschlagen, damit der Dekoschal in Form bleibt und sich die Seitenkanten nicht verziehen.
Zuerst die Seitenkante ca. 1–2 cm umbügeln, nochmals umschlagen, flachbügeln, feststecken und steppen.

3. Saum
Schnittkanten zunächst um die halbe Saumbreite nach innen falten und bügeln. Danach Saumbreite nochmals einschlagen, bügeln, stecken und steppen. Bei dicken Stoffen schrägt man die Ecken ab.
Bei leichten, transparenten Soffen sorgt ein breiter Saum, in den man einen Stab einschieben kann, für einen schönen Fall.

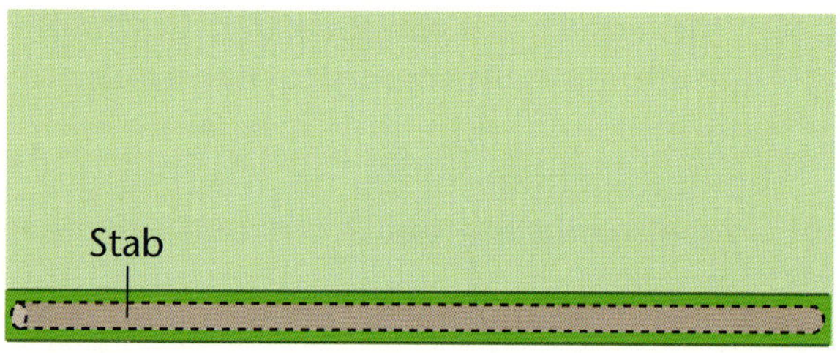

Tipps zum Zuschneiden eines Vorhangs

- Die Länge des Vorhangs wird senkrecht von der Aufhängung bis zum Saum gemessen.
- Bei kurzem Vorhang sollte der Saum ca. 2,5 cm oberhalb des Fensterbretts liegen.
- Bei einem langen Vorhang sollte der Abstand bis zum Boden 2,5 cm betragen.
- Zur Länge des Vorhangs 20 cm dazugeben; darin ist der Umschlag an der oberen Kante sowie die Saumzugabe enthalten.

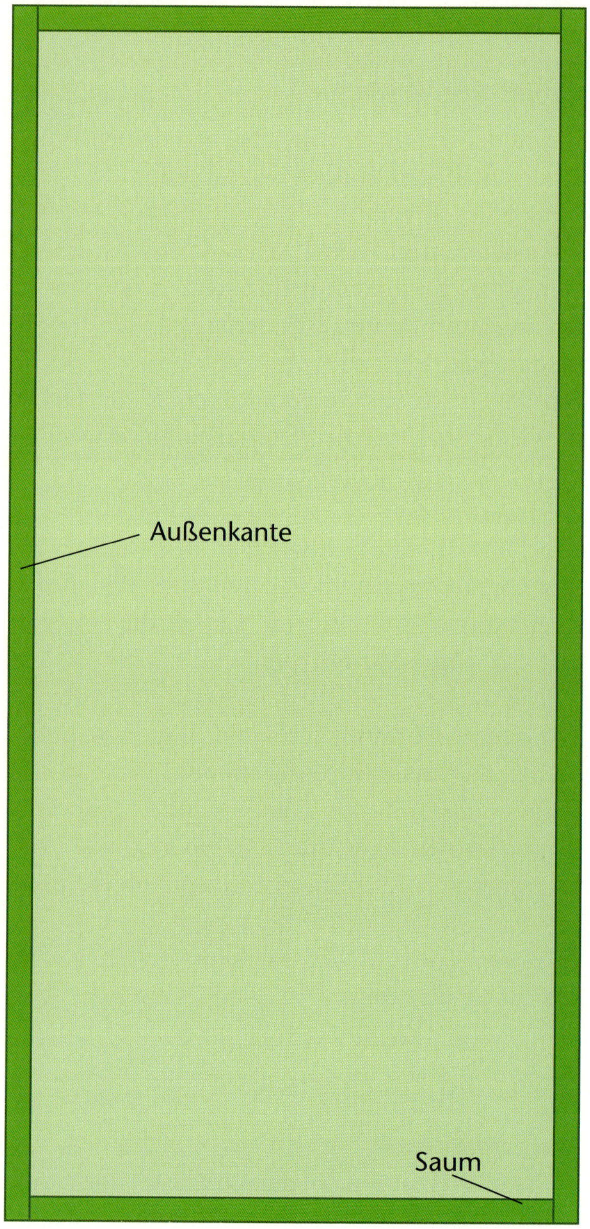

4. Obere Kante, Aufhängevorrichtungen

Für die obere Kante gibt es einige Verarbeitungsmöglichkeiten.

Für einen Tischläufer verarbeitet man die obere und die untere Kante wie die Seitennähte.

Ringe

Sollen an den Vorhang/Wandbehang Ringe angebracht werden, schlägt man die obere Schnittkante erst 1 cm, dann noch einmal 2,5 cm um und steppt sie fest. Anschließend werden die Ringe im Abstand von 7–10 cm aufgenäht oder eingestanzt.

Schlaufen

- Zuschneiden: Gewünschte Breite der Schlaufen mal 2 plus 2 cm Saum, gewünschte Länge der Schlaufen (4–7 cm) mal 2 plus 2 cm Saum.
- Längsnaht sowie eine Endnaht von links schließen. Endnaht evtl. spitz zulaufend oder als Halbkreis.
- Schlaufe wenden, bügeln, Saumzugabe des offenen Endes nach innen wenden und Naht knappkantig schließen.
- Schlaufen im Abstand von 7–10 cm an die obere Vorhangkante annähen. Dabei entweder beide Schlaufenenden verdecken oder Vorhang-/Wandbehangkante zwischen die Schlaufenenden legen.
- Variationen sind möglich, beispielsweise durch das Anbringen von Knöpfen, Schleifen oder Manschetten.

5. Gestaltungsmöglichkeiten

Stoffmalerei

Schablone zeichnen, ausschneiden, aufzeichnen, mit Stoffmalfarbe ausmalen, bei Schriftzeichen erleichtern Stoffmalstifte die Arbeit.

Applikation und Maschinenstickerei

Diese Technik ist in *Mensch und Umwelt* Band 1, Seite 132, beschrieben.

Drapieren

Mola-Technik

1 Suche Gestaltungsmöglichkeiten für zwei Tischläufer.

2 Der Dekoschal soll als Stola für einen Theaterabend verwendet werden. Welchen Stoff und welche Gestaltung würdest du wählen?

Die kreative Nähmannschaft entwickelt neue Shirts

Entwerfe dein eigenes T-Shirt

Das Nähen mit der Nähmaschine hast du bereits kennen gelernt. Jetzt könntest du ein eigenes Kleidungsstück kreieren – ein Teil, das nur du allein hast, das man nicht kaufen kann.
Im Textilunterricht hast du die Gelegenheit, das eigene T-Shirt zu verwirklichen.
Du kannst neue Stoffe kaufen, aus drei alten Shirts ein neues nähen oder den Stoff selbst einfärben und bemalen.
Das Shirt kann weit oder körperbetont sein, es könnte nur ein Top sein oder eine Weste: deiner Fantasie sind keine Grenzen gesetzt!
Kleidung ist mehr als eine Schutzhülle um unseren Körper. Sie ist Ausdruck unserer Identität. Über sie teilen wir uns anderen mit, über sie nehmen wir andere wahr.

1 Informiere dich, wie Shirts aussehen könnten, sammle Ideen und zeichne sie auf. Am besten fertigst du mehrere Entwürfe.

2 Suche in Stoffläden, welche Stoffe angeboten werden, sammle Stoffproben.

3 Erkundige dich, wo du günstig Secondhand-Shirts erwerben kannst.

4 Überlege, welche Farben dir gefallen und zu deinem Typ passen.

5 Körperbetont und eng oder weit und locker, sportlich oder femin – für welche Form kannst du dich begeistern?

6 Zu welchen Anlässen möchtest du dein Shirt tragen?

Das Shirt muss passen – richtig Maß nehmen

Lasse dir beim Messen von einer Partnerin helfen. Fixiere mit einem festen Band deine Taille. Stehe gerade, aber entspannt.
Trage die Maße auf einem vorbereiteten Zettel ein, damit du später deine Daten mit dem Schnitt vergleichen kannst.

1 Oberweite: Das Maßband vorn auf die stärkste Stelle der Brust legen, unter den Arm hindurchführen, am Rücken leicht ansteigend.

2 Halsweite: Am Halsansatz, direkt über dem Schlüsselbein, messen.

3 Rückenlänge: Messe von dem etwas abstehenden Halswirbelknochen entlang der Rückenmitte bis zur Unterkante des Taillenbandes und weiter bis zur gewünschten Länge. (Das Rückteil des Shirts könnte länger sein als das Vorderteil).

4 Rückenbreite: Waagrecht von Armansatz bis Armansatz messen. Wichtig: eine aufrechte Haltung.

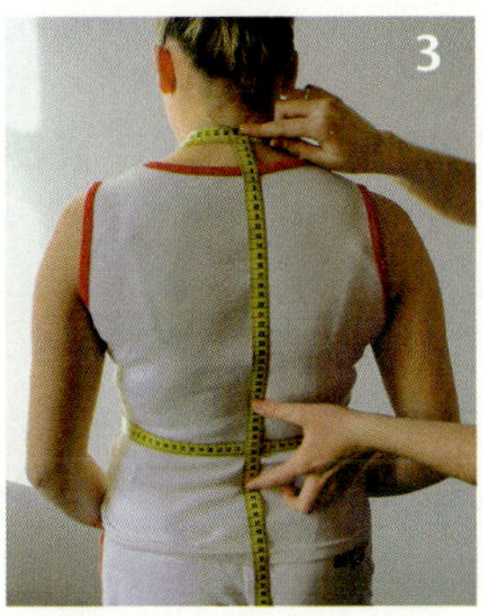

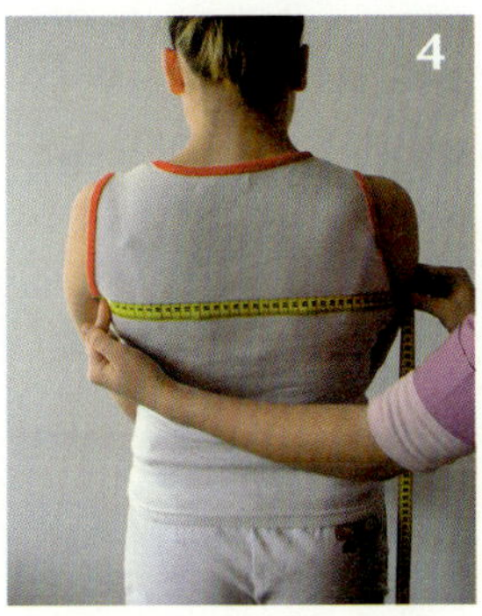

5 Taillenweite: Gemessen wird an der schmalsten Stelle des Rumpfes. Hier wird auch das Taillenband festgebunden.

6 Hüftweite: Maßband waagrecht über die stärkste Stelle des Gesäßes legen.

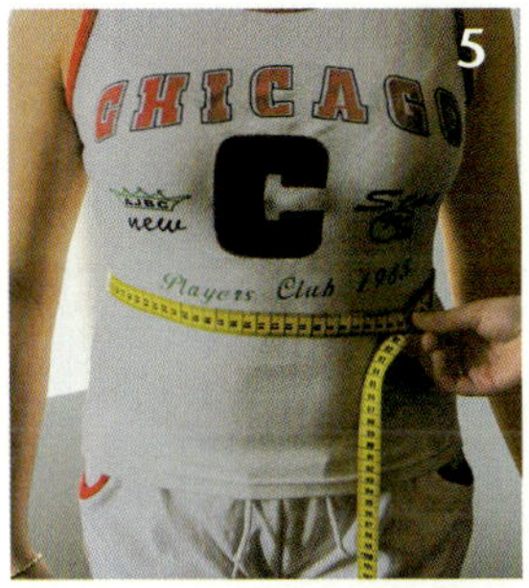

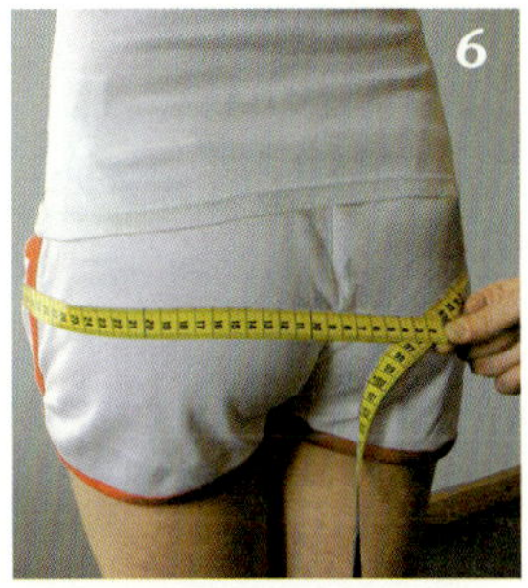

7 Schulterbreite: Vom Halsansatz bis zum Schulterpunkt messen.

8 Oberarmweite: An der stärksten Stelle des Oberams messen.

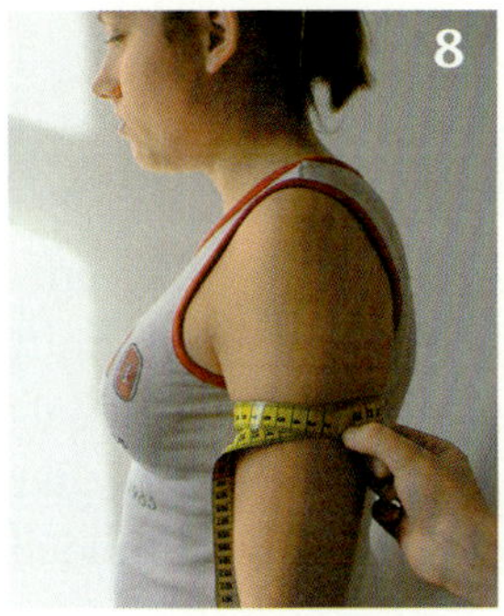

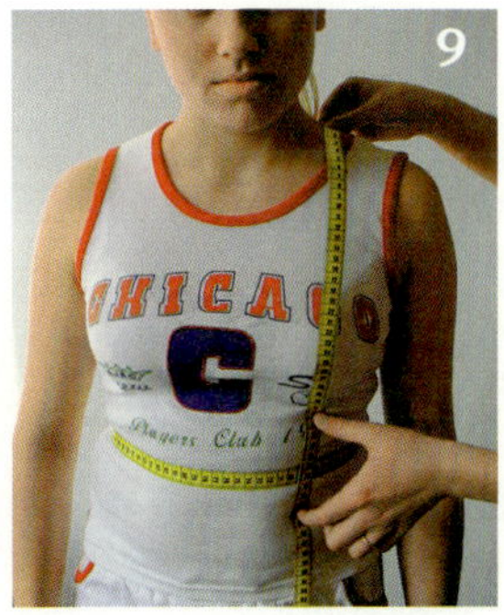

9 Vordere Taillenlänge: Messe vom seitlichen Halsansatz über die Brustspitze bis zum Taillenband und weiter bis zur gewünschten Länge des Shirts. Möglichst gerade stehen, sonst verschiebt sich die Länge und das Längenmaß wird ungenau.

10 Armlänge: Bei einem Langarm-Shirt vom Schulterpunkt bis zur Handwurzel, bei leicht angewinkeltem Ellbogen und bei kurzem Arm bis zu der gewünschten Länge messen.

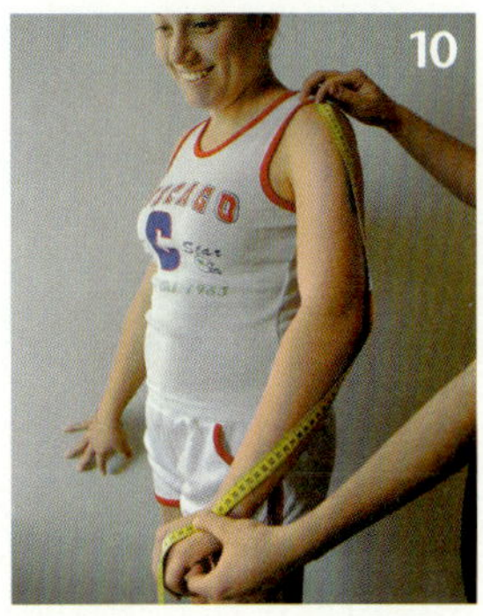

Mädchengrößen					
Körpergröße cm	**152**	**158**	**164**	**170**	**176**
Oberweite cm	76	80	84	88	92
Taillenweite cm	65	67	69	71	73
Hüftweite cm	82	86	90	94	98
Rückenlänge cm	36	38	40	42	43
Armlänge cm	55	57	59	61	63
Halsweite cm	33	34	35	36	37

Damengrößen bei Körpergröße168 cm						
Größe	**34**	**36**	**38**	**40**	**42**	**44**
Oberweite cm	80	84	88	92	96	100
Taillenweite cm	62	66	70	74	78	82
Hüftweite cm	86	90	94	98	102	106
Vord. Taillenlänge cm	43	44	45	46	47	48
Brusttiefe cm	25	26	27	28	29	30
Rückenlänge cm	41	41	42	42	43	43
Schulterbreite cm	12	12	12	13	13	13
Armlänge cm	59	59	60	60	61	61
Oberarmweite cm	26	27	28	29	30	31
Halsweite cm	34	35	36	37	38	39

Jungengrößen					
Körpergröße cm	**152**	**158**	**164**	**170**	**176**
Oberweite cm	78	81	84	87	90
Bundweite cm	70	72	75	77	79
Hüftweite cm	82	85	88	91	94
Rückenlänge cm	37	39	41	43	45
Armlänge cm	55	57	59	61	63
Halsweite cm	33	34	35	36	37

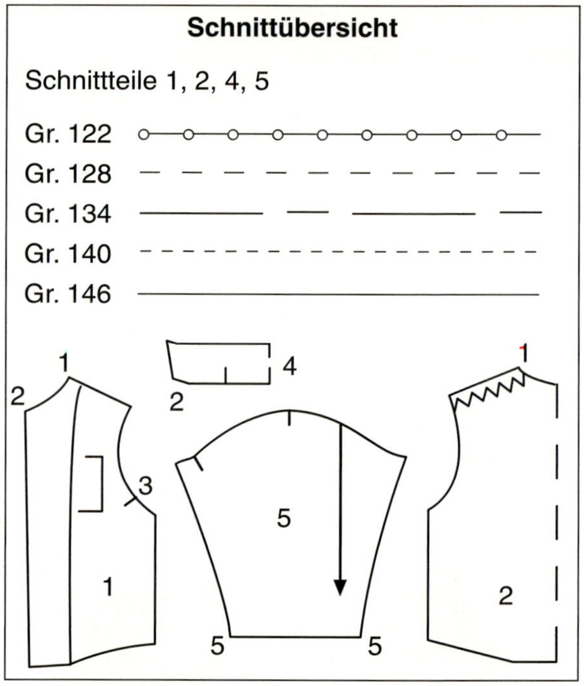

Der Schnitt

Du könntest nun nach deinen Maßen selbst einen Schnitt zeichnen, allerdings ist es wesentlich schneller und einfacher, einen Fertigschnitt zu kaufen und auszuschneiden. In Stoffgeschäften findest du sicher einen Fertigschnitt, der zumindest einigermaßen deinem Wunschmodell entspricht.
Die *Maßtabellen* helfen dir, deine Größe zu bestimmen und die richtige Schnittgröße auszusuchen. Am wichtigsten sind Oberweite und die Hüftweite. Wähle die Größe, die deinen Maßen am nächsten kommt.

Für die gute Passform des Shirts sind deine eigenen Maße wichtig, die mit der Schnittgröße übereinstimmen müssen.

Der Fertigschnitt ist meistens für mehrere Größen gezeichnet; jede Größe ist mit einer anderen Linie gezeichnet, so dass du die richtige Größe leicht erkennen kannst.
Entspricht der Fertigschnitt von der Form her genau deinen Shirt-Wünschen, so kannst du ihn sofort für den Zuschnitt verwenden. Wahrscheinlicher jedoch ist, dass du noch Details ändern möchtest, damit es auch dein eigenes Shirt wird.

Die Schnittteile

Wie du auf dem Übersichtsplan sehen kannst, sind für das Shirt nur je eine Hälfte von Vorder- und Rückteil und ein Ärmel nötig.

Stoffeinkauf

Nun bist du in der Lage auszurechnen, wie viel Stoff du für dein Shirt kaufen musst. Nahtzugaben müssen beachtet werden; Stoffe kann man nur im 5-cm-Schritt kaufen.
Beispiel:
1 x die Länge deines Shirts (58 cm) + 5 cm Nahtzugabe = <u>0,63 m</u>. + 1 x die Armlänge (20 cm) + 4 cm = <u>0,24 m</u>. Ergebnis: <u>0,87 m</u>.
Bei einer Stoffbreite von 150 cm benötigst du 0,90 m Stoff.

Für den Stoffeinkauf sind die Breite des Stoffes und die Maße deines Schnittes ausschlaggebend.

Zuschnitt

Meist liegt deinem Fertigschnitt auch ein Zuschneideplan bei, so ähnlich wie dieser:

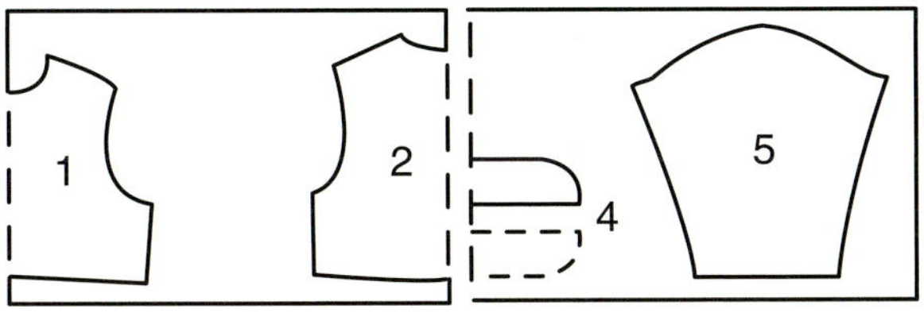

Du solltest selbst nachprüfen, ob du eine stoffsparendere Lösung findest. Außerdem sind zu beachten: Bruchkanten, Markierungen, Fadenlauf und Nahtzugaben.

So weiterarbeiten:

- Schnitt feststecken
- Nahtzugabe markieren
- nochmals alles gut überprüfen
- mit einer Stoffschneideschere zuschneiden
- Markierungen einzwicken
- Schnitt entfernen.

Nähtechnik für ein Shirt

Shirt in sieben Schritten

1 Erste Schulternaht schließen und versäubern.

2 Halsausschnittkante versäubern und 1 cm umbügeln, auf die linke Stoffseite.

3 Zweite Schulternaht schließen und versäubern. Halsausschnitt mit einem Zierstich (dehnbar) festnähen.

4 Säume von Vorderteil, Rückteil und den beiden Ärmeln versäubern (mit Kantenstich) und die Säume 2–3 cm auf die linke Seite umbügeln.

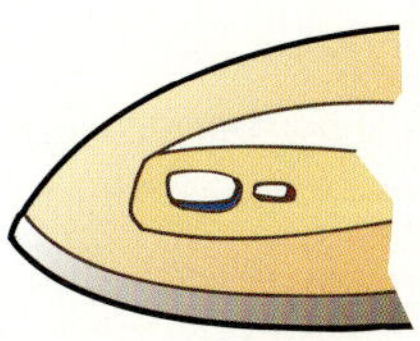

5 Ärmel offen einnähen, Schulternahtmarkierungen und Vorderärmelmarkierung beachten, Ärmelnaht versäubern, mit Zierstich (dehnbar) festnähen.

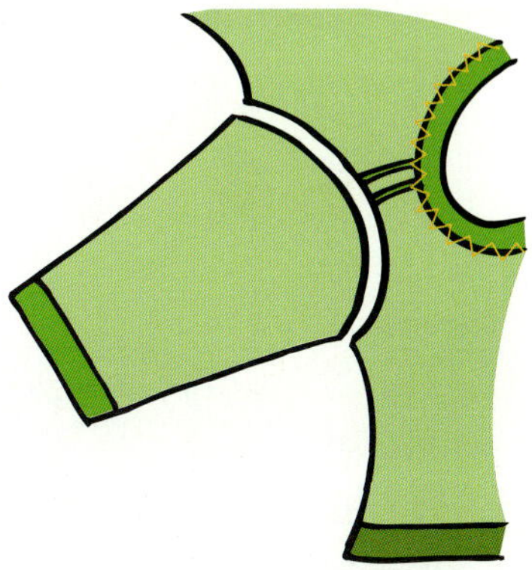

6 Seitennaht und Ärmelnaht in einem Zug zusammennähen, versäubern und ausbügeln. Die zweite Seite auf die gleiche Weise arbeiten.

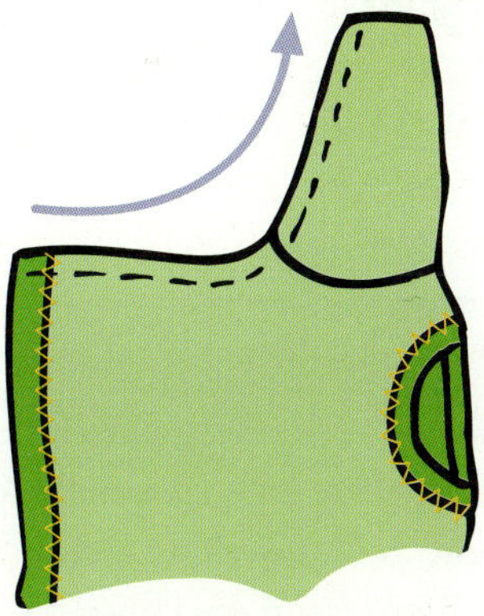

7 Säume mit dem Saumstich der Nähmaschine hochnähen und Shirt bügeln.

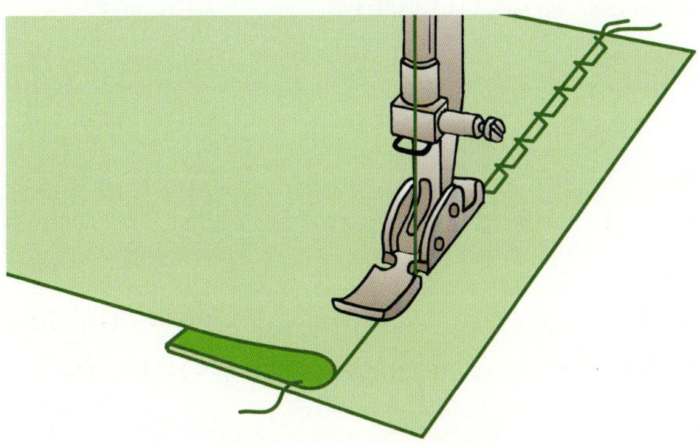

Dekoteile vor dem Zusammennähen anbringen

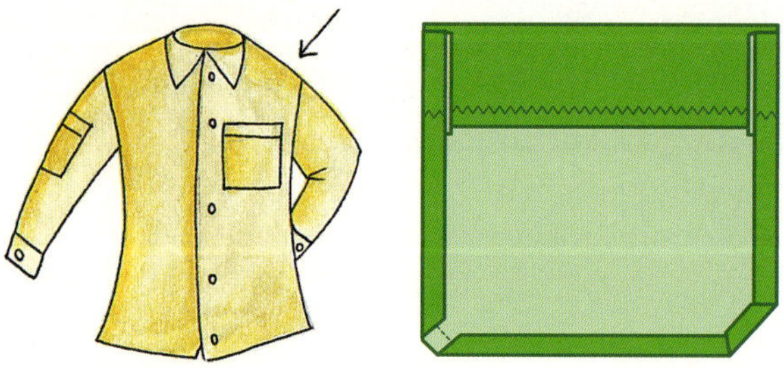

Taschen

Applikationen

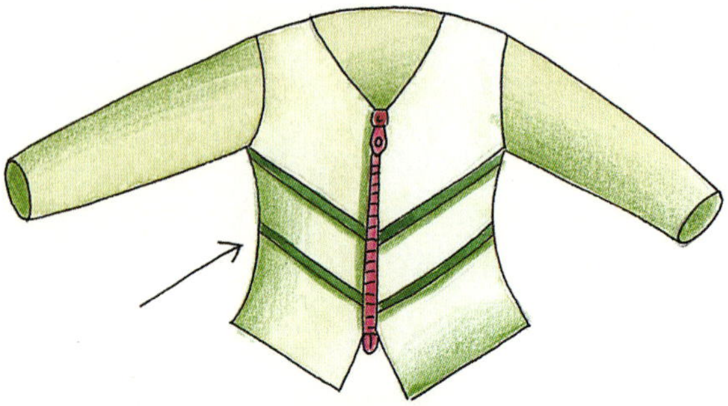

Bändchen

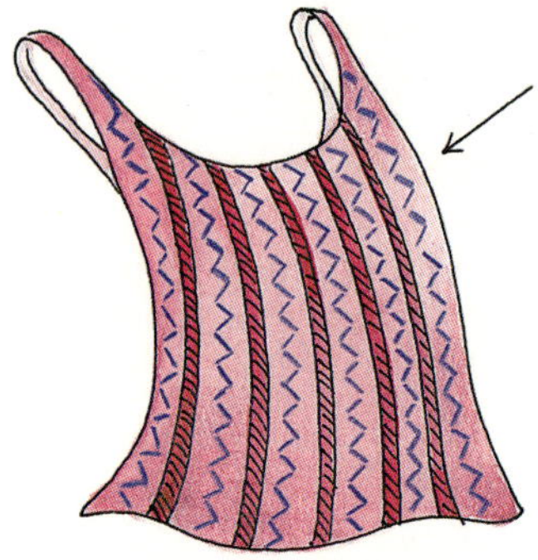

Stickereien

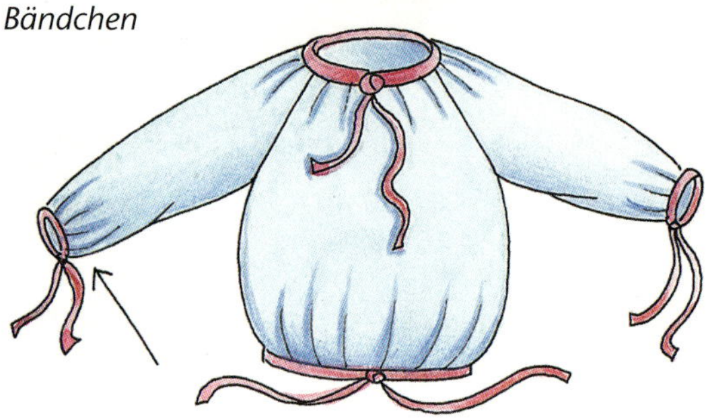

Gestaltung mit dem Computer, Druck über Transferfolie

Arbeitsplan

Schreibe deinen persönlichen Arbeitsplan auf. Entwickle eine rationelle Arbeitsweise und überlege genau, welche Details vor dem Zusammennähen schon angebracht werden können. Kniffelige Nacharbeiten lassen sich so vermeiden.

Arbeitsschritte	Arbeitsmittel	Hinweise
1.		
2.		

Bei körpernahen Schnitten ist eine Anprobe nötig. Bügeln erleichtert manche Näharbeit.

1. Erstelle einen Arbeitsbericht für dein Shirt, notiere dir auch Arbeitszeiten.
2. Arbeite mit der Bedienungsanleitung der Nähmaschine.
3. Beachte die Unfallgefahren beim Maschinennähen.
4. Lasse dich von Störungen der Nähmaschine nicht zu sehr beeinträchtigen, suche selbst Lösungsmöglichkeiten.
5. Finde individuelle Wege, um aus deinem Entwurf ein Kleidungsstück nach deinen Wünschen werden zu lassen.

Individuelle Gestaltung am PC

Gespiegelter Ausdruck über den Tintenstrahldrucker

Motiv ausschneiden

Motiv auf helle Baumwolltextilien aufbügeln

Trägerpapier abziehen

Maschinenwaschbar bis 40 °C

Gestaltung mit dem Computer

Auch den Computer kannst du als Gestaltungswerkzeug benutzen. Gestaltungswerkzeuge sind:

- **Objekte**
  Rechteck
  Ellipse
  Autoform: Stern
- **Farbgestaltung**
  mit Vollfarbe
  mit Farbverlauf
  Randgestaltung
- **Mustermöglichkeiten**
  Linien/Kurvenlinien
  Freihandform
  Skizze/Grafik
  Texte
  3-D-Funktion
  Schattendarstellung

Gestaltet wird mit speziellen Programmen, oft ist auch das Zubehörprogamm des PCs ausreichend.
Für die Gestaltung gelten die Regeln, die du schon auf den Seiten „Gestalten einer textilen Fläche“ Seite 114–115 kennen gelernt hast.
Wenn du selbst kein Zeichenkünstler bist, kannst du leicht auf fertige Grafiken zurückgreifen, diese aber auch nach deinen Wünschen verändern. Das große Schriftartenangebot ermöglicht dir eine leichte Beschriftung deiner textilen Arbeit.
Der Ausdruck deiner Gestaltung muss auf einer Transferfolie erfolgen. Für den Druck benötigst du einen Tintenstrahldrucker. Mit einem Farbdrucker kannst du in Farbe ausdrucken und gestalten.
Tintenstrahl-Transferfolien kannst du im Fachhandel kaufen. Bevor man jedoch auf die Transferfolie druckt, sollte man die Gestaltung auf Normalpapier ausdrucken und evtl. korrigieren.
Du kannst auch Fotos einscannen, ausdrucken und auf ein Shirt aufbügeln.
Für das richtige Aufbügeln sollte man die Arbeitsanleitung der Tranferfolie genau beachten und einen Testlauf einplanen.

Die Gestaltung mithilfe des Computers wird so gut, wie du gestalten kannst. Weniger ist mehr!

1 Suche auf deinem PC ein Zeichenprogramm und teste dein Können.

2 Suche in einer Grafik- oder Bilddatei nach brauchbaren Elementen.

3 Erstelle eine Computergestaltung für ein T-Shirt. Bewerte das Ergebnis.

Spielzeug selbst gestalten – ein Spielbuch aus Stoff

Kleine Kinder lernen spielerisch ihre Umgebung kennen und mit Gegenständen des Alltags umzugehen. Ein Spielbuch kann diesen Lernprozess unterstützen. Es eignet sich für Kinder im Alter von drei bis fünf Jahren.
Ein Beispiel: In zwei Monaten hat dein Patenkind Lisa Geburtstag. Sie erzählt gerne Geschichten, das Anziehen macht ihr viel Spaß, doch die Feinmotorik bedarf noch der Förderung.
Ein Spielbuch mit dem Titel „Lisa zieht sich gerne an“ wäre eine passende Geschenkidee.
Spielzeuge fördern sensorische und motorische Fähigkeiten von Kindern.
Beim Spielen setzt sich das Kind mit seiner Umwelt auseinander. Diese wird erst durch Erproben und Erfahren begreifbar. Die einzelnen Erfahrungen verknüpfen sich dann zu Einsichten, die auf andere Situationen übertragbar sind.

Sensorische Fähigkeiten

Weiche, harte, glatte, samtige, flauschige, kratzige Flächen können mit verschiedenen textilen Materialien hergestellt und erfühlt werden.
Töne, die beim Bewegen von unsichtbaren Glöckchen entstehen, werden gehört. Gerüche, die durch den Einsatz von Duftöl entstehen, werden wahrgenommen.

Motorische Fähigkeiten

Verschiedene Bewegungen können geübt werden: Verschlüsse lassen sich öffnen, Schleifen kann man binden, Taschen werden geleert und Kleinteile versteckt.

Gutes Spielzeug fördert Fähigkeiten und Fertigkeiten in der jeweiligen Altersstufe des Kindes und regt die Fantasie an.

Spielbuch				
Fühlbuch	Verschiedene Tiere:	Schaf Katze Küken Fisch Spinne Hase	Suche verschiedene textile Materialien für die einzelnen Tiere.	
Was riecht denn hier so »laut«?	Türe, dahinter ein Tisch mit einem frisch gebackenen Kuchen	Hinter dem Vorhang steht ein Strauß bunter Blumen.	Im Spiegelschrank steht eine Flasche Parfüm.	Geschlossene Türe, der Teddy sitzt auf der Toilette.
Im Zirkus	Die Zirkuszeltwände können geöffnet werden. Verschiedene Zirkusszenen verbergen sich dahinter: Clown, ein Mann, der jongliert, eine Seiltänzerin, angebrachte Glöckchen können den Beginn der Vorstellung signalisieren.			
Was steckt denn da drin?	In der Jackentasche	Im Koffer	Im Paket mit Schleife	Unter der Weste mit Bändchenverschluss

Spielbuch-Ideen

Ein Spielbuch sollte Möglichkeiten geben, etwas zu verändern und der eigenen Fantasie Raum lassen.

Spitze, scharfe und zerbrechliche Teile eignen sich wegen der Verletzungsgefahr nicht für ein Spielbuch.

Das Spielbuch muss stabil gearbeitet sein: Knöpfe sollte man fest annähen, Druckknöpfe mit vielen Stichen befestigen, damit sie trotz häufigen Gebrauchs nicht zu schnell locker werden oder gar abzureißen sind.
Das gesamte Material für das Spielbuch sollte aus hygienischen Gründen bei 30 °C waschbar sein.
Freundliche, fröhliche Farben regen zum Schauen und Anfassen an. Zu den Bildern sollte man Geschichten erzählen und erfinden können.

1. Für welche Altersstufe eignet sich ein Spielbuch?
2. Suche weitere Spielbuch-Motive.
3. Zeichne Entwürfe für zwei Doppelseiten des Spielbuchs.
4. Wähle Materialien aus, vielleicht kannst du vorhandene Stoffe oder gebrauchte Textilien verwenden.
5. Plane Verschlüsse (Knöpfe, Klettverschluss, Bändchen, Wollkordeln usw.) mit ein.
6. Lege die Größe des Spielbuchs fest und zeichne einen Schnitt.
7. Überlege die Umsetzung deiner Ideen und entwickle einen Arbeitsplan.

Material und Zuschnitt

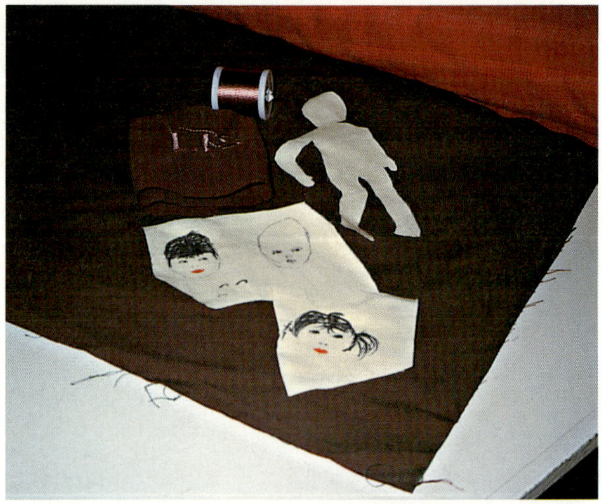

Das Gesicht wird gezeichnet

Die Rückseite wird mit Vlieseline verstärkt

Applikation von Lisa und ihrem „Koffer"

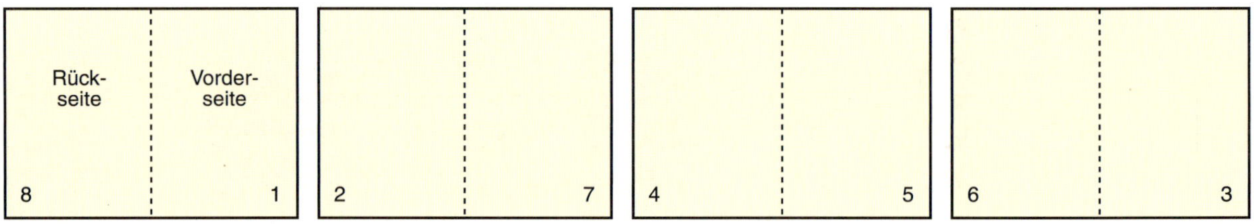

Spielbuch mit acht Seiten

Arbeitsschritte

- Entwurf
- Materialbeschaffung
- Zuschnitt der vier Buch-Doppelseiten aus dem „Buchstoff", vier Doppelseiten Vlieseline und zwei Doppelseiten Vlieseinlage, die einzelnen Figuren und Großteile
- Nähproben für Applikation und Maschinenstickerei.
- Aufbügeln der Vlieseline auf die vier Doppelseiten und Befestigen der Vlieseinlage auf die Einband-Doppelseite und eine Innenseite.
- Applikation der einzelnen Figuren.
- Nähen der Kleinteile (z. B. Kleidung, Stiefel, Schrankteile) und Anbringen der Klettverschlussteile auf Buchseiten und Figur.

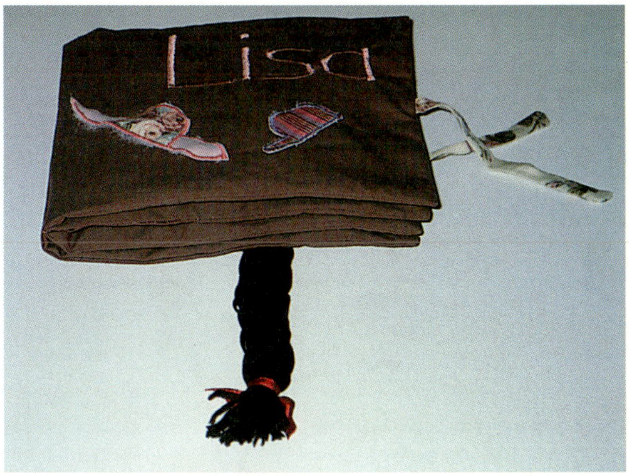

Fertige Vorderseite

Rückseite

Lisa geht ins Schwimmbad

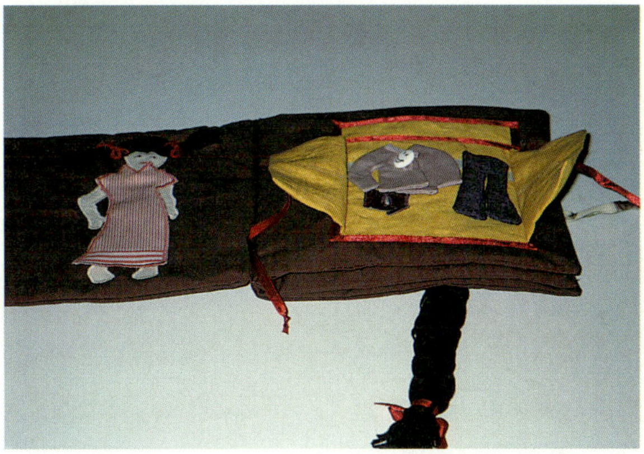

Zusammengenähte Seiten mit offener Doppelseite

- Ausschmücken und dekorieren: Dekorationsgegenstände häkeln, sticken oder aufnähen (z.B. Tasche, Buchstaben, Zopf), Knöpfe annähen und mit Stoffmalstiften Zeichnungen einfügen (z.B. Gesichtzüge, Haare).
- Verschluss an der Außenseite anbringen, z.B. Bändchen oder Kordel.
- Je zwei Doppelseiten (richtige Reihenfolge beachten, siehe Seite 128) rechts auf rechts legen, feststecken.
- Seiten so zusammennähen, dass zum Verstürzen eine Öffnung bleibt, die Nahtzugabe der Vlieseinlage zurückschneiden und Ecken abschrägen.
- Doppelseiten wenden, Kanten ausbügeln und offene Stellen unsichtbar von Hand zunähen.
- Die beiden fertigen Doppelseiten in der Buchmitte zusammensteppen (größere Steppstiche) und alles gut ausbügeln.
- Jede Seite auf Vollständigkeit prüfen, evtl. noch Korrekturen vornehmen, Spielmöglichkeiten testen.
- Bewerten: Ist das Spielbuch so geworden, wie es im Entwurf vorgesehen war? Welche Schwierigkeiten waren zu bewältigen? Ist die Farbzusammenstellung gelungen?
- Den Praxistest besteht dein Spielbuch, wenn du es verschenkst.
- Verpacke dein Geschenk. (Überlege Verpackungsmöglichkeiten.)

Überlege dir, mit welchen Worten du bei der Geschenkübergabe die Neugierde des Kindes wecken kannst.

1 Erstelle einen Arbeitsbericht für dein Spielbuch.

2 Bewerte dein Spielbuch (Bewertungsbogen siehe *Mensch und Umwelt 1*, Seite 123).

Instandhaltung von Textilien – so verschwinden Löcher

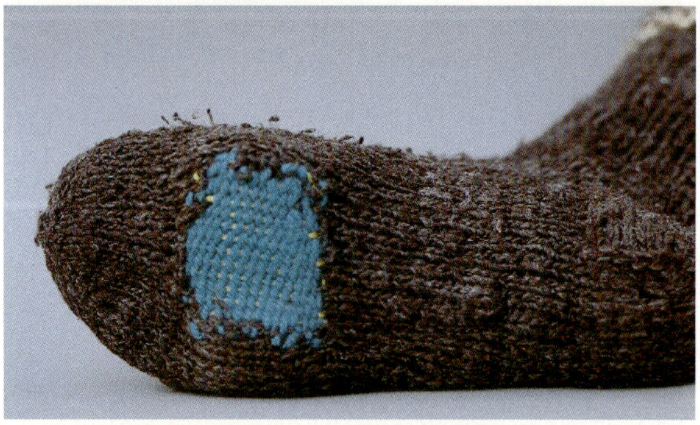

Socken stopfen
Tipp: Mit einem Stopfei geht's einfacher

Flicken aufnähen
Tipp: Man kann auch ein Stoffstück darunter nähen

Stopfen mit der Maschine
Tipp: Verwende den Stopffuß

Applikation
(siehe Seite 119)

Aus alter Kleidung Neues herstellen

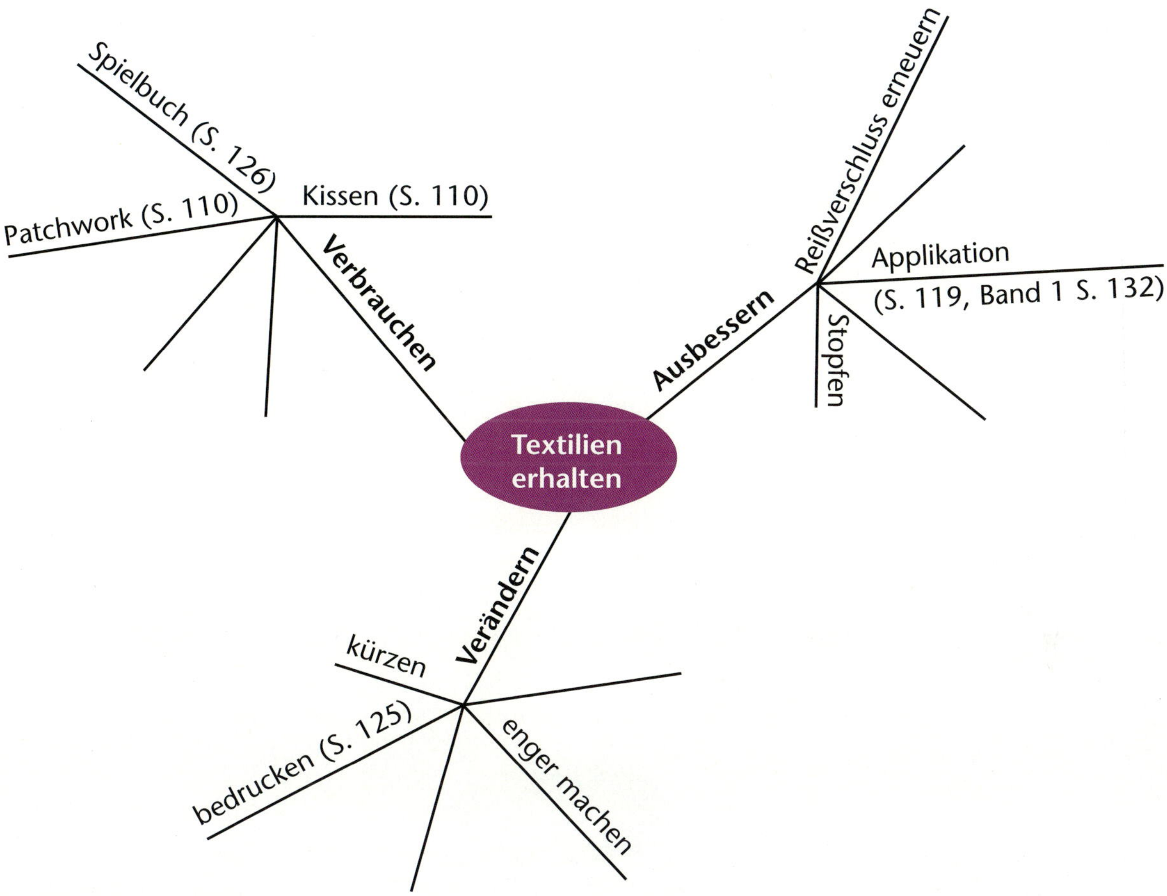

Textilien erhalten

Ausbessern: Wehret den Anfängen!

Einen kleinen Schaden gleich erkennen und beheben ist meist leicht – und die Reparatur kaum zu sehen. Um das Ausbessern zu erleichtern, bieten Kurzwarenabteilungen allerlei Artikel an. Wer noch dazu etwas Erfahrung mit Nadel und Faden und im Umgang mit der Nähmaschine hat, der steht nicht mehr hilflos vor einem Loch in der Hose oder im Strumpf.
Auch Änderungsschneidereien bieten ihre Dienste an. Da erkennt man, wie viel auch kleine Reparaturen kosten können.

Verändern – aus Alt mach Neu

Wie man Kleidung durch geschickte Veränderungen der Mode anpassen kann, hängt ganz vom jeweiligen Trend ab. Modezeitschriften geben hier oft praktische Tipps. Mit Köpfchen und Pfiff kann man eigene Ideen verwirklichen.

Verbrauchen

In jedem Haushalt werden hin und wieder Stoffreste benötigt. Was lässt sich nicht alles aus Stoffresten basteln und nähen: ein Spielbuch (siehe Seite 126–129), Puppenkleider, Spieltiere, Sofakissen, Stoffbilder und vieles mehr. So kann man sich z. B. aus alten Jeans Westernhüte und Taschen nähen. Frottier- und Maschenware eignet sich als Putzlappen. Und wenn Fastnacht kommt?

1 Vervollständige die Mindmap.
2 Weshalb ist es nützlich, wenn man Löcher stopfen kann?
3 Welche Vor- und Nachteile haben verschiedene Verfahren zum Stopfen und Flicken?
4 Selber machen oder machen lassen? Frage nach den Preisen!

Präsentation – Modeschau

Wenn ihr euren Workshop Nähen erfolgreich abgeschlossen habt, könnt ihr euch überlegen, euere Shirts zu präsentieren.

Modeschauen sind heute sehr beliebt. Du hast in den Medien oder auf einer Veranstaltung vielleicht auch schon zugesehen. Die Mindmap hilft dir bei der Planung.

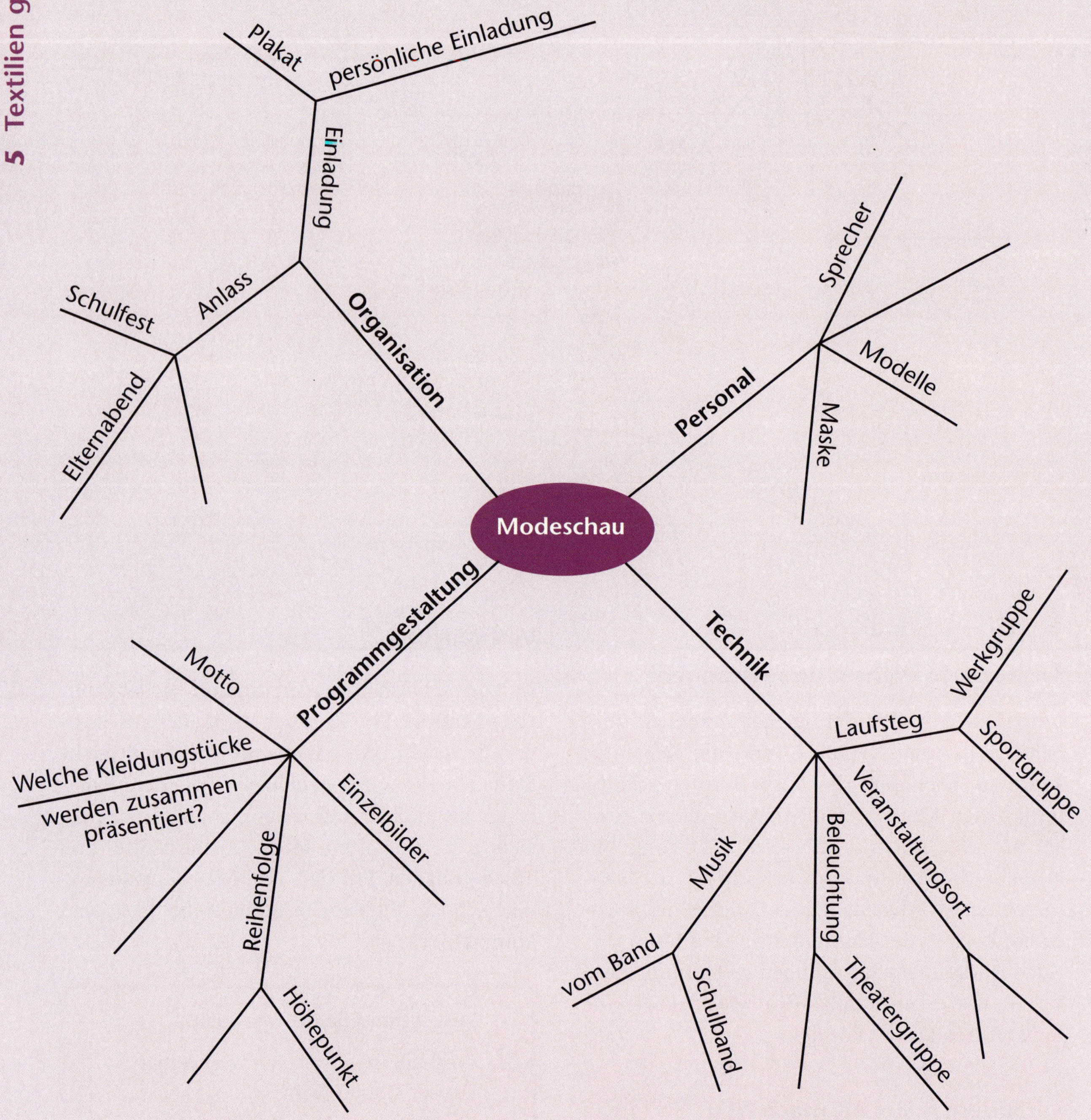

1 Ergänze die Mindmap für deine Präsentation.

2 Überlege, wer euch helfen könnte.

3 Plane die Bewirtung (Getränke) der Gäste mit ein.

Was essen wir heute?

Suppen

Bohneneintopf

Garart: Braten/ Druckgaren

Vorbereitungsarbeiten (ca. 5 Min.)

Geräte herrichten:
- Abfallschüssel, Ordnungstopf, Probieresslöffel
- Zur Vorbereitung: Küchenschüssel, Seiher, Schneidebrett, Küchenmesser, Dosenöffner
- Zur Zubereitung: Dampfdrucktopf, Rührlöffel, Esslöffel, Messbecher, Küchenwecker

Zubereitungsarbeiten (ca. 15 Min.)

Zutaten	Zubereitung
1 Zwiebel, 1 Knoblauchzehe	schälen, fein schneiden, abdecken
1 grüne Paprika, 2 Tomaten	waschen, putzen, würfeln, abdecken
2 El. wasserfreies Fett	erhitzen
200 g Rindfleischwürfel	anbraten, alle Zutaten zugeben, mitbraten
$^1/_4$ l Wasser	ablöschen, Dampfdrucktopf sachgerecht verschließen, 10 Minuten auf dem II. Ring garen
1 Dose rote Kidneybohnen, 1 Dose Mais	abgießen, zugeben, aufkochen
Salz, Pfeffer, Chilipulver	würzen, abschmecken

Anrichtearbeiten (ca. 2 Min.)
Bohneneintopf in einer vorgewärmten Suppenschüssel anrichten, Schöpflöffel vorlegen.

Tomatensuppe

Garart: Dünsten/ Kochen

Vorbereitungsarbeiten (ca. 5 Min.)

Geräte herrichten:
- Abfallschüssel, Ordnungstopf, Probieresslöffel
- Zur Vorbereitung: Schneidebrett, Küchenmesser
- Zur Zubereitung: Kochtopf, Rührlöffel, Esslöffel, Messbecher, Handrührgerät mit Pürierstab, Sahnerührbecher, Zitruspresse, Küchenwecker

Zubereitungsarbeiten (ca. 15 Min.)

Zutaten	Zubereitung
$^1/_2$ Zwiebel	schälen, fein würfeln
2 El. wasserhaltiges Fett	erwärmen, Zwiebel andünsten
1 El. Mehl	mitdünsten
$^1/_2$ l pürierte Tomaten	langsam ablöschen
$^1/_4$ l Wasser	zugeben
Salz, Zucker	würzen, 10 Minuten kochen
etwas Zitronensaft, 2 El. Sahne	zugeben, abschmecken

Anrichtearbeiten (ca. 2 Min.)
Tomatensuppe in einer vorgewärmten Suppenschüssel anrichten, Schöpflöffel vorlegen.

Minestrone (italienisch)

Garart: Dünsten/ Kochen

Vorbereitungsarbeiten (ca. 5 Min.)

Geräte herrichten:
- Abfallschüssel, Ordnungstopf, Probieresslöffel
- Zur Vorbereitung: Küchenschüssel, Seiher, Schneidebrett, Küchenmesser, Sparschäler, Küchenwaage
- Zur Zubereitung: Kochtopf, Rührlöffel, Esslöffel, Messbecher, Küchenwecker

Zubereitungsarbeiten (ca. 25 Min.)

Zutaten	Zubereitung
1 Zwiebel	schälen, fein würfeln, abdecken
1 Knoblauchzehe	schälen, fein hacken, abdecken
2 Karotten	waschen, schälen, in feine Streifen schneiden, abdecken
1 Stange Lauch	waschen, in Ringe schneiden, abdecken
200 g grüne Bohnen	waschen, putzen, in 5 cm lange Stücke schneiden, abdecken
3 Tomaten	waschen, schälen, abdecken
2 El. wasserhaltiges Fett	erwärmen, Gemüse andünsten
1 l Wasser	ablöschen
Salz, Paprika, Thymian	würzen, abschmecken, 20 Minuten kochen
125 g Spagetti	zerbrechen, zugeben
200 g grüne Erbsen (tiefgefroren)	zugeben, 10 Minuten kochen
1 El. Petersilie	waschen, fein schneiden, darüber streuen

Anrichtearbeiten (ca. 2 Min.)
Minestrone in einer vorgewärmten Suppenschüssel anrichten, Schöpflöffel vorlegen, mit Parmesan servieren.

Kartoffelsuppe

Garart: Druckgaren

Vorbereitungsarbeiten (ca. 5 Min.)

Geräte herrichten:
- Abfallschüssel, Ordnungstopf, Probieresslöffel
- Zur Vorbereitung: Küchenschüssel, Seiher, Küchenwaage, Gemüsebürste, Schneidebrett, Küchenmesser, Sparschäler
- Zur Zubereitung: Dampfdrucktopf, Rührlöffel, Messbecher, Esslöffel, Küchenwecker

Zubereitungsarbeiten (ca. 15 Min.)

Zutaten	Zubereitung
500 g Kartoffeln	waschen, schälen, würfeln
$^3/_4$ l Wasser	zum Kochen bringen, Kartoffeln zugeben
2 El. Suppengemüse (tiefgefroren)	zugeben, Dampfdrucktopf sachgerecht verschließen, 5 Minuten auf dem II. Ring garen
1 El. wasserhaltiges Fett	zugeben
Salz, Suppengewürz, Majoran	würzen, abschmecken
1 El. Petersilie	waschen, fein schneiden, darüber streuen

Anrichtearbeiten (ca. 2 Min.)
Kartoffelsuppe in einer vorgewärmten Schüssel anrichten, Schöpflöffel vorlegen.

Getränke

Milchmixgetränke

Vorbereitungsarbeiten (ca. 5 Min.)

Geräte herrichten:
- Abfallschüssel, Ordnungstopf, Probieresslöffel
- Zur Zubereitung: Handrührgerät mit Pürierstab, Sahnerührbecher, Zitruspresse, Küchenmesser, Schneidebrett, Esslöffel, Messbecher

Zubereitungsarbeiten (ca. 10 Min.)

Zutaten	Zubereitung
Bananenmilch: 2 reife Bananen	pürieren
Saft einer 1/2 Zitrone 2 El. Zucker 1/2 l Buttermilch	zugeben, verrühren
Kirschmilch: 1/2 Glas Sauerkirschen	pürieren
1 Pckg. Vanillezucker 1/2 l Sauermilch	zugeben, verrühren

Anrichtearbeiten (ca. 2 Min.)
Milchmixgetränk in einen Glaskrug füllen oder auf vier Gläser verteilen.

Hawaiidrink

Vorbereitungsarbeiten (ca. 5 Min.)

Geräte herrichten:
- Abfallschüssel, Ordnungstopf, Probieresslöffel
- Zur Zubereitung: Schneidebrett, Küchenmesser, Messbecher, Zitruspresse, Sahnerührbecher

Zubereitungsarbeiten (ca. 15 Min.)

Zutaten	Zubereitung
400 ml Orangensaft 200 ml Apfelsaft 200 ml Ananassaft Saft einer 1/2 Zitrone	vermischen
4 Ananasstücke, 4 Kiwistücke	auf kleine Holzspieße stecken

Anrichtearbeiten (ca. 2 Min.)
Hawaiidrink in einen Glaskrug füllen oder auf vier Gläser verteilen, mit Früchtespießen und Trinkhalmen garnieren.

Salate

Ackersalat

Vorbereitungsarbeiten (ca. 5 Min.)

Geräte herrichten:
- Abfallschüssel, Ordnungstopf, Probieresslöffel
- Zur Vorbereitung: Küchenschüssel, Seiher, Küchenwaage, Küchenmesser
- Zur Zubereitung: Salatbesteck, Schüssel, Esslöffel, Teelöffel

Zubereitungsarbeiten (ca. 10 Min.)

Zutaten	Zubereitung
160 g Ackersalat	putzen, waschen, abdecken
Marinade: 2 El. Essig, 2 El. Öl 1/2 Tl. Salz, 1/2 Tl. Zucker, Pfeffer, 1 Tl. Senf	verrühren
	Salat vorsichtig mit der Marinade vermischen

Anrichtearbeiten (ca. 2 Min.)
Ackersalat auf Portionsschälchen verteilen oder in eine Glasschüssel geben und Salatbesteck vorlegen.

Endiviensalat

Vorbereitungsarbeiten (ca. 5 Min.)

Geräte herrichten:
- Abfallschüssel, Ordnungstopf, Probieresslöffel
- Zur Vorbereitung: Küchenschüssel, Seiher, Schneidebrett, Küchenmesser
- Zur Zubereitung: Salatbesteck, Schüssel, Esslöffel, Teelöffel

Zubereitungsarbeiten (ca. 15 Min.)

Zutaten	Zubereitung
1/2 Endiviensalat	putzen, waschen, in schmale Streifen schneiden, abdecken
Marinade: 1/2 Becher Sauerrahm, 2 El. Essig 1 Tl. Senf, 1/2 Tl. Zucker, 1/2 Tl. Salz, Pfeffer	verrühren
	Salat vorsichtig mit der Marinade vermischen

Anrichtearbeiten (ca. 2 Min.)
Endiviensalat auf Portionsschälchen verteilen oder in eine Glasschüssel geben und Salatbesteck vorlegen.

Griechischer Bauernsalat

Vorbereitungsarbeiten (ca. 5 Min.)

Geräte herrichten:
- Abfallschüssel, Ordnungstopf, Probieresslöffel
- Zur Vorbereitung: Küchenschüssel, Seiher, Schneidebrett, Küchenmesser, Sparschäler
- Zur Zubereitung: Schüssel, Esslöffel, Teelöffel, Küchenwaage, Salatbesteck

Zubereitungsarbeiten (ca. 15 Min.)

Zutaten	Zubereitung
1/2 Gurke	waschen, schälen, würfeln, abdecken
1 gelbe Paprika	waschen, putzen, würfeln, abdecken
2 Tomaten	waschen, achteln, abdecken
2 Zwiebeln	schälen, in Ringe schneiden, abdecken
Marinade: 2 El. Essig, 2 El. Olivenöl 1/2 Tl. Salz, Pfeffer	vermengen
	Gemüse mit der Marinade vermengen
100 g schwarze Oliven 200 g Schafskäse	würfeln, über den Salat geben

Anrichtearbeiten (ca. 2 Min.)
Griechischen Bauernsalat auf Portionsschälchen verteilen oder in einer Glasschüssel anrichten und Salatbesteck vorlegen.

Tomaten mit Mozzarella

Vorbereitungsarbeiten (ca. 5 Min.)

Geräte herrichten:
- Abfallschüssel, Ordnungstopf
- Zum Waschen: Küchenschüssel, Seiher
- Zum Schneiden: Küchenmesser, Schneidebrett

Zubereitungsarbeiten (ca. 10 Min.)

Zutaten	Zubereitung
4 Tomaten	waschen, in Scheiben schneiden
2 Mozzarella-Käse	in Scheiben schneiden
	Tomatenscheiben auf vier Teller verteilen, Mozzarellascheiben darauf legen
Pfeffer	darüber streuen
Olivenöl, Balsamico	darüber tropfen
Basilikum	waschen, verzieren

Eiersalat

Garart: Kochen

Vorbereitungsarbeiten (ca. 5 Min.)

Geräte herrichten:
- Abfallschüssel, Ordnungstopf, Probieresslöffel
- Zum Kochen der Eier: Stieltopf, Küchenwecker
- Zur Vorbereitung: Küchenschüssel, Seiher, Schneidebrett, Küchenmesser, Sparschäler, Küchenwaage, Esslöffel
- Zur Zubereitung: Zitruspresse, Salatbesteck, Esslöffel, Teelöffel, Schüssel

Zubereitungsarbeiten (ca. 15 Min.)

Zutaten	Zubereitung
4 Eier	10 Minuten hart kochen, abschrecken, schälen, in Scheiben schneiden
2 Gewürzgurken 100 g gekochter Schinken	würfeln
1 Apfel	waschen, schälen, entkernen, würfeln
1 El. Kapern	zerkleinern
Marinade: 2 El. Majonäse, 2 El. Jogurt, etwas Zitronensaft $^1/_4$ Tl. Salz, $^1/_4$ Tl. Zucker, $^1/_4$ Tl. Senf	verrühren
	Marinade vorsichtig mit den anderen Zutaten vermengen

Anrichtearbeiten (ca. 2 Min.)
Eiersalat auf Portionsschälchen verteilen oder in einer Glasschüssel anrichten und Salatbesteck vorlegen.

Gurkensalat

Vorbereitungsarbeiten (ca. 5 Min.)

Geräte herrichten:
- Abfallschüssel, Ordnungstopf, Probieresslöffel
- Zur Vorbereitung: Küchenschüssel, Seiher, Sparschäler
- Zur Zubereitung: Salatbesteck, Schüssel, Teelöffel, Esslöffel, Schneidebrett, Küchenmesser, Zitruspresse, Universalreibe

Zubereitungsarbeiten (ca. 10 Min.)

Zutaten	Zubereitung
1 Salatgurke	waschen, schälen, abdecken
Marinade: 2 El. Essig oder Zitronensaft $^1/_2$ Tl. Salz, 1 Tl. Zucker, 1 El. gehackter Dill 2 El. saure Sahne oder Jogurt	vermengen
	Salatgurke in die Marinade hobeln, vermengen Achtung: Erst kurz vor dem Anrichten zubereiten!

Anrichtearbeiten (ca. 2 Min.)
Gurkensalat auf Portionsschälchen verteilen oder in einer Glasschüssel anrichten und Salatbesteck vorlegen.

Eierspeisen

Baskische Eier

Garart: Dünsten

Vorbereitungsarbeiten (ca. 5 Min.)

Geräte herrichten:
- Abfallschüssel, Ordnungstopf
- Zur Vorbereitung: Küchenschüssel, Seiher, Küchenmesser, Schneidebrett
- Zur Zubereitung: Esslöffel, Teelöffel, Küchenwaage, Sahnerührbecher, Handrührgerät mit Schneebesen, Bratenpfanne mit Deckel, Pfannenwender

Zubereitungsarbeiten (ca. 15 Min.)

Zutaten	Zubereitung
2 grüne Paprika	waschen, putzen, in Streifen schneiden, abdecken
1 Zwiebel	schälen, fein würfeln
3 El. wasserhaltiges Fett	erwärmen, Gemüse weich dünsten
500 g Tomaten	waschen, in Scheiben schneiden, mitdünsten, abdecken
4 Eier, 1/2 Tl. Salz, 1/2 Tl. Paprikapulver	verrühren, darüber gießen, Pfanne zudecken, stocken lassen

Anrichtearbeiten (ca. 2 Min.)
Baskische Eier in vier gleich große Teile schneiden und auf vorgewärmten Tellern anrichten.

Omelette provençale

Garart: Dünsten/Braten

Vorbereitungsarbeiten (ca. 5 Min.)

Geräte herrichten:
- Abfallschüssel, Ordnungstopf, Probieresslöffel
- Zur Zubereitung der Füllung: Küchenschüssel, Seiher, Küchenmesser, Schneidebrett, Teelöffel, Kochtopf, Rührlöffel, Küchenwecker
- Zur Zubereitung des Omelettes: Sahnerührbecher, Handrührgerät mit Schneebesen, Esslöffel, 2 Bratpfannen mit Deckel, Pfannenwender

Zubereitungsarbeiten (ca. 25 Min.)

Zutaten	Zubereitung
Füllung: 1 gelbe Paprika, 2 Tomaten, 1 kleine Zucchini 1 Zwiebel	 waschen, putzen, würfeln, abdecken schälen, fein würfeln, abdecken
1 Tl. wasserhaltiges Fett	erwärmen, Gemüse 10 Minuten dünsten
Salz, Pfeffer	würzen, abschmecken
Omelette: 4 Eier, 4 El. Milch	 schaumig schlagen
2 El. wasserfreies Fett	erhitzen, Eiermasse auf 2 Pfannen verteilen, zudecken, auf niedrigster Stufe stocken lassen
1 El. Petersilie	waschen, schneiden, darüber streuen

Anrichtearbeiten (ca. 5 Min.)
Omelette auf eine vorgewärmte Platte geben, Gemüse einfüllen, Omelette zuklappen, Greifzange vorlegen.

Fisch in Folie

Garart: Garen in Folie

Vorbereitungsarbeiten (ca. 5 Min.)

Geräte herrichten:
- Abfallschüssel, Ordnungstopf
- Zum Garen: Teelöffel, Backblech, Backpinsel, Alufolie, Küchenwecker
- Zur Zubereitung: Küchenschüssel, Esslöffel, Zitruspresse, Teller, Küchenmesser, Schneidebrett

Zubereitungsarbeiten (ca. 10 Min.)

Zutaten	Zubereitung
	Backofen vorheizen
1 Tl. wasserhaltiges Fett	Backblech vorbereiten, Alufolie fetten
4 Schollenfilets oder Fisch nach Wahl	säubern
3 El. Zitronensaft	säuern, 10 Minuten stehen lassen
1 El. gehackter Dill, Salz, Pfeffer	würzen, Dill darüber streuen
	Fisch auf die Alufolie legen, Alufolie verschließen
	Garzeit: 25 – 30 Minuten bei 200 °C

Anrichtearbeiten (ca. 2 Min.)

Folie öffnen, auf eine vorgewärmte Platte geben, Servierlöffel vorlegen.

Würziger Tomatenfisch

Garart: Backen

Vorbereitungsarbeiten (ca. 5 Min.)

Geräte herrichten:
- Abfallschüssel, Ordnungstopf
- Zum Backen: feuerfeste Auflaufform, Backpinsel, Teelöffel, Küchenwecker
- Zur Zubereitung: Küchenschüssel, Seiher, Esslöffel, Zitruspresse, Teller, Küchenmesser, Schneidebrett, Küchenwaage, Universalreibe

Zubereitungsarbeiten (ca. 20 Min.)

Zutaten	Zubereitung
	Backofen vorheizen
1 Tl. wasserhaltiges Fett	Auflaufform fetten
500 g Fischfilet	säubern, in etwa 5 cm breite Streifen schneiden
3 El. Zitronensaft	säuern, 10 Minuten stehen lassen
2 Zwiebeln	schälen, in dünne Ringe schneiden
500 g Tomaten	waschen, in Scheiben schneiden
	abwechselnd Fisch, Tomaten und Zwiebeln in die Auflaufform schichten
Salz, Pfeffer, Oregano	dazwischen streuen
75 g geriebener Gouda	darüber streuen
	Backzeit: 30 Minuten bei 200 °C

Anrichtearbeiten (ca. 2 Min.)

Auflaufform auf ein Gitter stellen, Servierlöffel vorlegen.

Fleischgerichte

Gefüllte Paprika

Garart: Dünsten

Vorbereitungsarbeiten (ca. 5 Min.)

Geräte herrichten:
- Abfallschüssel, Ordnungstopf, Probieresslöffel
- Zur Vorbereitung: Küchenschüssel, Seiher, Schneidebrett, Küchenmesser
- Zur Zubereitung des Fleischteiges: Rührschüssel, Handrührgerät mit Knethaken, Teelöffel, Küchenwaage, Esslöffel
- Zum Garen: Kochtopf mit Deckel, Messbecher, Handrührgerät mit Pürierstab, Sahnerührbecher, Pfannenwender, Küchenwecker

Zubereitungsarbeiten (ca. 20 Min.)

Zutaten	Zubereitung
4 grüne Paprika	waschen, aushöhlen, abdecken
Fleischteig: 1 Zwiebel 1 Bund Petersilie 1/2 Tl. Majoran, 1 Tl. Salz, Pfeffer 400 g Hackfleisch, 1 Ei, 2 El. Semmelmehl	 schälen, fein würfeln waschen, fein schneiden Fleischteig herstellen, Fleischteig in die Paprika füllen
30 g wasserhaltiges Fett	erwärmen, Paprika andünsten
1/2 l Tomatenpüree (Dose)	ablöschen, gefüllte Paprika darin 20 Minuten garen
Salz, Pfeffer	würzen, abschmecken

Anrichtearbeiten (ca. 2 Min.)
Gefüllte Paprika auf vorgewärmten Tellern anrichten, etwas Soße dazugeben.

Kasseler Rippenspeer

Garart: Garen in Folie

Vorbereitungsarbeiten (ca. 5 Min.)

Geräte herrichten:
- Abfallschüssel, Ordnungstopf
- Zur Vorbereitung: Küchenschüssel, Schneidebrett, Küchenmesser, Sparschäler, Seiher
- Zur Zubereitung: Bratschlauch, Esslöffel, Küchenwecker
- Zum Aufschneiden: Fleischbrett, Fleischmesser, Fleischgabel

Zubereitungsarbeiten (ca. 15 Min.)

Zutaten	Zubereitung
	Gitterrost entnehmen, Backofen vorheizen
1 Zwiebel	schälen, vierteln
1 Karotte	waschen, schälen, zerkleinern
500 g Kasseler 4 Wacholderbeeren	mit dem Gemüse in den Bratschlauch geben, Bratschlauch sachgerecht verschließen
	Garzeit: 40 Minuten bei 200 °C

Anrichtearbeiten (ca. 2 Min.)
Kasseler Rippenspeer auf eine vorgewärmte Platte geben, aufschneiden, Fleischgabel vorlegen.

Gulasch

Garart: Braten/ Druckgaren

Vorbereitungsarbeiten (ca. 5 Min.)

Geräte herrichten:
- Abfallschüssel, Ordnungstopf, Probieresslöffel
- Zur Vorbereitung: Küchenmesser, Schneidebrett, Küchenschüssel
- Zur Zubereitung: Dampfdrucktopf, Messbecher, Küchenwaage, Esslöffel, Teelöffel, Rührlöffel, Küchenwecker

Zubereitungsarbeiten (ca. 20 Min.)

Zutaten	Zubereitung
2 Zwiebeln	schälen, fein würfeln, abdecken
1 Paprika	waschen, putzen, würfeln, abdecken
2 El. wasserfreies Fett	erhitzen
200 g Rindfleisch, 200 g Schweinefleisch	würfeln, anbraten, Zwiebeln und Paprika zugeben, mitbraten
1 Tl. Salz, 1/2 Tl. Pfeffer, 1/2 Tl. Paprika, 2 El. Tomatenmark	würzen
1/4 l Wasser	zugeben, verrühren
Dampfdrucktopf	sachgerecht verschließen, 10 Minuten auf dem II. Ring garen

Anrichtearbeiten (ca. 2 Min.)
Gulasch in eine vorgewärmte Schüssel geben, Schöpflöffel vorlegen.

Sauerbraten

Garart: Braten/ Schmoren

Vorbereitungsarbeiten (ca. 5 Min.)

Geräte herrichten:
- Abfallschüssel, Ordnungstopf, Probieresslöffel
- Zur Vorbereitung: Küchenschüssel, Seiher, Schneidebrett, Küchenmesser, Sparschäler, Küchenwaage, Küchenpapier
- Zur Zubereitung: Schmortopf, Rührlöffel, Messbecher, Teelöffel, Esslöffel, Küchenwecker
- Zum Aufschneiden: Fleischbrett, Fleischmesser, Fleischgabel

Zubereitungsarbeiten (ca. 15 Min.)

Zutaten	Zubereitung
1 Zwiebel	schälen, würfeln
2 Karotten	waschen, schälen, würfeln
500 g gebeiztes Rindfleisch	aus der Beize nehmen, abtrocknen
2 El. wasserfreies Fett	erhitzen, Fleisch anbraten
1 Stück Vollkornbrotrinde	zusammen mit dem Gemüse mitbraten
1/2 l Beize	ablöschen
1 Lorbeerblatt, 2 Wacholderbeeren, Pimentkörner	zugeben, 90 Minuten im Schmortopf garen
Soße: 1 Tl. Stärke, 3 El. Wasser 2 El. Sahne, Salz, Pfeffer	verrühren, in die Soße einrühren, kurz aufkochen zugeben, würzen, abschmecken

Anrichtearbeiten (ca. 5 Min.)
Fleisch quer zur Faser aufschneiden, auf einer vorgewärmten Platte anrichten, Fleischgabel vorlegen. Soße in eine vorgewärmte Sauciere geben, Soßenlöffel vorlegen.

Gemüsegerichte

Überbackener Blumenkohl

Garart: Dämpfen/ Backen

Vorbereitungsarbeiten (ca. 5 Min.)

Geräte herrichten:
- Abfallschüssel, Ordnungstopf
- Zum Backen: feuerfeste Auflaufform, Teelöffel, Backpinsel, Küchenwecker
- Zur Vorbereitung: Schneidebrett, Küchenmesser, Küchenschüssel, Seiher, Küchenwaage
- Zum Dämpfen: Kochtopf mit Deckel, Locheinsatz, Messbecher
- Zur Zubereitung des Gusses: Sahnerührbecher, Esslöffel, Handrührgerät mit Schneebesen, Universalreibe

Zubereitungsarbeiten (ca. 20 Min.)

Zutaten	Zubereitung
	Backofen vorheizen
1 Tl. wasserhaltiges Fett	Auflaufform fetten
1 Blumenkohl	putzen, waschen
1/4 l Wasser	zum Kochen bringen, Blumenkohl im Locheinsatz 12 Minuten dämpfen, in die Auflaufform geben
100 g Schinken	würfeln, über den Blumenkohl geben
Guss: 200 g Jogurt, 2 Eier, 1 El. Mehl 75 g geriebener Emmentaler 1 Tl. Salz	verrühren, über den Blumenkohl gießen
	Backzeit: 20 Minuten bei 200 °C

Anrichtearbeiten (ca. 2 Min.)
Auflaufform auf ein Gitter stellen, Servierlöffel vorlegen.

Broccoli

Garart: Dämpfen

Vorbereitungsarbeiten (ca. 5 Min.)

Geräte herrichten:
- Abfallschüssel, Ordnungstopf
- Zur Vorbereitung: Schneidebrett, Küchenmesser, Küchenschüssel, Seiher
- Zum Dämpfen: Kochtopf mit Deckel, Locheinsatz, Messbecher, Teelöffel, Küchenwecker

Zubereitungsarbeiten (ca. 10 Min.)

Zutaten	Zubereitung
750 g Broccoli	waschen, putzen, in Röschen teilen
1/4 l Wasser, 1 Tl. Salz	zum Kochen bringen, Broccoli im Locheinsatz 10 Minuten dämpfen

Anrichtearbeiten (ca. 2 Min.)
Broccoli in einer vorgewärmten Schüssel anrichten, Servierlöffel vorlegen.

Bohnengemüse

Garart: Dünsten

Vorbereitungsarbeiten (ca. 5 Min.)

Geräte herrichten:
- Abfallschüssel, Ordnungstopf, Probieresslöffel
- Zur Vorbereitung: Küchenschüssel, Seiher, Schneidebrett, Küchenmesser, Küchenwaage
- Zur Zubereitung: Kochtopf mit Deckel, Messbecher, Rührlöffel, Esslöffel, Küchenwecker

Zubereitungsarbeiten (ca. 15 Min.)

Zutaten	Zubereitung
750 g grüne Bohnen	waschen, Spitzen abschneiden, in Stücke brechen, abdecken
1 Zwiebel	schälen, fein würfeln
2 El. wasserhaltiges Fett	erwärmen, Zwiebel andünsten, Bohnen dazugeben
$^{1}/_{4}$ l Wasser	ablöschen
1 Stängel Bohnenkraut	waschen, zugeben, 20 Minuten garen
Salz	würzen, abschmecken
1 El. Petersilie	waschen, schneiden, darüber streuen

Anrichtearbeiten (ca. 2 Min.)
Bohnengemüse in einer vorgewärmten Schüssel anrichten, Servierlöffel vorlegen.

Paprikagemüse

Garart: Dünsten

Vorbereitungsarbeiten (ca. 5 Min.)

Geräte herrichten:
- Abfallschüssel, Ordnungstopf, Probieresslöffel
- Zur Vorbereitung: Küchenschüssel, Seiher, Küchenmesser, Schneidebrett
- Zur Zubereitung: Kochtopf mit Deckel, Messbecher, Rührlöffel, Küchenwecker

Zubereitungsarbeiten (ca. 10 Min.)

Zutaten	Zubereitung
je 1 gelbe, grüne, rote Paprika	waschen, würfeln, abdecken
$^{1}/_{2}$ Zwiebel	schälen, fein würfeln
2 El. wasserhaltiges Fett	erwärmen, Zwiebel andünsten, Paprikawürfel zugeben, mitdünsten
$^{1}/_{8}$ l Wasser	ablöschen, 10 Minuten garen
Salz, Pfeffer	würzen, abschmecken

Anrichtearbeiten (ca. 2 Min.)
Paprikagemüse in einer vorgewärmten Schüssel anrichten, Servierlöffel vorlegen.

Kartoffelgerichte

Salzkartoffeln

Garart: Druckgaren

Vorbereitungsarbeiten (ca. 5 Min.)

Geräte herrichten:
- Abfallschüssel, Ordnungstopf
- Zur Vorbereitung: Küchenschüssel, Seiher, Gemüsebürste, Schneidebrett, Sparschäler, Küchenmesser, Küchenwaage
- Zur Zubereitung: Messbecher, Teelöffel, Dampfdrucktopf mit Locheinsatz, Küchenwecker

Zubereitungsarbeiten (ca. 10 Min.)

Zutaten	Zubereitung
1/4 l Wasser	in den Dampfdrucktopf geben
750 g Kartoffeln	waschen, schälen, halbieren, in den Locheinsatz geben
1 Tl. Salz	über die Kartoffeln streuen
	Dampfdrucktopf sachgerecht verschließen, 12 Minuten auf dem II. Ring garen

Anrichtearbeiten (ca. 2 Min.)

Salzkartoffeln in eine vorgewärmte Porzellanschüssel geben, Servierlöffel vorlegen.

Kartoffelbrei

Garart: Druckgaren

Vorbereitungsarbeiten (ca. 5 Min.)

Geräte herrichten:
- Abfallschüssel, Ordnungstopf, Probieresslöffel
- Zur Vorbereitung: Küchenwaage, Küchenschüssel, Seiher, Gemüsebürste
- Zum Garen: Messbecher, Dampfdrucktopf mit Locheinsatz, Küchenwecker
- Zum Schälen: Pellkartoffelgabel, Küchenmesser
- Zur Zubereitung: Spätzlepresse, Rührschüssel, Stieltopf, Handrührgerät mit Schneebesen, Esslöffel, Teigschaber

Zubereitungsarbeiten (ca. 15 Min.)

Zutaten	Zubereitung
1/4 l Wasser	in den Dampfdrucktopf geben
750 g mehlig kochende Kartoffeln	waschen, in den Locheinsatz geben, sachgerecht verschließen, 15 Minuten auf dem II. Ring garen
	Kartoffeln schälen, heiß in die Rührschüssel drücken
1/4 l Milch	erhitzen, nach Bedarf zugeben, Brei schaumig schlagen
1 El. wasserhaltiges Fett	unterrühren
Salz, Muskat	würzen, abschmecken

Anrichtearbeiten (ca. 2 Min.)

Kartoffelbrei in eine vorgewärmte Porzellanschüssel geben, Servierlöffel vorlegen.

Gebackene Kartoffeln

Garart: Backen

Vorbereitungsarbeiten (ca. 5 Min.)

Geräte herrichten:
- Abfallschüssel, Ordnungstopf
- Zum Backen: rechteckiges Backblech mit Backpapier oder Dauerbackfolie, Küchenwecker
- Zur Vorbereitung: Küchenschüssel, Seiher, Gemüsebürste, Küchenwaage, Küchenmesser, Schneidebrett, Backpinsel

Zubereitungsarbeiten (ca. 10 Min.)

Zutaten	Zubereitung
	Backblech vorbereiten
	Backofen vorheizen
600 g Kartoffeln	waschen, der Länge nach halbieren
Salz, Kümmel	Schnittfläche würzen, auf das Backblech legen
Öl	Oberfläche bestreichen
	Backzeit: 45 Minuten bei 200 °C, mittlere Schiene

Anrichtearbeiten (ca. 2 Min.)
Gebackene Kartoffeln auf einer vorgewärmten Platte anrichten, Servierlöffel vorlegen.

Quarkkeulchen

Garart: Druckgaren/ Braten

Vorbereitungsarbeiten (ca. 5 Min.)

Geräte herrichten:
- Abfallschüssel, Ordnungstopf, Probieresslöffel
- Zur Vorbereitung: Küchenwaage, Küchenschüssel, Seiher, Gemüsebürste
- Zum Garen und Schälen: Dampfdrucktopf mit Locheinsatz, Messbecher, Küchenwecker, Pellkartoffelgabel, Küchenmesser
- Zum Durchdrücken: Spätzlepresse, Rührschüssel
- Zur Zubereitung: Handrührgerät mit Knethaken, Esslöffel, Bratenpfanne, Pfannenwender, Schüssel, Teelöffel

Zubereitungsarbeiten (ca. 30 Min.)

Zutaten	Zubereitung
$^1/_4$ l Wasser	in den Dampfdrucktopf geben
800 g Kartoffeln	waschen, in den Locheinsatz geben, sachgerecht verschließen, 15 Minuten auf dem II. Ring garen, schälen, durchdrücken
75 g Mehl, 30 g Zucker, 2 Eier 1 Prise Salz, 1 El. Sultaninen, 250 g Quark	mit den Kartoffeln vermengen, eine Rolle formen, in Scheiben schneiden
2 El. wasserfreies Fett	erhitzen, Scheiben zugeben, auf beiden Seiten goldgelb braten
Zucker, Zimt	vermischen, darüber streuen

Anrichtearbeiten (ca. 2 Min.)
Quarkkeulchen auf einer vorgewärmten Platte anrichten, Greifzange vorlegen.

Nudelgerichte / Teigwaren

Überbackene Nudelteigröllchen

Vorbereitungsarbeiten (ca. 5 Min.)

Garart: Braten/Backen
Teigart: Nudelteig

Geräte herrichten:
- Abfallschüssel, Ordnungstopf, Probieresslöffel
- Zum Backen: feuerfeste Auflaufform, Teelöffel, Küchenwecker, Backpinsel
- Zur Zubereitung des Nudelteiges: Esslöffel, Küchenwaage, Rührschüssel, Handrührgerät mit Knethaken, Nudelholz, Backbrett, Teigkarte, Teelöffel
- Zur Zubereitung des Fleischteiges: Bratenpfanne, Pfannenwender, Schneidebrett, Küchenmesser, Seiher, Küchenschüssel, Sparschäler, Universalreibe
- Zur Zubereitung der Tomatensoße: Dosenöffner, Kochtopf, Tasse, Handrührgerät mit Pürierstab, Sahnerührbecher

Zubereitungsarbeiten (ca. 45 Min.)

Zutaten	Zubereitung
	Backofen vorheizen
1 Tl. wasserhaltiges Fett	Auflaufform fetten
Nudelteig: 1 Ei, 1/2 Tl. Salz, 8 El. Wasser	verquirlen
200 g Mehl	zugeben, verkneten, auf einem Backbrett auswellen
Fleischteig: 1/2 Zwiebel, 1 Knoblauchzehe 1 Tomate 1 Karotte	schälen, fein würfeln waschen, würfeln waschen, schälen, raspeln
50 g Schinken	fein würfeln
1 El. wasserfreies Fett	erhitzen, Zwiebel und Knoblauch zugeben
150 g Hackfleisch	zugeben, mitbraten,
	Schinken, Karotte und Tomate zugeben, mitbraten
1 El. Tomatenmark 1/2 Tl. Salz, Oregano, Pfeffer	zugeben, würzen, abschmecken
	Fleischteig auf dem Nudelteig verteilen, aufrollen, in Scheiben schneiden, Scheiben in die Auflaufform setzen
Tomatensoße: 1/2 Zwiebel	schälen, fein würfeln
2 El. wasserhaltiges Fett	erwärmen, Zwiebel darin andünsten
1 Dose pürierte Tomaten, 1 Becher Sahne	zugeben
1 Tl. italienische Kräuter, 1 Brühwürfel, Salz, Pfeffer	würzen, abschmecken, Soße über die Nudelteigröllchen gießen
50 g geriebener Käse	darüber streuen
	Backzeit: 30 Minuten bei 200 °C

Anrichtearbeiten (ca. 2 Min.)

Auflaufform auf ein Gitter stellen, Servierlöffel und Greifzange vorlegen.

Spätzle

Garart: Kochen

Vorbereitungsarbeiten (ca. 5 Min.)

Geräte herrichten:
- Abfallschüssel, Ordnungstopf
- Zur Zubereitung des Spätzleteiges: Messbecher, Küchenwaage, Rührschüssel, Handrührgerät mit Knethaken, Teigschaber
- Zum Kochen: Spätzlepresse, Kochtopf mit Deckel, Schaumlöffel

Zubereitungsarbeiten (ca. 20 Min.)

Zutaten	Zubereitung
Spätzleteig:	
250 g Mehl, 2–3 Eier, Salz, $^1/_8$ l Wasser	zu einem glatten Teig verarbeiten
2 l Wasser, Salz	zum Kochen bringen
	Teig durch die Spätzlepresse in das kochende Wasser drücken, aufkochen, Spätzle mit dem Schaumlöffel herausnehmen

Anrichtearbeiten (ca. 2 Min.)
Spätzle in eine vorgewärmte Schüssel geben, Servierlöffel oder Greifzange vorlegen.

Maultaschen

Garart: Kochen
Teigart: Nudelteig

Vorbereitungsarbeiten (ca. 5 Min.)

Geräte herrichten:
- Abfallschüssel, Ordnungstopf, Probieresslöffel
- Zur Zubereitung des Nudelteiges: Küchenwaage, Esslöffel, Teelöffel, Rührschüssel, Handrührgerät mit Knethaken, Nudelholz, Backbrett, Teigkarte, Messbecher
- Zur Zubereitung des Fleischteiges: Küchenmesser, Schneidebrett
- Zum Formen: Rührlöffel, Teigrädchen
- Zum Kochen: Kochtopf mit Deckel, Schaumlöffel, Küchenwecker

Zubereitungsarbeiten (ca. 30 Min.)

Zutaten	Zubereitung
Nudelteig: 2 Eier, 2 El. Wasser, $^1/_2$ Tl. Salz	verrühren
230–250 g Mehl	zugeben, kneten, 15 Minuten ruhen lassen, Teig dünn auswellen
Fleischteig: 1 Zwiebel 1 El. Petersilie 250 g Hackfleisch, 2 Eier, 2 El. Semmelbrösel 200 g Spinat, 1 Tl. Salz, $^1/_2$ Tl. Pfeffer, etwas Muskat	 schälen, würfeln waschen, fein schneiden Fleischteig herstellen
	Nudelteig zur Hälfte mit Fleischteig bestreichen, zuklappen, mit dem Rührlöffel Vierecke eindrücken, abschneiden
2 l Wasser, Salz	zum Kochen bringen, 10 Minuten garen, herausnehmen

Anrichtearbeiten (ca. 2 Min.)
Maultaschen auf eine vorgewärmte Platte legen, Greifzange vorlegen.

Getreide- / Reisgerichte

Hirsefrikadellen

Garart: Kochen/ Braten

Vorbereitungsarbeiten (ca. 5 Min.)

Geräte herrichten:
- Abfallschüssel, Ordnungstopf
- Zum Kochen: Küchenwaage, Messbecher, Esslöffel, Kochtopf mit Deckel, Rührlöffel, Küchenwecker
- Zur Zubereitung: Universalreibe, Handrührgerät mit Knethaken, Rührschüssel
- Zum Braten: Bratenpfanne, 2 Pfannenwender

Zubereitungsarbeiten (ca. 20 Min.)

Zutaten	Zubereitung
400 ml Wasser 1 El. Suppengemüse wenig Brühwürfel	aufkochen
200 g Hirse	einstreuen, 20 Minuten quellen lassen
50 g geriebener Käse 2 El. Grieß, 3 Eier	darunter rühren
Salz, Curry	würzen
3 El. wasserfreies Fett	erhitzen, mit dem Löffel Frikadellen in die Bratpfanne setzen, bei mittlerer Hitze goldgelb braten

Anrichtearbeiten (ca. 2 Min.)
Hirsefrikadellen auf einer vorgewärmten Platte anrichten, Greifzange vorlegen.

Risipisi

Garart: Dünsten

Vorbereitungsarbeiten (ca. 5 Min.)

Geräte herrichten:
- Abfallschüssel, Ordnungstopf, Probieresslöffel
- Zur Vorbereitung: Küchenmesser, Schneidebrett
- Zur Zubereitung: Tasse, Rührlöffel, Kochtopf mit Deckel, Küchenwecker, Küchenwaage

Zubereitungsarbeiten (ca. 10 Min.)

Zutaten	Zubereitung
1/2 Zwiebel	schälen, würfeln
2 El. wasserhaltiges Fett	erwärmen, Zwiebel andünsten
2 Tassen Reis	mitdünsten
4 Tassen Wasser	ablöschen
Salz, 1/2 Brühwürfel	würzen, abschmecken
	25 Minuten quellen lassen
1 Tasse grüne Erbsen (tiefgefroren)	nach 15 Minuten Garzeit zugeben, unterrühren

Anrichtearbeiten (ca. 2 Min.)
Risipisi in eine vorgewärmte Porzellanschüssel geben, Servierlöffel vorlegen.

Gemüsereis

Garart: Kochen/ Dünsten

Vorbereitungsarbeiten (ca. 5 Min.)

Geräte herrichten:
- Abfallschüssel, Ordnungstopf, Probieresslöffel
- Zur Zubereitung des Reises: Schneidebrett, Küchenmesser, Küchenwecker, Tasse, Rührlöffel, Kochtopf mit Deckel, Teelöffel
- Zur Vorbereitung des Gemüses: Küchenschüssel, Seiher, Schneidebrett, Küchenmesser
- Zum Dünsten: Kochtopf mit Deckel, Rührlöffel, Messbecher, Küchenwecker

Zubereitungsarbeiten (ca. 30 Min.)

Zutaten	Zubereitung
1/2 Zwiebel, 1 Knoblauchzehe	schälen, würfeln, abdecken
2 El. wasserhaltiges Fett	erwärmen, Zwiebel und Knoblauch andünsten
2 Tassen Reis	mitdünsten
4 Tassen Wasser	ablöschen
Salz, 1/2 Brühwürfel	würzen, abschmecken
	25 Minuten quellen lassen
1 gelbe Paprika 1 Zucchini 2 Tomaten 1 kleine Stange Lauch	waschen, putzen, zerkleinern, abdecken
1/2 Zwiebel 1 Knoblauchzehe	schälen, würfeln, abdecken
2 El. wasserhaltiges Fett	erwärmen, Gemüse 10 Minuten dünsten
1/8 l Wasser	ablöschen
Salz, Pfeffer	würzen, abschmecken 5 Minuten zugedeckt garen
	Reis und Gemüse vermischen
Käse nach Wahl (Schafskäse oder Parmesan)	darüber streuen

Anrichtearbeiten (ca. 2 Min.)
Den Gemüsereis auf vorgewärmten Tellern anrichten, Käse darüberstreuen, mit einem Blatt Basilikum verzieren.

Süßspeisen

Rote Grütze

Garart: Kochen

Vorbereitungsarbeiten (ca. 5 Min.)

Geräte herrichten:
- Abfallschüssel, Ordnungstopf, Probieresslöffel
- Zur Vorbereitung: Küchenschüssel, Seiher, Schneidebrett, Küchenmesser
- Zur Zubereitung: Kochtopf, Messbecher, Schneebesen, Teigschaber, Rührlöffel, Esslöffel, Sahnerührbecher

Zubereitungsarbeiten (ca. 10 Min.)

Zutaten	Zubereitung
verschiedene rote Früchte	waschen, vorbereiten, abdecken
1/2 l Johannisbeersaft 1/2 Vanillestange	zum Kochen bringen
1/8 l Johannisbeersaft 4 El. Stärke	kalt anrühren, in den kochenden Saft einrühren, aufkochen
	Früchte dazugeben, verrühren

Anrichtearbeiten (ca. 2 Min.)
Rote Grütze auf vier Portionsschälchen verteilen.

Sauermilch-Zitroneneis

Vorbereitungsarbeiten (ca. 5 Min.)

Geräte herrichten:
- Abfallschüssel, Ordnungstopf, Probieresslöffel
- Zur Zubereitung: Sahnerührbecher, Teigschaber, Handrührgerät mit Schneebesen, Zitruspresse, Schneidebrett, Küchenmesser, Gefrierschalen, Küchenwaage, Messbecher

Zubereitungsarbeiten (ca. 5 Min.)

Zutaten	Zubereitung
Saft von 1 Zitrone 1/2 l Sauermilch 1/2 Becher süße Sahne 130 g Zucker	schaumig schlagen
	in Gefrierschalen füllen, tiefgefrieren

Anrichtearbeiten (ca. 2 Min.)
Eis in Glasschälchen anrichten.

Jogurtcreme mit Früchten

Vorbereitungsarbeiten (ca. 5 Min.)

Geräte herrichten:

- Abfallschüssel, Ordnungstopf, Probieresslöffel
- Zur Vorbereitung: Küchenschüssel, Seiher, Schüssel, Schneidebrett, Küchenmesser, Esslöffel, Küchenwaage, Sparschäler, Küchenwecker
- Zur Zubereitung: Kochtopf, Rührlöffel, Handrührgerät mit Schneebesen, Sahnerührbecher, Teigschaber, Zitruspresse

Zubereitungsarbeiten (ca. 10 Min.)

Zutaten	Zubereitung
4 Blatt weiße Gelatine	10 Minuten in kaltem Wasser einweichen
400 g Obst der Saison	waschen, vorbereiten, zerkleinern, abdecken
	auf vier Portionsschälchen verteilen
2 Becher Jogurt 2 El. Zucker Saft einer 1/2 Zitrone	schaumig schlagen
2 El. Wasser	in einen Topf geben, Gelatine ausdrücken, zufügen, unter Rühren erwärmen, bis die Gelatine aufgelöst ist
	Gelatine sofort unter die Jogurtmasse schlagen, über die Früchte gießen, kalt stellen

Obstsalat

Vorbereitungsarbeiten (ca. 5 Min.)

Geräte herrichten:

- Abfallschüssel, Ordnungstopf, Probieresslöffel
- Zur Vorbereitung: Küchenschüssel, Seiher, Schneidebrett, Küchenmesser, Küchenwaage, Sparschäler
- Zur Zubereitung: Zitruspresse, Esslöffel, Salatbesteck

Zubereitungsarbeiten (ca. 10 Min.)

Zutaten	Zubereitung
500 g Obst der Saison	waschen, vorbereiten, zerkleinern, abdecken
Saft einer 1/2 Zitrone 2 El. Zucker	zugeben, vermischen

Anrichtearbeiten (ca. 2 Min.)

Obstsalat auf vier Glasschälchen verteilen oder in einer Glasschüssel anrichten und Servierlöffel vorlegen.

Weinschaumsoße (Chaudeau)

Garart: Kochen

Vorbereitungsarbeiten (ca. 5 Min.)

Geräte herrichten:
- Abfallschüssel, Ordnungstopf
- Zur Zubereitung: Esslöffel, Zitruspresse, Messbecher, Küchenmesser, Schneidebrett, Schneebesen, Stieltopf, Teigschaber

Zubereitungsarbeiten (ca. 5 Min.)

Zutaten	Zubereitung
4 El. Zucker 1 El. Stärke	vermischen
$^1/_8$ l Wasser $^3/_8$ l Weißwein oder Apfelsaft 2 Eier Saft einer $^1/_2$ Zitrone	alle Zutaten verrühren, unter Rühren aufkochen

Anrichtearbeiten (ca. 2 Min.)
Weinschaumsoße in eine Sauciere geben oder auf Glasschälchen verteilen, heiß servieren.

Kompott

Garart: Kochen

Vorbereitungsarbeiten (ca. 5 Min.)

Geräte herrichten:
- Abfallschüssel, Ordnungstopf, Probieresslöffel
- Zur Vorbereitung: Küchenschüssel, Seiher, Sparschäler, Schneidebrett, Küchenmesser, Küchenwaage
- Zur Zubereitung: Kochtopf, Rührlöffel, Messbecher, Küchenwecker

Zubereitungsarbeiten (ca. 10 Min.)

Zutaten	Zubereitung
500 g Obst der Saison	waschen, vorbereiten, zerkleinern, abdecken
$^1/_4$ l Wasser	zum Kochen bringen, Obst zufügen, umrühren
	etwa 10 Minuten (je nach Obstsorte) bei schwacher Hitze garen, nicht zerfallen lassen
Zucker	nach Belieben nach dem Garen zugeben

Anrichtearbeiten (ca. 2 Min.)
Kompott auf vier Portionsschälchen verteilen oder in einer Glasschüssel anrichten und Servierlöffel vorlegen.

Lauchtorte

Garart: Dünsten / Backen
Teigart: Quark-Ölteig

Vorbereitungsarbeiten (ca. 5 Min.)

Geräte herrichten:
- Abfallschüssel, Ordnungstopf, Probieresslöffel
- Zum Backen: Springform, Backpinsel, Küchenwecker, Teelöffel
- Zur Zubereitung des Teiges: Küchenwaage, Esslöffel, Rührschüssel, Handrührgerät mit Knethaken
- Zum Auswellen: Backbrett, Nudelholz, Küchenmesser
- Zur Zubereitung des Belages: Seiher, Küchenschüssel, Schneidebrett, Rührlöffel, Kochtopf
- Zur Zubereitung des Gusses: Universalreibe, Sahnerührbecher, Handrührgerät mit Schneebesen, Teigschaber

Zubereitungsarbeiten (ca. 25 Min.)

Zutaten	Zubereitung
	Backofen vorheizen
1 Tl. wasserhaltiges Fett	Springform fetten
Teig: 100 g Quark 2 El. Milch 4 El. Öl $^1/_2$ Tl. Salz 1 Ei 200 g Weizenvollkornmehl 3 Tl. Backpulver	 verrühren vermischen, zugeben, zu einem glatten Teig kneten
	auswellen, Springform auslegen
2 El. Semmelbrösel	auf den Teigboden streuen
Belag: 750 g Lauch 1 El. wasserhaltiges Fett Salz, Pfeffer	 waschen, putzen, in Ringe schneiden, abdecken erwärmen, Lauch zugeben, andünsten würzen, abschmecken
	Belag auf dem Teigboden verteilen
Guss: 2 Eier 200 g Sauerrahm 1 Tl. Mehl 100 g geriebener Käse Salz, Pfeffer, Muskat	 vermischen, über den Lauch geben
	Backzeit: 45 Minuten bei 210 °C, unterste Schiene

Anrichtearbeiten (ca. 2 Min.)
Lauchtorte auf einer Tortenplatte anrichten, aufschneiden, Tortenheber vorlegen.

Salzstangen

Garart: Backen
Teigart: Hefeteig

Vorbereitungsarbeiten (ca. 5 Min.)

Geräte herrichten:
- Abfallschüssel, Ordnungstopf
- Zum Backen: rechteckiges Backblech mit Backpapier oder Dauerbackfolie, Küchenwecker
- Zur Zubereitung des Teiges: Küchenmesser, Esslöffel, Küchenwaage, Rührschüssel, Handrührgerät mit Knethaken, Teigkarte
- Zum Auswellen: Backbrett, Nudelholz, Teigrädchen
- Zum Bestreichen: Gabel, Backpinsel, Becher, Teelöffel

Zubereitungsarbeiten (ca. 20 Min.)

Zutaten	Zubereitung
	Backblech vorbereiten, Backofen vorheizen
1/2 Würfel Hefe, 4 El. Sauerrahm, 250 g Mehl 150 g wasserhaltiges Fett, 1 Ei, Salz	zu einem glatten Teig kneten, 15 Minuten gehen lassen
	auswellen, in 2 cm breite Streifen schneiden
1 Ei	verquirlen, Gebäck bestreichen
Kümmel oder Mohn	bestreuen, nochmals 10 Minuten gehen lassen
	Backzeit: 10 Minuten bei 200 °C, mittlere Schiene

Anrichtearbeiten (ca. 2 Min.)
Salzstangen auf einen Kuchenteller geben, Gebäckzange vorlegen.

Pikantes Käsegebäck

Garart: Backen
Teigart: Mürbteig

Vorbereitungsarbeiten (ca. 5 Min.)

Geräte herrichten:
- Abfallschüssel, Ordnungstopf
- Zum Backen: rechteckiges Backblech mit Backpapier oder Dauerbackfolie, Küchenwecker
- Zur Zubereitung des Teiges: Küchenwaage, Universalreibe, Rührschüssel, Handrührgerät mit Knethaken, Teigkarte
- Zum Auswellen: Nudelholz, Backbrett, Ausstecherle
- Zum Bestreichen: Gabel, Becher, Backpinsel, Teelöffel

Zubereitungsarbeiten (ca. 25 Min.)

Zutaten	Zubereitung
	Backblech vorbereiten, Backofen vorheizen
75 g weiche Butter, 90 g fein geriebener Käse, 1/4 Tasse Sahne	vermischen
1/4 Tl. Salz, 1/2 Tl. Paprikapulver, 1/4 Tl. Backpulver, 125 g Mehl	vermischen, zu den anderen Zutaten geben, verkneten
	Teig auswellen, ausstechen
1 Ei	verquirlen, Gebäck bestreichen, evtl. bestreuen (Mandeln, Sesam)
	Backzeit: 10 Minuten bei 190 – 200 °C, mittlere Schiene

Anrichtearbeiten (ca. 2 Min.)
Käsegebäck auf einem Teller anrichten, Gebäckzange vorlegen.

Weizenbrötchen

Garart: Backen
Teigart: Hefeteig

Vorbereitungsarbeiten (ca. 5 Min.)

Geräte herrichten:
- Abfallschüssel, Ordnungstopf
- Zum Backen: rechteckiges Backblech mit Backpapier oder Dauerbackfolie, Küchenwecker
- Zur Zubereitung des Teiges: Küchenwaage, Messbecher, Teelöffel, Esslöffel, Rührschüssel, Handrührgerät mit Knethaken, Teigkarte
- Zum Bestreichen: Schüssel, Teelöffel, Backpinsel

Zubereitungsarbeiten (ca. 15 Min.)

Zutaten	Zubereitung
	Backblech vorbereiten, Backofen vorheizen
1 Würfel Hefe, 1/4 l Buttermilch, knapp 1/4 l lauwarmes Wasser	verrühren
300 g Weizenvollkornmehl, 200 g Weizenmehl (Type 405) 1 Tl. Salz, 4 El. Öl	zugeben, kneten, 15 Minuten gehen lassen
	12 Brötchen formen, auf das Backblech legen, nochmals 15 Minuten gehen lassen
Wasser	bestreichen
Sesam, Kümmel, Mohn	Brötchen bestreuen
	Backzeit: 30 Minuten bei 200 °C, mittlere Schiene

Anrichtearbeiten (ca. 2 Min.)
Weizenbrötchen auf einen Kuchenteller legen, Gebäckzange vorlegen.

Wasserwecken

Garart: Backen
Teigart: Hefeteig

Vorbereitungsarbeiten (ca. 5 Min.)

Geräte herrichten:
- Abfallschüssel, Ordnungstopf
- Zum Backen: rechteckiges Backblech mit Backpapier oder Dauerbackfolie, Küchenwecker
- Zur Zubereitung des Teiges: Tasse, Küchenwaage, Messbecher, Rührschüssel, Handrührgerät mit Knethaken, Teigkarte, 2 Esslöffel

Zubereitungsarbeiten (ca. 15 Min.)

Zutaten	Zubereitung
	Backblech vorbereiten
	Backofen vorheizen
2 Würfel Hefe, 1/4 Tasse Milch	verrühren
730 ml lauwarmes Wasser, 1 kg Mehl 4 El. Öl, 1 El. Salz	zugeben, zu einem glatten Teig kneten, 10 Minuten gehen lassen
	Wecken mit 2 Esslöffeln formen (ergibt etwa 30 Stück), auf das Backblech legen
	Backzeit: 10–25 Minuten bei 220–250 °C, mittlere Schiene

Anrichtearbeiten (ca. 2 Min.)
Wasserwecken auf einen Kuchenteller legen, Gebäckzange vorlegen.

Süßes Gebäck

Sauerkirschkuchen

Garart: Kochen/Backen
Teigart: Mürbteig

Vorbereitungsarbeiten (ca. 5 Min.)

Geräte herrichten:

- Abfallschüssel, Ordnungstopf
- Zum Backen: Springform, Backpinsel, Küchenwecker, Teelöffel
- Zur Zubereitung des Teiges: Küchenwaage, Esslöffel, Rührschüssel, Handrührgerät mit Knethaken, Teigkarte
- Zum Auswellen: Nudelholz, Backbrett, Teigrädchen
- Zur Zubereitung des Belages: Messbecher, Seiher, Kochtopf, Rührlöffel, Handrührgerät mit Schneebesen, Teigschaber

Zubereitungsarbeiten (ca. 25 Min.)

Zutaten	Zubereitung
	Backofen vorheizen
1 Tl. wasserhaltiges Fett	Springform fetten
Teig: 220 g Mehl 1 Tl. Backpulver 1 Ei 1–2 El. Quark 50 g Zucker 125 g wasserhaltiges Fett	Mürbteig herstellen
	auswellen, die Springform auslegen
Belag: 2 Gläser Sauerkirschen	abtropfen lassen
1/2 l Milch	aufkochen
70 g Grieß	zugeben, rühren, zu einem Grießbrei kochen
4 Eier 200 g Zucker	schaumig schlagen
100 g gemahlene Mandeln 1/2 Tl. Zimt	zugeben, mit dem Grießbrei verrühren, Kirschen unterheben, auf dem Teigboden verteilen
	Backzeit: 50–60 Minuten bei 200 °C, unterste Schiene

Anrichtearbeiten (ca. 2 Min.)

Sauerkirschkuchen auf eine Tortenplatte geben, aufschneiden, Tortenheber vorlegen.

Marmorkuchen

Garart: Backen
Teigart: Rührteig

Vorbereitungsarbeiten (ca. 5 Min.)

Geräte herrichten:
- Abfallschüssel, Ordnungstopf
- Zum Backen: Kastenform, Teelöffel, Backpinsel, Küchenwecker
- Zur Zubereitung des Teiges: Küchenwaage, Esslöffel, Rührschüssel, Handrührgerät mit Schneebesen, Teigschaber, Gabel

Zubereitungsarbeiten (ca. 20 Min.)

Zutaten	Zubereitung
	Backofen vorheizen
1 Tl. wasserhaltiges Fett	Kastenform fetten
250 g wasserhaltiges Fett, 6 Eier, 1 Prise Salz 250 g Zucker, 1 Pckg. Vanillezucker	cremig rühren
500 g Mehl, 1 Pckg. Backpulver	vermischen, nach und nach unterrühren
2–3 El. Milch	nach Bedarf zugeben
	2/3 des Teiges in die Kastenform füllen
2 El. Kakao, 2 El. Zucker, 2 El. Milch	verrühren, unter den restlichen Teig geben
	dunklen Teig auf hellem Teig verteilen, mit der Gabel die Teige etwas vermischen
	Backzeit: 60–70 Minuten bei 180 °C, unterste Schiene

Anrichtearbeiten (ca. 2 Min.)
Marmorkuchen aufschneiden, auf einem Gebäckteller anrichten, Gebäckzange vorlegen.

Napfkuchen

Garart: Backen
Teigart: Rührteig

Vorbereitungsarbeiten (ca. 5 Min.)

Geräte herrichten:
- Abfallschüssel, Ordnungstopf
- Zum Backen: Kastenform, Teelöffel, Backpinsel, Küchenwecker
- Zur Zubereitung des Teiges: Küchenwaage, Esslöffel, Rührschüssel, Handrührgerät mit Schneebesen, Teigschaber

Zubereitungsarbeiten (ca. 20 Min.)

Zutaten	Zubereitung
	Backofen vorheizen
1 Tl. wasserhaltiges Fett	Kastenform fetten
200 g wasserhaltiges Fett, 4 Eier 200 g Zucker, 1 Pckg. Vanillezucker	cremig rühren
375 g Mehl, 1 Pckg. Backpulver	vermischen, nach und nach unterrühren
etwas Milch, 2 El. Mandeln, 2 El. Sultaninen	zugeben, vermengen
	Teig in die Kastenform füllen
	Backzeit: 60 Minuten bei 180–200 °C, mittlere Schiene

Anrichtearbeiten (ca. 2 Min.)
Napfkuchen aufschneiden, auf eine Teekuchenplatte geben, Gebäckzange vorlegen.

Blitzkuchen

Garart: Backen
Teigart: Rührteig

Vorbereitungsarbeiten (ca. 5 Min.)

Geräte herrichten:
- Abfallschüssel, Ordnungstopf
- Zum Backen: rechteckiges Backblech mit Backpapier oder Dauerbackfolie, Küchenwecker
- Zur Zubereitung des Teiges: Küchenwaage, Esslöffel, Teelöffel, Rührschüssel, Handrührgerät mit Schneebesen, Zitruspresse, Küchenmesser, Schneidebrett, Stieltopf, Teigschaber

Zubereitungsarbeiten (ca. 15 Min.)

Zutaten	Zubereitung
	Backblech vorbereiten
	Backofen vorheizen
4 Eier, 2 El. Wasser	bis zur doppelten Menge schaumig schlagen
180 g Zucker, 1 El. Zitronensaft	zugeben, mitschlagen
180 g Mehl, 3 Tl. Backpulver	vermengen, unterheben
100 g zerlassene Butter	dazugeben, vorsichtig vermengen
	Teig auf das Backblech streichen
60 g Mandelblättchen, 1 El. Zucker	darüber streuen
	Backzeit: 25–30 Minuten bei 200 °C, mittlere Schiene

Anrichtearbeiten (ca. 2 Min.)
Blitzkuchen in Quadrate oder Rauten schneiden, auf eine Tortenplatte legen, Gebäckzange vorlegen.

Dampfnudeln

Garart: Backen
Teigart: Hefeteig

Vorbereitungsarbeiten (ca. 5 Min.)

Geräte herrichten:
- Abfallschüssel, Ordnungstopf
- Zum Backen: feuerfeste Auflaufform, Teelöffel, Backpinsel, Küchenwecker
- Zur Zubereitung des Teiges: Küchenmesser, Küchenwaage, Messbecher, Esslöffel, Rührschüssel, Handrührgerät mit Knethaken, Teigkarte

Zubereitungsarbeiten (ca. 15 Min.)

Zutaten	Zubereitung
	Backofen vorheizen
1 Tl. wasserhaltiges Fett	Auflaufform fetten
$^1/_2$ Würfel Hefe, knapp $^1/_8$ l Milch	verrühren
250 g Mehl, 2 El. Zucker, 50 g wasserhaltiges Fett, 1 Ei	zugeben, kneten
	12 gleich große Laibchen formen, in die Auflaufform setzen, 30 Minuten gehen lassen
	Backzeit: 20 Minuten bei 200 °C, unterste Schiene

Anrichtearbeiten (ca. 2 Min.)
Dampfnudeln auf eine Kuchenplatte geben, Tortenheber oder Gebäckzange vorlegen.

Flachswickel

Garart: Backen
Teigart: Hefeteig

Vorbereitungsarbeiten (ca. 5 Min.)

Geräte herrichten:

- Abfallschüssel, Ordnungstopf
- Zum Backen: rechteckiges Backblech mit Backpapier oder Dauerbackfolie, Küchenwecker
- Zur Zubereitung des Teiges: Küchenmesser, Küchenwaage, Messbecher, Rührschüssel, Handrührgerät mit Knethaken, Teigkarte
- Zum Formen: Backbrett

Zubereitungsarbeiten (ca. 20 Min.)

Zutaten	Zubereitung
	Backblech vorbereiten, Backofen vorheizen
1/2 Würfel Hefe, knapp 60 ml Milch	verrühren
250 g Mehl, 125 g wasserhaltiges Fett, 1 Ei, 1 Prise Salz	zugeben, kneten, Rolle formen, in 24 gleich große Scheiben schneiden
50 g Kristallzucker, 1 Pckg. Vanillezucker	vermischen, Flachswickel darin ausformen, auf das Backblech legen, 15 Minuten bei 50 °C im Backofen gehen lassen
	Backzeit: 20 Minuten bei 200 °C, unterste Schiene

Anrichtearbeiten (ca. 2 Min.)
Flachswickel auf eine Kuchenplatte legen, Gebäckzange vorlegen.

Zwetschgenkuchen

Garart: Backen
Teigart: Hefeteig

Vorbereitungsarbeiten (ca. 5 Min.)

Geräte herrichten:

- Abfallschüssel, Ordnungstopf
- Zum Backen: rechteckiges Backblech mit Backpapier oder Dauerbackfolie, Küchenwecker
- Zur Zubereitung des Teiges: Messbecher, Küchenwaage, Esslöffel, Teigkarte, Rührschüssel, Handrührgerät mit Knethaken, Küchenmesser
- Zum Auswellen: Nudelholz, Backbrett
- Für den Belag: Küchenschüssel, Seiher, Küchenmesser, Schneidebrett

Zubereitungsarbeiten (ca. 20 Min.)

Zutaten	Zubereitung
	Backblech vorbereiten, Backofen vorheizen
1/2 Würfel Hefe, 60 ml Milch	verrühren
250 g Mehl, 40 g Zucker 1 Ei, 1 Prise Salz, 50 g wasserhaltiges Fett	zugeben, zu einem glatten Teig kneten, auswellen, gehen lassen
1 kg Zwetschgen	waschen, entsteinen, halbieren, Teig belegen
60 g Mandelstifte	darüber streuen
	Backzeit: 50 Minuten bei 200 °C, unterste Schiene
Zimt, Zucker	nach Belieben nach dem Backen darüber streuen

Anrichtearbeiten (ca. 2 Min.)
Zwetschgenkuchen in Rechtecke schneiden, auf eine Tortenplatte legen, Tortenheber vorlegen.

Weihnachtsgebäck

Schokoladenbrot

Garart: Backen
Teigart: Rührteig

Vorbereitungsarbeiten (ca. 5 Min.)

Geräte herrichten:
- Abfallschüssel, Ordnungstopf
- Zum Backen: rechteckiges Backblech mit Backpapier oder Dauerbackfolie, Küchenwecker
- Zur Vorbereitung: Küchenwaage, elektrische Raspelmaschine, Küchenschüssel
- Zur Zubereitung des Teiges: Rührschüssel, Handrührgerät mit Schneebesen, Teigschaber

Zubereitungsarbeiten (ca. 15 Min.)

Zutaten	Zubereitung
	Backblech vorbereiten, Backofen vorheizen
250 g bittere Schokolade, 250 g Mandeln	reiben
250 g wasserhaltiges Fett, 250 g Zucker, 6 Eier	schaumig rühren, Schokolade und Mandeln zugeben
100 g Mehl	darunter rühren, den Teig auf das vorbereitete Backblech streichen
	Backzeit: 35–40 Minuten bei 180 °C, unterste Schiene

Anrichtearbeiten (ca. 5 Min.)
Schokoladenbrot noch heiß in Rauten schneiden, auf einem Gebäckteller anrichten, Gebäckzange vorlegen.

Gebackene „S"

Garart: Backen
Teigart: Mürbteig

Vorbereitungsarbeiten (ca. 5 Min.)

Geräte herrichten:
- Abfallschüssel, Ordnungstopf
- Zum Backen: rechteckiges Backblech mit Backpapier oder Dauerbackfolie, Küchenwecker
- Zur Zubereitung des Teiges: Küchenwaage, Rührschüssel, Handrührgerät mit Knethaken, Teigkarte
- Zum Formen: Backbrett, Küchenmesser
- Zum Bestreichen: Gabel, Teller, Backpinsel

Zubereitungsarbeiten (ca. 20 Min.)

Zutaten	Zubereitung
	Backblech vorbereiten, Backofen vorheizen
250 g Mehl, 90 g Zucker, 125 g wasserhaltiges Fett, 1 Ei, 1 Eigelb	Mürbteig herstellen
	Rolle formen, $^1/_2$ cm breite Scheiben abschneiden, „S" formen
1 Eiweiß, 80 g gehackte Mandeln	Gebäck bestreichen, bestreuen
	Backzeit: 10 Minuten bei 200 °C, mittlere Schiene

Anrichtearbeiten (ca. 2 Min.)
Gebackene „S" auf einem Gebäckteller anrichten, Gebäckzange vorlegen.

Vanillekipferl

Garart: Backen
Teigart: Mürbteig

Vorbereitungsarbeiten (ca. 5 Min.)

Geräte herrichten:
- Abfallschüssel, Ordnungstopf
- Zum Backen: rechteckiges Backblech mit Backpapier oder Dauerbackfolie, Küchenwecker
- Zur Zubereitung des Teiges: Rührschüssel, Handrührgerät mit Knethaken, Küchenwaage, Teigkarte
- Zum Formen: Backbrett, Küchenmesser
- Zum Wenden: Teller, Teelöffel

Zubereitungsarbeiten (ca. 20 Min.)

Zutaten	Zubereitung
	Backblech vorbereiten, Backofen vorheizen
250 g Mehl, 125 g geriebene Mandeln 120 g wasserhaltiges Fett, 1 Ei 100 g Zucker, 1 Pckg. Vanillezucker	Mürbteig herstellen, 15 Minuten kalt stellen
	bleistiftdicke Rollen formen, in 5–6 cm lange Stücke schneiden, die Enden dünner rollen, Hörnchen formen
	Backzeit: 10 Minuten bei 180 °C, mittlere Schiene
30 g Puderzucker, 1 Pckg. Vanillezucker	mischen, das heiße Gebäck darin wenden

Anrichtearbeiten (ca. 2 Min.)
Vanillekipferl auf einem Gebäckteller anrichten, Gebäckzange vorlegen.

Zimtplätzchen

Garart: Backen
Teigart: Makronenteig

Vorbereitungsarbeiten (ca. 5 Min.)

Geräte herrichten:
- Abfallschüssel, Ordnungstopf
- Zum Backen: rechteckiges Backblech mit Backpapier oder Dauerbackfolie, Küchenwecker
- Zur Zubereitung des Teiges: Küchenwaage, Rührschüssel, Handrührgerät mit Schneebesen, 2 Teelöffel

Zubereitungsarbeiten (ca. 20 Min.)

Zutaten	Zubereitung
	Backblech vorbereiten, Backofen vorheizen
2 Eiklar	zu steifem Schnee schlagen
125 g Puderzucker	zugeben, sehr schaumig rühren
1–2 El. Zimt 150 g Haferflocken 60 g Butter	zugeben, unterrühren
	Plätzchen mit 2 Teelöffeln auf das vorbereitete Backblech setzen
	Backzeit: 20 Minuten bei 160 °C, unterste Schiene

Anrichtearbeiten (ca. 2 Min.)
Zimtplätzchen auf einem Gebäckteller anrichten, Gebäckzange vorlegen.

Marmeladen

Aprikosen-Marmelade

Garart: Kochen

Vorbereitungsarbeiten (ca. 5 Min.)

Geräte herrichten:
- Abfallschüssel, Ordnungstopf, Probieresslöffel
- Zur Vorbereitung: Küchenschüssel, Seiher, Küchenmesser, Küchenwaage, Schneidebrett, Handrührgerät mit Pürierstab, Sahnerührbecher
- Zur Zubereitung: Kochtopf, Rührlöffel, Esslöffel, Schöpflöffel, Teigschaber, Küchenwecker

Zubereitungsarbeiten (ca. 20 Min.)

Zutaten	Zubereitung
1 kg Aprikosen	waschen, entsteinen, klein schneiden, pürieren
1 kg Zucker	zugeben, verrühren, erhitzen, 7 Minuten kochen
	Marmelade noch heiß in Gläser füllen, sofort verschließen, beschriften

Bananen-Kiwi-Marmelade

Garart: Garen in der Mikrowelle

Vorbereitungsarbeiten (ca. 5 Min.)

Geräte herrichten:
- Abfallschüssel, Ordnungstopf, Probieresslöffel
- Zur Vorbereitung: Küchenmesser, Schneidebrett, Sparschäler, Handrührgerät mit Pürierstab, Sahnerührbecher
- Zur Zubereitung: Küchenwaage, Rührlöffel, Küchenwecker, Schüssel mit Deckel (mikrowellengeeignet), Schöpflöffel, Teigschaber

Zubereitungsarbeiten (ca. 15 Min.)

Zutaten	Zubereitung
2–3 Kiwis	schälen, pürieren
200 g Gelierzucker	zugeben, verrühren, $^1/_2$ Stunde ziehen lassen
1 Banane	schälen, zugeben, pürieren
	bei 600 Watt 6 Minuten zugedeckt garen, nach 3 Minuten umrühren
	Marmelade noch heiß in Gläser füllen, sofort verschließen, beschriften

Fit für die Überprüfung im Bereich Ernährung

Ernährungsbedürfnisse
- Kinder
- Jugendliche
- Erwachsene
- Ältere Menschen

Übergewicht
- Normalgewicht
- Energie- und Nährstoffbedarf
- Nährwerttabelle
- Ursachen
- Begleitkrankheiten
- Diätetische Maßnahmen
- Energiearme Mahlzeiten mit hohem Sättigungswert
- Umstellung des Ernährungsverhaltens

Diabetes mellitus
- Umstellung der Lebensweise
- Ursachen
- Begleitkrankheiten
- Diätetische Maßnahmen

Mahlzeiten planen und zusammenstellen
- Tagesmahlzeiten
- Tagesleistungskurve
- Vollwertigkeit
- Jahreszeit
- Marktangebot
- Grad der Verarbeitung der Lebensmittel
- Alter, Berufstätigkeit
- Energie- und Nährstoffbedarf
- Qualität der Lebensmittel
- Kennzeichnung der Lebensmittel

Zubereitung sachgerecht und rationell
- Hygienemaßnahmen
- Grundtechniken der Lebensmittelverarbeitung
- Gararten
- Sicherheit
- Arbeits- und Zeitplanung
- Würzen, Abschmecken
- Anrichten

→ Aufgaben S. 167

Zusammenleben im Haushalt

Partnerschaftliche Arbeitsteilung
Haushaltsaufgaben – Haushaltsarbeiten

Veränderungen des Alltags
durch Kinder

Ernährung – Bewegung – soziale Bindung
Maßnahmen zur Gesunderhaltung

Entwicklung von Kindern

Förderung durch Spiel

- Spielarten
- Raum
  Zeit
  Spielmittel

Erziehung von Kindern

- Erziehungsstile
- Erziehungsmittel

➔ Aufgaben S. 167

Bereich Ernährung (Seite 165)

In einem Haushalt leben folgende Personen:

Mutter	36 Jahre, Bürokauffrau, halbtags berufstätig
Vater	37 Jahre, Elektriker, ganztags berufstätig
Tochter	12 Jahre, Schülerin, leicht übergewichtig
Sohn	8 Jahre, Schüler, begeisterter Fußballspieler
Großmutter	71 Jahre, Diabetikerin

1 Stelle die Ernährungsbedürfnisse jedes Familienmitglieds fest und begründe sie.

2 Erstelle einen Wochenspeiseplan (Frühstück, Mittagessen, Abendessen) für diese Familie, berücksichtige dabei den regionalen und saisonalen Aspekt.
Begründe die Wahl der Mahlzeiten mit
a. physiologischen Gesichtspunkten,
b. ökonomischen Gesichtspunkten,
c. ökologischen Gesichtspunkten,
d. sozialen Gesichtspunkten.

3 Die Familie legt Wert darauf, gemeinsam am Tisch zu essen.
Um die Mutter beim Kochen zu entlasten, sollte jedes Familienmitglied von der Mahlzeit essen können.
Überprüfe deinen Wochenspeiseplan nochmals.

4 Wähle eine Mittagsmahlzeit aus und bereite sie zu.
a. Welche Hygiene- und Sicherheitsmaßnahmen müssen beachtet werden?
b. Beschreibe die verwendeten Gararten. Gibt es Alternativen?
c. Was musst du bei den einzelnen Grundtechniken beachten?
d. Erstelle einen Arbeits- und Zeitplan für diese Mahlzeit.

5 Präsentiere deine Lösungen der Klasse.
Überlege, welche Medien und Materialien du einsetzen kannst.

Zusammenleben im Haushalt (Seite 166)

Familie Malof stellt sich vor:
Frau Malof arbeitet ganztags als Steuerfachangestellte.
Herr Malof nimmt gerade Erziehungsurlaub.
Sohn Uwe, drei Jahre, kommt in den Kindergarten.
Tochter Sabrina, ein Jahr, ist sehr aufgeweckt.

1 Da Frau Malof jetzt wieder ganztags arbeitet, müssen die Hausarbeiten neu verteilt werden. Herr und Frau Malof beraten, wer welche Haushaltsarbeiten übernimmt und auch dafür verantwortlich ist.
Über welche Qualifikationen müssen Herr und Frau Malof verfügen, damit die Haushaltsarbeiten richtig durchgeführt werden?
Erstelle einen Tagesarbeitsplan und einen Wochenarbeitsplan am Computer.
Verteilt die Haushaltsaufgaben und die Haushaltsarbeiten auf Herrn und Frau Malof.

2 Herr und Frau Malof wollen ihre Kinder so gut wie möglich erziehen. Sie beschäftigen sich häufig mit Erziehungsfragen und diskutieren über Erziehungsstile. Ihre Kinder sollen in ihrer Entwicklung unterstützt und gefördert werden.
Zeige an konkreten Beispielen, wie Kinder gefördert werden können.

3 Im Zusammenleben von Familie Malof liegt ein weiterer Schwerpunkt auf der Gesunderhaltung der ganzen Familie im Bereich Ernährung, Bewegung, soziales Verhalten.
Erarbeite Vorschläge für die Familie Malof zu jedem Bereich und begründe sie.

4 Präsentiere deine Lösungen der Klasse.
Überlege, welche Medien und Materialien du einsetzen kannst.

Um die Aufgaben sicher zu beantworten, kannst du das Buch, das Internet und deine eigenen Aufzeichnungen und Arbeitsblätter verwenden.
Versuche es aber zuerst ohne Hilfsmittel.

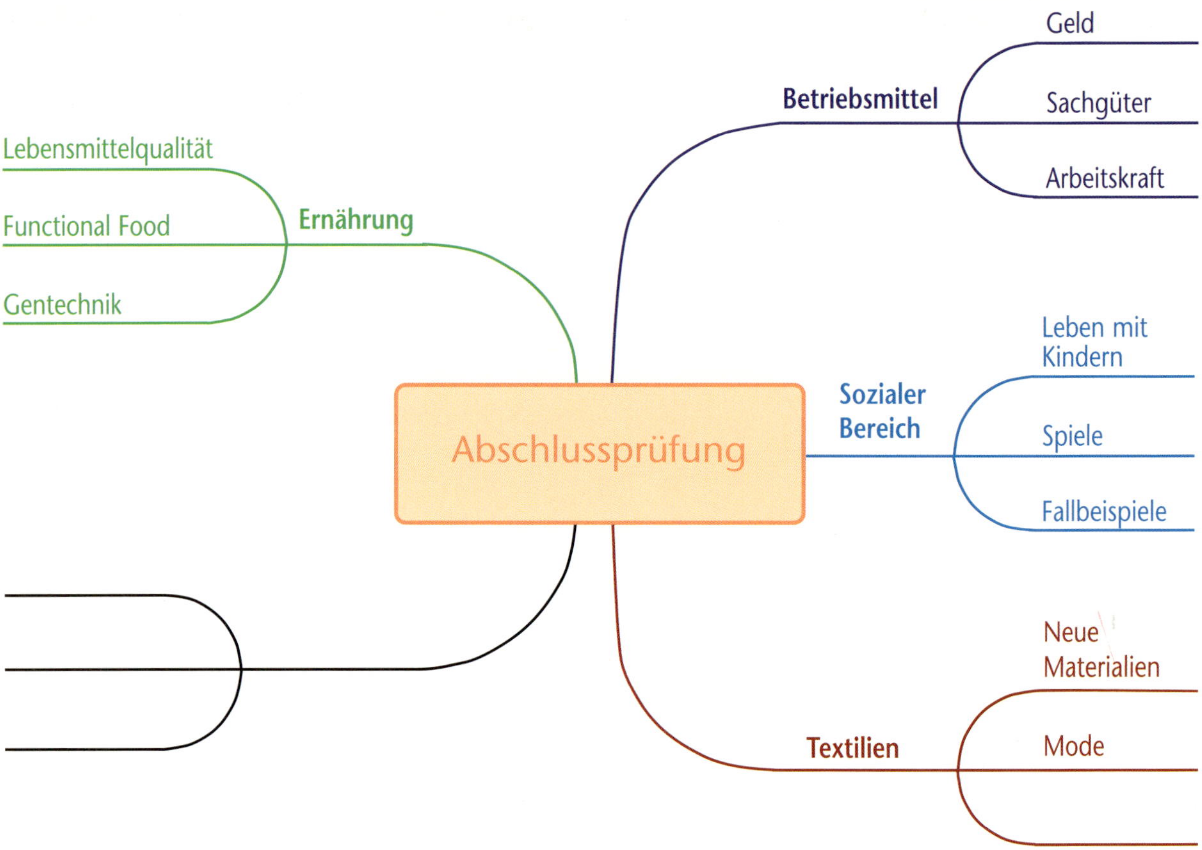

Schwerpunktthema und Abschlussarbeit

- Erstelle mithilfe des Inhaltsverzeichnisses eine Mindmap als Grobstruktur für deine Prüfungsvorbereitung. Füge eigene Aspekte bei.
- Bespreche mit deiner Lehrerin ein Schwerpunktthema, auf das du dich intensiv vorbereiten möchtest.
- Bei der Ausarbeitung deines Themas solltest du systematisch vorgehen. Das Flussdiagramm auf der nächsten Seite kann dich dabei unterstützen.
- Du musst dich entscheiden, ob du ein Referat/Schwerpunktthema halten willst oder ob du eine Abschlussarbeit schreiben willst. Am Anfang ist die Arbeitsweise dieselbe.
- Dein Schwerpunktthema sollte durch einen überlegten Medieneinsatz unterstützt werden.

So gewinnst du Sicherheit im Prüfungsgespräch

- Spreche laut und deutlich.
- Bilde kurze und einfache Sätze.
- Verwende keine Fremdwörter, die nicht nötig sind und die du nicht verstehst.
- Setze die korrekten Fachbegriffe ein; du solltest sie auch erklären können.
- Halte Blickkontakt zum Prüfer/zur Prüferin.
- Bereite kleine Handkärtchen mit Stichpunkten vor, um den roten Faden nicht zu verlieren. Frage aber vorher, ob sie erlaubt sind.
- Übe deinen Vortrag mithilfe von Freunden oder einer Tonbandaufnahme.
- Sei auf Zwischenfragen deiner Prüfungskommission vorbereitet.

Die Abschlussarbeit

Formale Vorgaben

- Abgabetermin
- Deckblatt
- ??
- Lay-out
- ??
- Quellenangaben
- Inhaltsverzeichnis

Thema recherchieren

- Informationen beschaffen ↔ Erkundungen vorbereiten
- Material sichten ↔ Quellen überprüfen

Sichten, bewerten, überprüfen
mit
Karteikasten
Arbeitsmappe
Ordnerstruktur im PC
↓
Ziel neu formulieren

Besprechen, diskutieren, neu überarbeiten

↓

Gliederung für Haupttext erstellen

↓

Arbeit schreiben

– Auf sachlogische Zusammenhänge achten
– Rechtschreibprüfung einstellen
– Zitate hervorheben
– Klare, fachlich korrekte Sprache verwenden
– Korrektur lesen

WICHTIG: RECHTZEITIG BEGINNEN

Das muss ich können	Das kann ich gut	Das kann ich etwas	Das kann ich nicht
Modifizierte Chemiefasern:			
– Eigenschaften		X	
– Verwendung	X		
– Begriff WWA		X	
– …			

Übersicht und eine realistische Einschätzung helfen bei der Vorbereitung!

Fit für die Überprüfung im Bereich Textil

Tipps zum Lernen

Bevor du mit dem Lernen beginnst, hier noch einige Tipps, die dir helfen, den Lernstoff gezielt zu wiederholen und durch unterschiedliche Aufgabenstellungen zu festigen:

- Erstelle zuerst eine vollständige Übersicht über den zu lernenden Stoff. Die Aufstellung im Kasten oben soll dir dabei helfen. Auch Mindmaps über einzelne Themenbereiche anzufertigen ist sehr hilfreich.
- Stelle fest, was du gut kannst und was du noch lernen musst.
- Teile deinen Stoff in Portionen ein und erstelle einen Lernplan.
- Lies den Stoff nicht nur durch, sondern benütze alle Lernkanäle – tun, sprechen, lesen und hören.
- Arbeite am besten mit einer Partnerin/einem Partner zusammen, um Prüfungssituationen durchzuspielen. Überlegt mögliche Prüfungsaufgaben, löst diese und korrigiert euch gegenseitig.
- Löse auch Aufgaben in deinem Buch.
- Beginne rechtzeitig, nicht erst eine Woche vor der Prüfung.

Diesen Stoff solltest du aus den Schuljahren 7/8 beherrschen

- Textile Rohstoffe:
  - Baumwolle, Wolle, Seide
  - Zellulosische Chemiefasern (Viskose u. a.)
  - Synthetische Chemiefasern (Polyester, Polyamid, Polyacryl u. a.)
  - Aufbau und Eigenschaften der Rohstoffe
- Textile Flächen:
  - Webwaren, Maschenwaren und Verbundstoffe
  - Aussehen und Eigenschaften
- Textilveredelung:
  - Superwash, Mercerisieren, Pflegeleichtausrüstung, wasserabweisend
  - Färben, Drucken
- Kennzeichnung:
  - Warenzeichen, Markenzeichen
  - Pflegekennzeichnung

Aufgaben

1 Erstelle einen Faser-Steckbrief zu dem oben abgebildeten Etikett (Rohstoffgewinnung, Eigenschaften …). Bewerte die Aussage „Nature? Yes!"

2 Deine Freundin trägt bei einer Party an einem heißen Sommerabend hautenge Jeans und ein ebenso knapp sitzendes Top, sodass ihre Figur optimal zur Geltung kommt. Nach einiger Zeit stöhnt sie, ihr sei heiß und sie sei total verschwitzt. Du gibst ihr einige Tipps, wie man sich bei hohen Temperaturen am sinnvollsten kleidet.

3 In deiner Familie sind alle Wintersportler. Dein Bruder und du benötigen neue Kleidungsstücke, weil ihr aus den alten herausgewachsen seid. Die Materialien sollen modern und funktionell sein. Informiert euch in Zeitungsbeilagen, Katalogen und im Internet über entsprechende Angebote. Berücksichtigt dabei, dass ihr alle Kleidungsstücke von der Unterwäsche bis zur Jacke, Handschuhe, Mütze usw. neu braucht. Entscheidet euch jeweils für eine Kombination und begründet eure Auswahl. Arbeite mit einem Partner/einer Partnerin.

4 Informiere dich über aktuelle Modetrends bei Jugendlichen. Finde Gründe, weshalb sich Mode so schnell ändert.

5 Ein T-Shirt „Made in Korea" kostet € 3,99. Nimm dazu Stellung. Berücksichtige dabei textilökologische Aspekte.

6 In einem Textilproduktionszentrum in Indien erkrankten im Laufe der Zeit überdurchschnittlich viele Menschen an Allergien und Krebs. Das Trinkwasser muss nun aus weit entfernten Brunnen beschafft werden. Suche nach möglichen Ursachen für die Erkrankung und das unbrauchbare Trinkwasser.

Versuchsprotokoll zum Thema Hautfreundlichkeit von Stoffen

1. Aufgabe
Testet zu zweit, eine Testperson und ein Tester. Die Testperson hat die Augen verbunden und hält beide Unterarme nach oben. Der Tester wählt zwei unterschiedliche Stoffe aus und führt diese mit unterschiedlichem Druck über die Unterarme der Testperson hin und her. Die Testperson muss ihre Empfindungen äußern: Welche Stoffe empfindet sie als angenehm, welche als unangenehm? Sortiert nun die Stoffe nach angenehmen und unangenehmen. Notiert dies auch in der Tabelle. Von welchen Eigenschaften ist dein Empfinden wohl abhängig?

2. Material
- aus Baumwolle: fester Jeansstoff, Nikistoff, feiner Jersey, feste Popeline beschichtet
- aus Wolle: feine Strickware, grobe Strickware, feiner Anzugstoff
- aus synthetischen Chemiefasern: Fleece, mittlere Strickware, Markisenstoff
- aus zellulosischen Chemiefasern: leichter Kleiderstoff, Samt

	Angenehm	Unangenehm
Testperson 1	Nikistoff, feiner Jersey, feine Strickware, Anzugstoff, Fleece, mittlere Strickware, Samt, leichter Kleiderstoff	fester Jeansstoff, Popeline, grobe Strickware, Markisenstoff
Testperson 2	wie Testperson 1, außer mittlere Strickware	wie Testperson 1, zusätzlich mittlere Strickware

3. Auswertung
Die Hautfreundlichkeit eines Stoffes hängt nicht vom Rohstoff ab, sondern von der Feinheit und Kräuselung der Fasern, der Feinheit der Garne und der Konstruktion der textilen Fläche.

Wir experimentieren

Textilien haben bestimmte Eigenschaften, die für die Konstruktion unserer Kleidung wichtig sind. In den folgenden Versuchen testen wir vor allem das Wärmerückhaltevermögen, den Feuchtetransport und die Luftdurchlässigkeit.

Versuchablauf – Protokoll

Ein Experiment läuft immer in drei Phasen ab: Planung, Durchführung und Auswertung. Bei jedem Versuch muss ein Protokoll geführt werden. Es enthält:
- eine genaue Aufgabenstellung,
- die Auflistung der Geräte, der verwendeten Materialien und sonstigen Hilfsmittel,
- die Dokumentation des Versuchablaufs und des Ergebnisses. Darin wird notiert, was man beobachtet, gefühlt, gemessen oder gewogen hat.

Experimente sind Versuche, bei denen Situationen künstlich herbeigeführt werden, um bestimmte Beobachtungen zu machen. Sie müssen wiederholbar sein, um ein Ergebnis zu bestätigen.
Versuche müssen äußerst genau und gründlich durchgeführt werden, damit du ein gutes Ergebnis erzielst. Zur Not muss ein Versuch wiederholt werden.
Sinnvoll ist es, die Versuchsergebnisse bzw. die Begründung dafür in einem Merksatz zusammenzufassen.

Versuche zum Wärmerückhaltevermögen

Versuch 1: Gleicher Rohstoff – unterschiedliche textile Fläche

Material/Geräte: kochendes Wasser
4 gleiche Bechergläser
4 Thermometer
4 Hüllen aus Baumwolle
(1 Frottierware
1 Popeline
1 Molton und
1 Mull)
Klebeband oder Schnur

Aufgabe: Fülle die Gläser mit der gleichen Menge kochenden Wassers. Umwickle diese mit den vier unterschiedlichen Tüchern, sodass die Gläser gänzlich eingehüllt sind. Die Tücher kannst du oben mit einem Band zusammenbinden. Führe die Thermometer ein und lies alle 20 Minuten ab, wie sich die Temperatur verändert hat. Notiere die Werte in der Tabelle. Suche nach Begründungen, weshalb die textilen Flächen unterschiedlich gut isolieren.

Uhrzeit	Temperatur			
	Frottier	Popeline	Molton	Mull
1. Messung				
2. Messung				
3. Messung				
4. Messung				
5. Messung				

Versuch 2: Gleiche textile Fläche – unterschiedliche Rohstoffe

Material/Geräte: siehe Versuch 1
1 dünnes Gewebe aus Wolle
1 dünnes Gewebe aus synth. Chemiefaser
1 besonders bauschige Hülle aus Wolle
1 besonders bauschige Hülle aus synth. Chemiefasern

Aufgabe: siehe Versuch 1

Versuch 3: Die gleiche textile Fläche – nass und trocken

Material/Geräte: 2 gleiche Bechergläser
2 Thermometer
kaltes Wasser und
kochendes Wasser

Aufgabe: siehe Versuch 1

Z

Versuche zum Feuchtetransport

Versuch 1: Transport von Feuchtigkeit

Material/Geräte: 3 luftdichte, durchsichtige Plastiktüten, Klebeband
1 Fleecehülle ca. 15 x 20 cm
1 Hülle aus dünnem glatten synthetischen Stoff

Aufgaben:

a) Ziehe eine Plastiktüte über eine Hand und verschließe diese gut mit dem Klebeband. Berichte, wie du dich fühlst. Lass deine Hand fünf Minuten eingepackt.

b) Eine Hand wird mit dem Fleece, die andere mit dem glatten Stoff umwickelt. Anschließend kommt über jede Hand wieder eine Plastiktüte. Beobachte genau die Innenseite der Plastiktüten. Suche nach Begründungen.

Versuch 2: Wasseraufnahme

Material/Geräte: 1 Pipette, Tinte
Zeitungen, 4 Stoffproben (Baumwolle, Mikrofaser, Wolle, beschichteter Stoff)

Aufgabe: Beobachte das Verhalten der Tintentropfen. Suche nach Begründungen.

Versuch 3: Trocknungszeit

Material/Geräte: 5 gleich große unterschiedliche Stoffproben (Wolle, Baumwolle, Polyamid, Mikrofaser, Viskose …)
Wasser

Aufgabe: Wässere die Stoffproben kurz und lege sie anschließend nebeneinander zum Trocknen aus. Stelle die Trocknungszeiten fest (kürzeste – längste). Suche nach einer Begründung.

Eating habits in England

Every country has its own eating habits. The big English breakfast is legendary. The photo shows an **English breakfast**. It's such a big meal that the German proverb "eat in the morning like an emperor" really fits. No doubt you're thinking, I can't eat that much so early. And besides, I don't have time in the morning because school in Germany starts before 8 o'clock. When does school begin in England? Lessons, in fact, start over an hour later. As many women in England also have a job, it's no longer possible to prepare a big breakfast for the whole family every morning. Often people just eat muesli, as with us. Some families have the big English breakfast on Sundays.

> You often still get the traditional English breakfast in hotels nowadays.

The midday meal in England is called lunch. As children and teenagers are at school till 4 in the afternoon, they have lunch at school. It may consist of sandwiches, or a hot meal. If you compare lunch at English schools with lunch in German schools, you'll notice some differences. During the week people who have jobs eat at work. But at the weekend there is a special Sunday lunch. The family sit and enjoy the meal at their leisure with relatives or friends. Often there's roast beef and Yorkshire pudding, or roast lamb and mint sauce. The traditional Sunday lunch usually begins with soup. Tomato soup is very popular.

The evening meal is called **dinner**. It's usually a hot meal which the family has together. The type of dishes is also different from the meals we eat. For example, there's fried or grilled fish, stuffed breast of chicken, duck with sauce, seafood, roast lamb or pork or beef, to name just a few dishes.

> In the past people used to change specially for dinner. The meal was a real occasion. But nowadays things are not done in such great style.

England is unthinkable without **tea**. English people drink tea at any hour. When there's a problem, "a nice cup of tea" will set the world right

again. More tea is drunk in England than in any other country in the world. When you make tea, you have to follow certain rules: e.g. you always add "one for the pot", that is an extra teaspoonful of tea for the teapot.

The popular institution of **afternoon tea** dates back to the year 1840. It is said that the Duchess of Bedford fancied a little bite to eat and sent to the kitchens for a tray of tea, bread & butter and cake. This little snack became a habit, and her friends took a liking to afternoon tea as well, and it rapidly developed into a habit of the well-off classes. Since Edwardian times (1901–1910) the ritual has simply been part of daily life. Nowadays freshly baked scones are served, as well as cake and biscuits, and also little sandwiches.

Afternoon tea has also developed into **high tea**. High tea is eaten between five and six o'clock. It's a halfway house between afternoon tea and dinner, and in many families it is the only evening meal. People eat pies, salads, sandwiches and fruit with custard or cream.

Over the course of time, typical eating habits have developed in every country, based on the food produced in the country and what shops had to offer. The same thing happened in England, but the range also included foodstuffs imported from the colonies. Nowadays there are no longer so many differences between the food available in different countries because of the European Union (EU). Thus in England, for example, pasta from Italy, French cheese and German sausage are now freely available in the shops.

For many years **fast food** in England consisted of fish and chips or hot dogs (here "Currywurst" with a roll or "heiße Rote" with a roll and mustard). The international operations of big fast-food chains have meant that the same fast-food dishes are now on offer in England, Germany and all over the world.

Exercises

1 Check out the nutritional value of the English breakfast and compare it with your own.

2 Find out about "Edwardian times".

3 Research in groups the various daily meals in England and make posters to present them.

Projektskizze

Invitation
- Are the date and place clear from the invitation?
- What is the latest date a reply is expected?
- Does the invitation say what sort of invitation it is?
- Create the invitation cards using a computer.

Guests
- How many guests can we invite?
- Are the guests to bring something with them?

Conversation
- What topics are suitable?
- Do guests have to understand English?
- When are we going to present the results of our research into English meals?
- How do we begin and end our invitation to afternoon tea?

Food & drink
- Which dishes and which recipes are we going to select?
- Who is going to take care of the shopping?
- How do we decide what sort of tea to have?
- Who is going to find out the exact details of how to make English tea?

Planning the sequence of events
- When are the guests going to find out the procedure planned for the invitation?
- How are we going to share out the work between us?
- When are we going to make the schedule of events?

Documentation
- How are we going to document and record the party?
- Who is the record intended for?

Review / Evaluation
- Did the guests enjoy it?
- Were there any problems with the timing and sequencing?
- What were the presentations of the individual groups like?

Exercises

1 Compare English afternoon tea with German afternoon coffee and cakes.

2 Think about whether you'd like to invite people to a dinner.

Scones

by Holly Jones

Makes 8 -12 scones

Preparation time ***less than 30 mins***
Cooking time ***10 to 30 mins***

Ingredients

225g/8oz self raising flour
pinch of salt
55g/2oz butter
25g/1oz sultanas
25g/1oz caster sugar
150ml/5fl oz milk

Method

1. Heat the oven to 220C/425F/Gas 7. Lightly grease a baking sheet.
2. Mix together the flour and salt and rub in the butter.
3. Stir in the sultanas, sugar and then the milk to get a soft dough.
4. Turn on to a floured work surface and knead very lightly. Pat out to a round 2cm/ 3/4in thick. Use a 5cm/2in cutter to stamp out rounds and place on a baking sheet. Lightly knead together the rest of the dough and stamp out more scones to use it all up.
5. Brush the tops of the scones with a little milk. Bake for 12-15 minutes until well risen and golden.
6. Cool on a wire rack and serve with butter and good jam and maybe some clotted cream.

Buttermilk scones

by Sophie Grigson

Makes about 14

Preparation time ***less than 30 mins***
Cooking time ***10 to 30 mins***

Ingredients

220g/8oz plain flour
1 level tsp bicarbonate of soda
1/4 tsp salt
45g/1 1/2 oz unsalted butter
1 tbsp golden syrup or golden caster sugar
about 185ml/7fl oz buttermilk or soured cream
milk, for glazing

Method

1. Preheat the oven to 200C/400F/Gas 6.
2. Sift the flour with the bicarbonate of soda and the salt into a bowl. Rub in the butter.
3. Make a well in the centre and add the syrup or sugar and enough buttermilk or cream to make a soft but not sticky dough.
4. Pat or roll out, on a floured surface, to a thickness of 1.5cm/0.5 inch.
5. Use a 5cm/2.5 inch biscuit cutter to stamp out rounds, lay them on a floured baking sheet and brush the tops with a little milk.
6. Bake for about ten minutes until well risen and lightly browned.
7. Serve still warm with clotted cream, or butter, and jam.

(From: www.bbc.co.uk/food)

Glossar

Abfall (S. 59)
Abfälle entstehen bei der Herstellung und beim Verbrauch von Produkten und Dienstleistungen. Diese Abfälle müssen entsorgt werden. Sie können verbrannt, kompostiert, recycelt oder auch wiederverwendet werden.

Absorption (S. 100)
Absorption ist die Aufnahme von Feuchtigkeit ins Faserinnere.

Adsorption (S. 100)
Adsorption ist die Anlagerung von Feuchtigkeit an die Faseroberfläche.

Antibiotika-Resistenzgene (S. 72)
Wenn in eine Zelle ein neues Gen eingeschleust wird, wird dieses oft mit einem Markergen verbunden um herauszufinden, welche Zellen die neuen Informationen angenommen haben. Dafür wird oft ein Antibiotika-Resistenzgen verwendet. Das Resistenzgen ist in der Pflanze, die heranwächst, noch vorhanden. Es ist nicht sicher, ob die Antibiotikaresistenz nicht auf den Menschen übertragen werden kann.

Antibiotikum (S. 69)
Ein Antibiotikum ist ein biologischer Wirkstoff, der Kleinstlebewesen im Wachstum hemmt oder abtötet (z. B. Infektionen).

Arteriosklerose (S. 78)
Arteriosklerose bezeichnet allgemein die Verengung, zugleich die Verdickung und Verhärtung der Arterien. Das hat zur Folge, dass das hindurchfließende Blut schlechter transportiert werden kann.

Bauchspeicheldrüse (S. 77)
Die Bauchspeicheldrüse, die im Oberbauch hinter dem Magen liegt, produziert wichtige Verdauungsenzyme sowie Insulin.

Bedarf (S. 34)
Bedarf entsteht dann, wenn wir Geld ausgeben, um unsere Bedürfnisse zu befriedigen, indem wir Dienstleistungen und Güter kaufen.

Bedürfnisse (S. 34)
Bedürfnisse entstehen durch Mängel, die wir beheben wollen. Es gibt Grundbedürfnisse (Nahrung, Kleidung, Wohnung) und Wahlbedürfnisse (Buch lesen, Kino usw.).

Bekleidungsphysiologie (S. 98)
Die Bekleidungsphysiologie untersucht die Körperverträglichkeit von Kleidung.

Betreuung (S. 8)
Betreuung bedeutet, sich um jemanden kümmern.

Betriebsmittel (S. 36)
Die Betriebsmittel eines privaten Haushalts sind Arbeit, Geld und Sachgüter. Zu den Sachgütern zählen alle Verbrauchs- und Gebrauchsgüter, die der Bedürfnisbefriedigung dienen.

Bezugspersonen (S. 19)
Bezugspersonen sind Menschen, denen ein Kind unbedingt vertraut.

Brainstorming (S. 15)
Spontane Einfälle zu einem Begriff oder einer Fragestellung werden gesammelt.

Cholesterin (S. 78)
ist ein fettähnlicher Stoff, der in tierischen Nahrungsmitteln enthalten ist (Eigelb, Innereien, Fleischfett). Der menschliche Organismus produziert selbst Cholesterin und verbraucht es bei der Herstellung von Hormonen und Vitamin D und beim Zellaufbau.

Deponierung (S. 94)
Ablagerung von Abfällen auf einer dafür vorgesehenen Anlage, einer Deponie.

DNS/DNA (S. 70)
Die Desoxyribonukleinsäure (DNS) trägt die genetische Information. In den Chromosomen liegt sie als fadenförmiges Molekül vor. DNA ist die englische Abkürzung für Desoxyribonucleinacid.

Einkommen (S. 40)
Das Einkommen bildet die finanzielle Grundlage, um die Bedürfnisse der im Haushalt lebenden Personen zu befriedigen. Zu den Einkommensarten zählen das Arbeitseinkommen (Lohn, Gehalt), das Transfereinkommen (z. B. Rente, Arbeitslosengeld) und das Kapitaleinkommen (z. B. Zinsen, Gewinn). In den meisten privaten Haushalten ist das Arbeitseinkommen das Haupteinkommen.

Elastizität (S. 102)
Eigenschaft eines Stoffs nach Einwirkung einer Kraft, z. B. Dehnung, wieder in die Ausgangsform zurückzukehren.

Empathie (S. 12)
Der Begriff kommt aus dem Griechischen und bedeutet „sich einfühlen“ in andere Menschen, um deren Gefühle, Gedanken und Ansichten zu verstehen.

Energieeffizienz (S. 57)
Die eingesetzte Energie liefert die größtmögliche Leistung.

Enzyme (S. 71)
Enzyme sind natürliche Wirkstoffe in Zellen, die den Ablauf biologischer Prozesse beschleunigen können. Sie werden zu verschiedenen Zwecken in der Lebensmittelherstellung eingesetzt und können auch gentechnisch aus Mikroorganismen kostengünstig und in großen Mengen hergestellt werden. Beispielsweise wird bei der Käseherstellung durch die Zugabe von Labferment (früher aus Kälbermägen gewonnen, jetzt oft gentechnisch hergestellt) die Milch zum Gerinnen gebracht.

Erwerbsarbeit (S. 10, 40)
Erwerbsarbeit ist entlohnte (bezahlte) Arbeit, im Gegensatz zur Hausarbeit oder zur ehrenamtlichen Arbeit.

Erziehung (S. 24)
Erziehung nennt man die Förderung eines Menschen und alle pädagogischen Maßnahmen, die dazu dienen, Kinder in die Erwachsenenwelt einzugliedern.

Erziehungsmittel (S. 24)
Erziehungsmittel werden eingesetzt, um eine gewünschte Verhaltensweise zu bewirken, z. B. Lob, Belohnung.

Erziehungsstile (S. 26)
Erziehungsstile zeigen die Art und Weise, wie Eltern oder Erzieher/Erzieherinnen mit Kindern umgehen.

Feuchtetransport (S. 100)
Bezeichnet den Abtransport von Schweiß von der Hautoberfläche.

Flammhemmend (S. 102)
Gegenstände und Textilien mit dieser Eigenschaft bieten einen gewissen Schutz gegen Flammen und Hitze, können jedoch keinen Brand verhindern.

Förderung (S. 21–22)
Förderung nennt man pädagogische Maßnahmen, die bewirken, dass Kinder ihre Anlagen entwickeln können.

Freizeit (S. 8)
Freizeit bedeutet frei zur Verfügung stehende Zeit.

Funktionstextilien (S. 105)
Funktionstextilien sind Textilien, die mehrere „wirksame“ Eigenschaften aufweisen, z. B. Wind- und Wetterschutz, Schutz vor Bakterien und Pilzen, schmutzabweisend.

Gen (S. 70)
Ein Gen ist ein Abschnitt auf der DNA, der genetische Erbinformationen von Menschen, Tieren und Pflanzen enthält.

Generation (S. 30)
Eine Generation ist eine Gruppe von Menschen, die in einem bestimmten Zeitraum geboren sind.

Gentechnisch veränderter Organismus (GVO) (S. 72)
Wenn das genetische Material einer Pflanze, eines Tieres oder eines Mikroorganismus (Pilze, Bakterien, Hefen) mithilfe der Gentechnik so verändert wird, wie es auf natürliche Weise (z. B. durch Kreuzen) nicht möglich ist, spricht man von einem genetisch veränderten oder transgenen Organismus.

Gesellschaft (S. 8)
Gesellschaft bedeutet die Vereinigung von Menschen.

Gesundheit (S. 16–19)
Als Gesundheit bezeichnet man einen Zustand des vollkommenen körperlichen, geistigen und sozialen Wohlbefindens und nicht das Freisein von Krankheiten und Gebrechen.

Glykogen (S. 64)
Glykogen ist im tierischen und menschlichen Organismus das wichtigste Speicherpolysaccharid, das als Reservekohlenhydrat in der Leber und in Muskeln gespeichert wird.

Hausarbeit (S. 9, 38)
Hausarbeit ist die notwendige, meist unbezahlte Arbeit im Haushalt. Sie dient vorrangig zur Lebenserhaltung. Bei der Hausarbeit wird produziert (z. B. genäht) und Dienstleistungen werden erbracht (z. B. Kinder betreut).

Haushalte (S. 8, 35, 40)
Haushalte sind Personengemeinschaften, die miteinander leben und wirtschaften.

Haushaltsarbeiten (S. 9)
Als Haushaltsarbeiten bezeichnet man die einzelnen Tätigkeiten im Haushalt, wie Abendessen zubereiten.

Haushaltsaufgaben (S. 8–9)
Haushaltsaufgaben zeigen die verschiedenen Aufgabenbereiche eines Haushalts auf, wie beispielsweise die Ernährung der Haushaltsmitglieder.

Haute Couture (S.108)
Das sind die maßgeschneiderten Kleidungsstücke großer Modehäuser. Sie sind heute eher ein Werbemittel für die Konfektionskleidung dieser Hersteller, da Haute-Couture-Modelle sehr teuer sind.

HDL (S. 78)
High Density Lipoprotein (Lipoprotein höherer Dichte) transportiert überschüssiges Cholesterin von den Geweben zurück zur Leber. Es verhindert Cholesterinablagerungen in den Gefäßen.

Herbizidresistenz (S. 71)
Eine Pflanze wurde gentechnisch so verändert, dass sie gegen bestimmte Herbizide (Unkrautvernichtungsmittel), die gespritzt werden, nicht mehr anfällig ist. Es kann also gegen Unkraut chemisch vorgegangen werden, ohne dass der Ertrag der Pflanze darunter leidet.

Hohlfasern (S. 102)
Hohlfasern sind Chemiefasern, die im Inneren Hohlräume aufweisen. Sie können besonders gut Feuchtigkeit aufsaugen.

Immunsystem (S. 74)
Der Begriff Immunsystem fasst alle Organe, Zellen und Eiweißkörper zusammen, die dazu beitragen, dass der menschliche Körper sich gegen Krankheiten wehren kann.

Impfen (S. 19)
Impfen heißt, jemandem einen Schutzstoff zu verabreichen.

Insektenresistenz (S. 71)
Pflanzen werden gentechnisch so verändert, dass sie Gifte entwickeln, die für die Schädlinge, die die Pflanze anfressen, giftig sind, aber nicht für den Menschen oder andere Tiere.

Insulin (S. 76 f.)
Insulin ist ein Hormon, das in der Bauchspeicheldrüse gebildet wird.

Internetadressen (S. 65)
Internetadressen werden kleingeschrieben, die Umlaute ä, ö, ü werden wie im Kreuzworträtsel zu ae, oe, ue. Die einzelnen Teile der Adressen sind jeweils ohne Zwischenraum durch einen Punkt, einen Bindestrich oder einen Schrägstrich voneinander getrennt.

Jo-Jo-Effekt (S. 76)
Als Jo-Jo-Effekt bezeichnet man das Phänomen des schnell wieder steigenden Körpergewichtes nach einer kurzfristigen Reduktionsdiät.

Kapillare (S. 101)
Kapillare sind sehr feine, lang gestreckte Hohlräume.

Kompromiss (S. 12)
Ein Kompromiss ist eine Einigung durch gegenseitige Zugeständnisse. Die an einem Konflikt beteiligten Personen kommen sich so entgegen, dass beide mit der Lösung leben können.

Kondensieren (S. 101)
Bezeichnet den Übergang eines Stoffs vom gasförmigen in den flüssigen Zustand.

Konflikt (S. 12 f.)
Der Begriff Konflikt kommt aus dem Lateinischen und bedeutet „Zusammenstoß". Ein Konflikt liegt vor, wenn widersprechende Bedürfnisse, Interessen oder Erwartungen aufeinander treffen. Ein Konflikt kann zwischen zwei oder mehr Personen bestehen.

Konsum (S. 43, 46)
Konsum bedeutet, Güter und Dienstleistungen zu nutzen bzw. zu verbrauchen. Um zu konsumieren (lat. verbrauchen), müssen zuerst Güter und Dienstleistungen bereitgestellt werden.

Konsumenten (S. 46)
Konsumenten sind Verbraucher, die auf dem Markt Waren kaufen wollen und auch können.

Körperfunktionen (S. 28)
Körperfunktionen sind meist unwillkürlich ablaufende Vorgänge im Körper, wie beispielsweise die Verdauung.

Label (S. 97)
Ein anderes Wort für Etikett; es beschreibt bestimmte Eigenschaften und Garantien eines Produkts.

Laminat/Laminatsystem (S. 103)
Damit wird ein mehrlagiger Werkstoff bezeichnet, der aus der Verbindung von mindestens zwei Lagen gleicher oder verschiedener Materialien besteht. Auf diese Weise können sich Eigenschaften ergänzen.

LDL (S. 78)
Low Density Lipoprotein (Lipoproteine niedriger Dichte) transportiert das Cholesterin aus der Leber zu den Körperzellen. Ist es erhöht, kann dies zu Ablagerungen in den Blutgefäßen führen.

Lebensmittelallergene (S. 72)
sind Stoffe, die eine Allergie auslösen können. Diese Stoffe sind meist Proteine (Eiweiße).

Lebensphase (S. 30)
Lebensphase nennt man einen Abschnitt im Leben eines Menschen, wie Kindheit, Jugend.

Lipoproteine (S. 78)
Träger- oder Transporteiweiße, die Fette und Cholesterin im Blut zu den Zellen befördern.

Markergen (S. 72)
Markergene werden in der Gentechnik eingesetzt, damit man erkennen kann, ob neues Erbgut erfolgreich in eine Zelle eingeschleust werden konnte. Das Markergen wird zusammen mit dem Gen der neuen Eigenschaft in das Erbgut einer tierischen oder pflanzlichen Zelle gebracht.

Membran (S. 103)
Damit bezeichnet man eine dünne Trennschicht (hauchdünne Folie), die im Textilbereich nur in eine Richtung für bestimmte Substanzen durchlässig ist.

Mikrofaser (S. 102)
Mikrofasern sind Chemiefasern, die feiner als Naturfasern sind.

Mindmap (S. 15)
Mindmap bedeutet die Strukturierung eines schlüssigen Stoffgebiets.

Modifizieren (S. 102)
Bedeutet etwas abwandeln, verändern.

Monokultur (S. 96)
Auf einer landwirtschaftlich genutzten Fläche wird dauerhaft nur eine Art von Nutzpflanzen angebaut.

Mykotoxine (S. 68)
Pilze, die auf Lebensmitteln wachsen und Gifte bilden. Sie können zu gesundheitlichen Schäden am Menschen führen.

Nassfestigkeit (S. 102)
Sie beschreibt die Reißfestigkeit von Faserstoffen im nassen Zustand.

Ökobilanz (S. 59)
In einer Ökobilanz werden die Auswirkungen von Produkten, Dienstleistungen oder Produktionsverfahren auf die Umwelt erfasst. Ziel der Ökobilanz ist es, umweltverträglicher zu werden.

Ökologie (S. 94)
Ist die Wissenschaft von der Beziehung der Lebewesen zu ihrer Umwelt.

Osteoporose (S. 79)
Typische Merkmale hierfür sind ein übermäßiger Abbau der Knochensubstanz und eine Abnahme der Knochenstabilität. Die Krankheit ist daher auch als Knochenschwund bekannt.

Partnerschaft (S. 8–9)
Partnerschaft bedeutet die Teilhabe an der Lebens- oder Arbeitswelt eines anderen/einer anderen.

Pestizid (S. 96)
Pestizide sind chemische Schädlingsbekämpfungsmittel, die beim Anbau von Pflanzen eingesetzt werden.

Physisch (S. 31)
Physisch bezeichnet den körperlichen Teil des Menschen.

Poren (S. 100)
Poren sind kleine Öffnungen. Sie lassen Luft und Wasser durch.

Präbiotische Lebensmittel (S. 74)
Sie enthalten unverdauliche Bestandteile (Ballaststoffe), die die Aktivität von Darmbakterien steigern sollen.

Privater Haushalt (S. 8)
Der private Haushalt besteht aus Personen, die in einer Wohnung zusammenleben (Ein- oder Mehrpersonenhaushalt) und wirtschaften (mit Einnahmen und Ausgaben haushalten).

Probiotische Lebensmittel (S. 74)
Sie enthalten lebende Keime, die die Darmflora günstig beeinflussen sollen.

Prüfsiegel (S. 97)
Sie geben Auskunft über bestimmte Qualitätskriterien wie z. B. Umweltverträglichkeit.

Psychisch (S. 31)
Psychisch bezeichnet den geistig-seelischen Teil des Menschen.

Purine (S. 79)
Stickstoffhaltige Substanzen von Zellkernen. Nach dem Genuss purinreicher Lebensmittel (z. B. Innereien) können erhöhte Harnsäurewerte auftreten.

Quelle (S. 83)
Aus einer Quelle beziehst du deine Informationen. Das kann z. B. ein Buch, ein Artikel in einer Zeitung oder im Internet, der Bericht einer Person usw. sein.

Radikalkuren (S. 76)
Radikalkuren nennt man extreme Reduktionsdiäten wie die Null-Diät.

Recycling (S. 59)
Recycling ist die Aufbereitung und Wiederverwendung gebrauchter Stoffe und Abfälle, die zu neuen Produkten weiterverarbeitet werden. So werden z. B. aus Altpapier neue Zeitungen gedruckt. Mit diesem Kreislauf können wir Rohstoffe und Energie sparen.

Rohstoffe (S. 59)
Rohstoffe sind die Hauptbestandteile der Produkte, z. B. Holz, Erdöl, Mehl.

Rollenspiel (S. 32)
Das Rollenspiel ist eine Methode des Lernens. Du lernst nicht nur, vor der Klasse zu stehen und so zu reagieren und zu reden wie z. B. eine Ernährungsberaterin. Du lernst auch, dein theoretisches Wissen überzeugend wiederzugeben und du übst Empathie. Die Zuschauer beobachten und müssen sich nach dem Rollenspiel dazu äußern können.

Schulden (S. 44)
Schulden entstehen, wenn das Geld nicht ausreicht und dafür ein Kredit bei Banken, Sparkassen oder privaten Personen aufgenommen wird.

Sekundäre Pflanzenstoffe (S. 74)
Es gibt mehr als 30 000 Substanzen, die ausschließlich von Pflanzen gebildet werden. Die Pflanzen benötigen diese Stoffe z. B. als Abwehr gegen Schädlinge, als Farb-, Duft- oder Lockstoffe oder als pflanzeneigene Hormone. Erst in den letzten Jahren erkannte man, dass diese Stoffe für die Gesundheit des Menschen eine große Rolle spielen, z. B. können sie das Immunsystem stärken und gegen Krebs und vieles andere wirken. Viele dieser Stoffe sind noch nicht richtig erforscht.

Sozialisation (S. 24)
Mit Sozialisation bezeichnet man das Hineinwachsen des Menschen in die Gesellschaft und das geregelte Zusammenleben. Man unterscheidet:

primäre Sozialisation Erlernen der Grundfähigkeiten und Grundeinstellungen sozialen Verhaltens in der frühen Kindheit, meist in der Familie, überwiegend durch Gewöhnung und Nachahmung.

sekundäre Sozialisation Vorgänge und Prozesse, durch die ein Mensch, der bereits über die Grundmuster im Verhalten mit anderen verfügt, neue Rollen und Verhaltensmuster lernt.

Statistik (S. 10, 27)
Statistik nennt man die zahlenmäßige Auswertung von Daten.

Teamarbeit (S. 92)
Teamarbeit bedeutet, mit einer Gruppe von Menschen zusammenzuarbeiten (Gemeinschaftsarbeit). Bei der Arbeit in einer Gruppe (einem Team) ist es wichtig, bestimmte Regeln einzuhalten, z. B. das gemeinsame Ziel zu unterstützen, niemanden bei der Arbeit zu stören, andere Meinungen gelten zu lassen, Ideen weiterzugeben, anderen zu helfen und Konflikte ohne Streit auszutragen.

Technisierung (S. 10)
Technisierung bedeutet das Einsetzen technischer Mittel.

Toleranz (S. 12)
Ein toleranter Mensch kann die Gewohnheiten, Meinungen, Bräuche anderer Personen dulden und akzeptieren und möchte diese nicht ändern.

Überschuldung (S. 45)
Überschuldet ist z. B. ein Hauhalt dann, wenn er die Raten für Schulden nicht mehr, nicht mehr regelmäßig oder nicht in der festgelegten Höhe zurückzahlen kann.

Verbraucher (S. 54)
Der Verbraucher nutzt Dienstleistungen und Waren, die er gekauft hat.

Verbraucherberatungsstelle (S. 55)
Verbraucherberatungsstellen dienen dem Schutz des Verbrauchers. Sie beraten über die Gebrauchsfähigkeit von Gütern, gesunde Ernährung, Warenkunde und führen Preisvergleiche durch. Es wird auch Hilfe bei Störungsfällen und Reklamationen angeboten.

Wärmerückhaltevermögen (S. 99)
Vermögen der Kleidung, Wärme festzuhalten. Dieses Vermögen kann mehr oder weniger stark ausgeprägt sein.

Wasserabweisend (S. 102)
Wasserabweisende Stoffe nehmen kein Wasser auf, sondern lassen es an der Oberfläche abperlen.

Werbung (S. 46)
Werbung sollte in erster Linie der Information der Konsumenten dienen. Mithilfe der Werbung wollen die Anbieter mehr Güter und Dienstleistungen verkaufen. Deshalb sollen mit der Werbung Kundenwünsche geweckt werden.

World Wide Web (www.) (S. 65)
Ein anderer Ausdruck für das Internet. Übersetzt bedeutet er „weltweites Netz".

Obst- und Gemüsekalender

Obst- und Gemüsesorten	Jan.	Febr.	März	April	Mai	Juni	Juli	Aug.	Sept.	Okt.	Nov.	Dez.
Äpfel	●	●	●	●	○	○	○	○	●	●	●	●
Aprikosen					○	●	●	●	○			
Bananen	○	●	●	●	●	●	●	●	●	●	●	●
Birnen	○	○	○	○	○	○	○	●	●	●	●	●
Erdbeeren			○	○	●	●	●	○			○	○
Himbeeren						○	●	●	○			
Johannisbeeren						○	●	●				
Kirschen					○	●	●	○				
Kiwi	●	●	●	○	○	●	●	●	●	●	●	●
Orangen, Grapefruits	●	●	●	●	●	●	○	○	○	○	●	●
Pfirsiche				○	○	●	●	●	○	○	○	
Pflaumen, Zwetschgen						○	●	●	●	○		
Stachelbeeren						○	●	●				
Weintrauben	○	○	○	○	○	○	●	●	●	●	○	○
Zitronen	●	●	●	●	●	●	○	○	○	●	●	●
Ackersalat (Feldsalat)	○	○	○							●	●	●
Auberginen	○	○	○	○	●	●	●	●	○	○		
Blumenkohl	○	○	●	●	○	○	●	●	●	●	○	○
Bohnen grün					○	○	●	●	●	○	○	
Broccoli		○	○	○				●	●	●		
Chicorée	●	●	●	○						●	●	●
Endivien	●	●	●	○				●	●	●	●	●
Erbsen, grün				○	○	●	●	●				
Gurken	○	○	○	○	○	●	●	●	●	●	●	○
Kohlrabi		○	○	○	○	●	●	○	○	○		
Kopfsalat	○	○	●	●	●	●	●	●	●	○	○	○
Lauch (Porree)	○	○	○	○	○	○	○	●	●	●	●	●
Melonen					○	●	●	●	●	○	○	○
Möhren (gelbe Rüben)	●	●	●	○	○	○	○	●	●	●	●	●
Paprikaschoten	○	○	○	○	○	○	○	●	●	●	○	○
Rettiche	○	○	○	○	●	●	●	●	●	○	○	○
Rhabarber		○	○	●	●	○	○					
Rosenkohl	●	●	○	○						○	●	●
Rotkohl, Weißkohl	●	●	●	○	○	○	●	●	●	●	●	●
Sellerieknollen	●	●	●	○				○	●	●	●	●
Spargel		○	○	●	●	●						
Spinat		○	●	●	●	○	○	○	●	●	○	
Tomaten	○	○	○	○	○	○	●	●	●	○	○	○
Zucchini (Zucchetti)	○	○	○	○	●	●	○	○	○	○	○	○
Zwiebeln	●	●	●	●	●	○	○	●	●	●	●	●

● = großes Angebot ○ = geringeres Angebot, auch aus Gewächshausanbau ■ = aus heimischem Anbau

Nährwerttabelle

Lebensmittel 100 g essbarer Anteil	Eiweiß g	Fett g	Kohlenhydrate g	Ballaststoffe g	Energie kJ	Energie kcal	Mineralstoffe Eisen mg	Mineralstoffe Calcium mg	Vitamine A µg	Vitamine B_1 mg	Vitamine B_2 mg	Vitamine C mg
Rindfleisch												
Rinderfilet	19	4	+	0	490	116	2,1	3	–	0,1	0,1	1
Keule (Schlegel)	21	7	+	0	630	150	2,6	1,3	10	0,1	0,2	1
Brust	16	21	+	0	1100	261	2,5	2	–	–	–	–
Rinderleber	20	3	6	0	560	133	7,1	7	8340	0,3	2,9	30
Hackfleisch	23	13	+	0	880	209	2,2	12	0	+	0,2	1
Schweinefleisch												
Schweinelende	19	10	+	0	710	169	–	2	–	–	–	0
Schweineschnitzel	21	8	+	0	680	161	2,3	2	–	0,7	0,2	0
Schweinekotelett	16	25	+	0	1250	297	1,8	11	–	0,8	0,2	0
Schweineschinken	17	23	+	0	1190	283	2,0	9	–	0,8	0,2	0
Schweinebauch	12	42	+	0	1840	438	–	1	–	0,4	0,1	0
Schweineleber	20	6	1	0	5380	138	22,1	10	3540	0,3	3,2	23
Geflügel												
Brathuhn	15	4	0	0	448	106	1,8	12	10	0,1	0,2	3
Ente	18	17	0	0	960	228	2,1	11	–	0,3	0,2	–
Truthahn	15	11	+	0	703	167	4,2	27	+	0,1	0,1	0
Fleisch- und Wurstwaren												
Geflügelwurst	16	5	0	0	460	109	–	–	–	–	–	–
Gelbwurst	12	33	+	–	1500	357	–	–	–	–	0,1	–
Leberwurst	12	41	0	0	1840	438	5,3	41	1460	–	0,9	0
Mettwurst	12	52	0	0	2225	529	1,6	13	0	+	–	–
Salami	18	50	0	0	2180	519	2,4	13	–	0,1	0,1	0
Fleischkäse (Leberkäse)	13	23	0	0	1120	266	–	4	–	+	0,2	0
Wiener Würstchen	15	21	0	0	1080	257	2,4	18	–	0,1	0,1	0
Schinken, gekocht	19	20	0	0	1150	273	2,4	10	+	0,5	0,3	0
Seefische												
Kabeljau (Dorsch)	17	+	0	0	300	71	0,5	11	+	+	+	2
Rotbarsch (Goldbarsch)	18	4	0	0	470	111	0,7	22	12	0,1	0,1	+
Süßwasserfische												
Forelle	20	3	0	0	450	107	1,0	18	45	+	+	+
Karpfen	18	5	0	0	500	119	1,1	29	56	+	+	1
Fischdauerwaren												
Bismarckhering	17	16	0	0	920	219	–	38	36	+	0,2	0
Thunfisch in Öl	24	21	0	0	1230	292	1,2	7	370	+	+	0
Fischstäbchen, tiefgefr., roh	16	7	20	–	850	202	–	–	–	–	–	0
Obst												
Ananas, roh	+	+	14	1,0	240	57	0,4	16	10	0,1	+	20
Apfel	+	+	14	2,0	245	58	0,4	7	9	+	+	11
Apfelsine	1	+	11	1,6	210	50	0,4	30	15	0,1	+	50
Aprikose, roh	1	+	13	1,5	240	57	0,6	15	298	+	+	10
Banane	1	+	23	1,8	415	98	0,4	7	38	+	+	8
Birne	+	+	13	3,3	230	54	0,3	16	6	+	+	5
Erdbeere, roh	1	+	7	1,6	140	33	0,9	25	13	+	+	62
Himbeere	1	+	8	4,7	160	38	1,0	40	7	+	0,1	25
Johannisbeere, schwarz	1	+	12	6,8	225	53	1,2	53	23	0,1	0,1	180
Kirsche, süß	1	+	16	1,3	290	69	0,4	14	13	0,1	0,1	15
Pfirsich	1	+	10	1,9	180	42	1,2	5	73	+	+	10
Pampelmuse/Grapefruit	1	+	10	1,6	180	42	0,3	20	3	+	+	41
Pflaume	1	+	16	1,6	285	67	0,5	16	35	0,1	+	5
Weintraube	1	+	16	1,5	300	71	0,5	21	5	+	+	4
Gemüse												
Blumenkohl	2	+	4	2,9	105	25	0,6	20	21	0,1	0,1	70
Bohnen, grün	2	+	6	1,9	140	33	0,8	56	60	0,1	0,1	19
Chicorée	1	+	2	1,3	67	15	0,7	26	216	+	+	10
Chinakohl	1	+	2	1,9	67	15	0,6	40	13	+	+	36
Endivien	2	+	2	1,2	70	16	1,6	54	333	0,1	0,1	10
Erbsen, grün	5	+	10	4,3	260	61	1,8	23	53	0,3	0,1	9
Gurke	+	+	2	0,5	35	8	0,4	11	28	+	+	1
Kohlrabi	2	+	5	1,4	120	28	0,9	75	2	0,1	+	66
Kopfsalat	1	+	2	1,4	60	14	0,7	23	150	0,1	0,1	10
Möhren, Karotten	1	+	6	3,6	120	28	0,6	29	1120	0,1	+	7
Paprikaschoten	1	+	4	3,6	90	21	0,6	9	230	0,1	0,1	107
Porree/Lauch	2	+	6	2,3	140	33	1,0	87	333	0,1	0,1	30
Rhabarber	1	+	3	3,2	70	16	0,5	52	12	+	+	10
Rosenkohl	4	+	6	4,4	180	42	0,9	24	65	0,1	0,2	84
Rotkohl/Blaukraut	2	+	5	2,5	120	28	0,5	35	5	0,1	+	50
Spargel	2	+	3	1,3	90	21	1,0	21	50	0,1	0,1	21
Spinat, roh	2	+	2	2,6	75	17	5,2	83	816	0,1	0,2	51

Lebensmittel 100 g essbarer Anteil	Eiweiß g	Fett g	Kohlenhydrate g	Ballaststoffe g	Energie kJ	Energie kcal	Mineralstoffe Eisen mg	Mineralstoffe Calcium mg	Vitamine A µg	Vitamine B_1 mg	Vitamine B_2 mg	Vitamine C mg
Tomate	1	+	3	1,0	70	16	0,5	14	133	0,1	+	24
Weißkohl/Weißkraut	1	+	4	3,0	105	25	0,5	46	10	+	+	46
Zwiebeln	1	+	9	1,8	176	41	0,5	29	33	+	+	8
Hülsenfrüchte												
Bohnen, weiß	21	2	57	23,2	1400	333	6,0	105	65	0,5	0,2	3
Erbsen, geschält	22	1	59	16,6	1450	345	5,0	44	20	0,7	0,2	1
Linsen	24	1	56	17,0	1420	338	6,9	74	20	0,5	0,3	+
Kräuter												
Kresse	2	+	3	3,5	90	21	0,7	26	216	+	+	10
Petersilie	3	+	6	4,3	150	35	4,8	147	730	0,1	0,2	166
Schnittlauch	4	+	8	6,0	220	52	13,0	167	50	0,1	0,2	47
Pilze												
Champignons, frisch	3	+	3	2,0	105	25	1,1	10	+	0,1	0,5	4
Champignons, Dose	2	+	3	–	100	23	0,7	9	+	+	0,4	2
Kartoffeln,-erzeugnisse												
Kartoffeln, roh, ohne Schale	2	+	19	–	350	83	1,0	13	3	0,08	+	15
Kartoffelpüree, trocken	8	1	79	6,1	1530	364	2,2	30	+	0,25	0,15	26
Nüsse												
Erdnüsse, geröstet	26	49	18	11,4	2660	633	2,3	65	110	0,3	0,1	0
Haselnüsse	14	61	14	8,2	2855	679	3,8	226	4	0,4	0,2	3
Getreideerzeugnisse												
Weizenmehl, Type 1600	12	2	69	1,4	1449	345	3,3	38	60	0,45	0,17	0
Weizenmehl, Type 405	11	1	74	4,0	1460	347	0,7	15	+	0,06	0,03	0
Weizenkeime	27	9	46	17,7	1570	373	8,1	69	160	2,01	0,72	0
Roggenmehl, Type 1800	11	2	70	13,9	1415	336	4,0	23	45	0,30	0,14	0
Reis, ganzes Korn, unpoliert	7	2	75	2,2	1470	350	2,6	23	0	0,41	0,09	0
Reis, ganzes Korn, poliert	7	1	79	1,4	1480	352	0,6	6	0	0,06	0,03	0
Haferflocken	14	7	66	10,0	1680	400	4,6	54	0	0,59	0,15	0
Eierteigwaren, Nudeln	13	3	72	3,4	1580	376	2,1	20	60	0,20	0,10	–
Cornflakes	8	1	83	4,0	1600	380	2,0	13	0	–	0,05	0
Hefegebäck, einfach	5	7	33	–	930	221	–	–	–	–	–	–
Milch/Milchprodukte												
Vollmilch, 3,5 % Fett	3,5	3,5	5	0	275	65	0,1	118	22	+	0,2	2
Milch, entrahmt	4	+	5	0	145	34	0,1	125	+	+	0,2	2
Buttermilch	4	+	4	0	145	34	0,1	109	8	+	0,2	+
Joghurt, Vollmilch	5	4	5	0	310	73	0,2	150	28	+	0,3	2
Joghurt, aus entrahmter Milch	5	+	5	0	165	39	–	–	–	–	–	–
Schlagsahne	2	30	3	0	1260	300	+	75	240	+	0,2	1
Saure Sahne	3	10	4	0	480	114	–	–	–	–	–	–
Kondensmilch (7,5 % Fett)	7	8	10	0	570	135	0,1	240	65	+	0,4	2
Speisequark (40 % i. Tr.)	12	11	4	0	695	165	0,3	70	110	+	0,2	–
Speisequark, mager (10 % i. Tr.)	17	1	2	0	370	88	0,5	70	13	+	0.3	1
Doppelrahmfrischkäse	15	28	2	0	1480	352	–	34	320	+	0,3	0
Emmentalerkäse	18	26	2	0	1370	326	0,5	382	480	+	0,4	+
Hühnerei												
Hühnerei (Gesamtinhalt)	13	11	1	0	670	159	1,8	50	265	0,1	0,3	+
Hühnereidotter	16	32	+	0	1580	376	7,2	140	1490	0,3	0,4	+
Hühnerklar	11	+	1	0	230	54	0,2	11	+	+	0,3	+
Obstsäfte												
Apfelsaft	+	0	12	–	190	45	0,3	7	15	0,1	+	1
Apfelsinensaft, ungesüßt	1	0	11	0,4	200	47	0,3	15	12	0,1	+	42
Cola-Getränk	0	0	11	0	185	44	–	4	0	0	0	0
Getränke/Gemüsesäfte												
Karottensaft	+	+	6	–	110	26	–	27	–	–	–	4
Tomatensaft	2	+	4	0,1	100	23	0,8	12	117	+	+	15
Zucker, Zuckerwaren												
Honig	+	0	80	0	1380	328	1,3	5	0	+	+	2
Marmelade i. D.	+	0	66	–	1135	270	+	10	0	+	+	8
Schokolade, Vollmilch	9	32	55	0,0	2340	557	3,1	214	18	0,10	0,35	+
Zucker	0	0	100	0	1720	409	0,5	1	0	0	0	0
Fett/Öle												
Butter	1	83	1	0	3240	771	0,1	13	590	+	+	+
Margarine	1	80	1	0	3180	757	0,1	10	590	+	+	+
Halbfettmargarine	6	40	+	0	1620	385	–	–	–	–	–	–
Sonnenblumenöl	0	100	0	0	3880	923	0	0	4	0	0	0
Mayonnaise, 80 % Fett	2	80	3	0	3060	728	1,0	23	3	+	+	6
Mayonnaise, 50 % Fett	1	52	5	0	2130	507	–	–	–	–	–	–

Zeichenerklärung: + = in Spuren: – = kann nicht bestimmt werden, da keine genaue Analyse vorliegt.

Stichwortregister

Methoden

Rezeptregister

Bildquellenverzeichnis

S. 11: (1) Grabowsky/photothek.net (2) Tom Stewart/Corbis; **S. 14:** (1) MEV, Augsburg (2) J. Woodcook/Corbis (3) Kuzia/images.de (4) Avenue Images/Index Stock/Diamond, Mitch; **S. 16:** Nomi Baumgartl/Bilderberg; **S. 18:** David Ausserhofer/Joker; **S. 20:** (1) C. Werth, München (2/3) Picture Press/Raith; **S. 21:** (1/2) Picture Press/Laufenstein (3) C. Werth, München; **S. 22:** (1) Corbis (2) S. Reinhardt (3) archivberlin (4) illuscope; **S. 23:** mauritius-images/Fichtl; **S. 25:** (1) Norbert Schaefer/Corbis (2/4) Peter Wirtz, Dormagen (3) Kroener, Udo/allOver; **S. 26:** Globus Infografik GmbH; **S. 27:** (1) BilderBox, Thening (2) Norbert Schaefer/Corbis; **S. 29:** Globus Infografik GmbH; **S. 30:** (1) DiAgentur/Keystone (2) Caro/Teich (3) BilderBox, Thening (4) A. Riedmiller/Das Fotoarchiv; **S. 38/43/44/45/46:** Globus Infografik GmbH; **S. 48:** 2003 Siemens Elektrogeräte GmbH; **S. 52:** www.amazon.de; **S. 64:** (1) MEV, Augsburg (2) Freelens Pool/Haussen; **S. 65:** (1) Deutsche Gesellschaft für Ernährung, Bonn (2) BilderBox, Thening; **S. 67:** A. Riedmiller/Das Fotoarchiv; **S. 69:** vario-press/Bernhard Classen; **S. 70:** Hans-Guenter Oed/stock 4B; **S. 73:** Caro/Ruffer; **S. 75:** Margarete Schmid/Bernhard Ordner, Schwäbisch-Gmünd; **S. 88:** (1/3) Margarete Schmid, Schwäbisch-Gmünd (2) Caro/Hoffmann; **S. 89:** Margarete Schmid/Bernhard Ordner, Schwäbisch-Gmünd; **S. 97:** (1) Oeko-Tex Association, Zürich (4) Bluesign Technologies AG, Sevelen/Schweiz; **S. 106:** (1) Interfoto, München (2) Ulrike Schacht, Hamburg; **S. 110:** (1) Erol Gurian/Joker (2) Dachverband FairWertung e.V., Essen (3) Elisabeth Mitterwallner, München; **S. 111:** Vaude Sport GmbH & Co. KG, Tettnang; **S. 114:** Barbara A. Stenzel, München; **S. 116:** (1) Klaus May, Arstein (2/3/4) Peter Wirtz, Dormagen; **S. 119:** (1) Kevin R. Morris/Corbis (2) B. Beyer, Schwäbisch-Gmünd (3) Klaus May, Arstein (4) Peter Wirtz, Dormagen; **S. 121:** Ingrid Klinga, Mannheim; **S. 126:** Heide Danner, Schwäbisch-Gmünd; **S. 128/129:** Heide Tremmel-Sack, Kürnach; **S. 130:** (1–6) Barbara A. Stenzel, München (7) Heide Tremmel-Sack, Kürnach (8) Peter Wirtz, Dormagen; **S. 134–164:** Margarete Schmid/Bernhard Ordner, Schwäbisch-Gmünd; **S. 174:** David Ball/Corbis; **S. 175:** Frilet, Patrick/Agentur Focus; **S. 177:** (1) Margarete Schmid/Bernhard Ordner, Schwäbisch-Gmünd (2) Cephas, Alain Proust/Stockfood; **Umschlagfotos:** (1) BilderBox, Thening (2) Peter Wirtz, Dormagen.

Trotz entsprechender Bemühungen ist es nicht in allen Fällen gelungen, den Rechteinhaber ausfindig zu machen. Gegen Nachweis der Rechte zahlt der Verlag für die Abdruckerlaubnis die gesetzlich geschuldete Vergütung.